# 憲法9条と安保法制

政府の新たな憲法解釈の検証

阪田雅裕

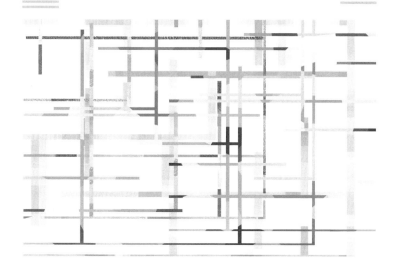

有斐閣

# はしがき

　筆者が『政府の憲法解釈』（有斐閣）を上梓したのは，わずか2年余り前の2013年10月である。それは，できるだけ多くの人に，それまでの政府の憲法9条の解釈がいかに簡潔で論理的なものであるかを理解していただきたいと考えたからであった。その時点ですでに，安倍総理の私的諮問機関である安保法制懇が，憲法解釈の見直しに向けて議論を再開していたし，駐フランス大使であった小松一郎氏が内閣法制局長官に任用されるなど，安倍内閣による9条の解釈変更の動きが活発になっていた。

　当時，安倍内閣が志向する新たな9条の解釈として筆者が危惧していたのは，9条が禁じているのは国際法においても許されない侵略戦争のみであり，国際法上適法な集団的自衛権の行使や集団安全保障措置への参加は禁じていないという，いわゆる芦田修正説に依拠した見解であった。そこで，前著ではあえて1節を費やして，国際法優位説ともいうべきこの芦田修正説がいかに非論理的で当を得ないものであるかを述べることもした。政権による憲法解釈変更の動きに対するその頃の多くの憲法学者やメディアの批判も，その変更が，芦田修正説に基づいてなされることを当然の前提として，集団的自衛権の行使容認を非とするものであった。

　しかしながら，実際に政府が提案し，実現することになったのは，芦田修正説に立った全面的な集団的自衛権の行使容認ではなく，政府の説明に従えば，これまでの政府の9条解釈の基本的な論理の帰結として導くことのできる範囲内での，極めて限定された集団的自衛権の行使容認にとどまった。現実に発動される場面を想定することが難しく，国際社会における我が国の地位を引き上げることにつながるとも考え難いこのような集団的自衛権の行使に何ゆえに安倍内閣がかくも拘泥したのか，今もって解せないでいるが，その一方で，集団的自衛権と名のつく以上はおよそ行使が許されるはずはないという一種の決めつけや，これを前提とした安保法制の廃棄を求める活動にも，同様に首をかしげざるを得ない。

　9条の解釈変更が立憲主義に反するというのであれば，ただ従来の政府の論

### はしがき

理と相容れないというだけではなく，この政府の新たな9条の解釈がそもそも法解釈として成り立つ余地がないのかどうか，もしこれが論理整合的でないとすれば，それはどのような点なのかといったことを法的視点から検証することが不可欠であり，そのためには政府の説明にも虚心に耳を傾けることが求められる。さらに，今回の安保法制は，集団的自衛権の限定的な行使容認にとどまるものではなく，他国軍隊に対する後方支援活動の見直し，PKOの業務拡大等，従来から検討課題とされてきた自衛隊の海外での活動の態様を大幅に見直したいわば在庫一掃セールでもあった。これらのうち，どの活動のどの部分が法律上の問題，とりわけ憲法との関係での問題であり，どこからが安全保障政策の当否の問題であるのかを明確にしない限り，立憲主義違反を旗印とする保革を超えた反対論と，平和主義を掲げての政治的な反対論との境目が定かでなくなってしまう。

本書は，憲法との関係を中心にもっぱら法的な視点から一連の安保法制を検証することを第一の目的としたものであり，いうまでもなくその核心は，前著で詳述した政府の過去の憲法解釈の基本的な論理の延長線上に限定的な集団的自衛権の行使を位置付けるとした政府の新しい9条解釈の当否である。したがって，立法政策としての安保法制の評価には極力言及しないように努めたつもりであるし，憲法解釈変更の当否に関わる部分を除いては，筆者にその是非を論じるに足りる見識もないことをおことわりしておきたい。

最後に，今となっては記録的な意味しか持たないであろう本書の出版を快くお引き受けくださった有斐閣の高橋均書籍編集第一部長と，乱雑な原稿に根気よくお付き合いくださり，隅々まで目を通していただいた井植孝之さんに改めて厚くお礼を申し上げたい。

2016年4月

阪 田 雅 裕

目　　次

はしがき

序　憲法 9 条の解釈変更の是非─────────────────1

Ⅰ　従来の政府の 9 条解釈──────────────────6
　　1　例外的な武力行使の容認（自衛権発動の 3 要件）　6
　　2　集団的自衛権　8
　　3　武力行使との一体化　10

Ⅱ　新たな 9 条解釈の概要─────────────────12
　　1　安保法制懇報告書の提言　12
　　2　基本的な論理の踏襲と結論の変更　13

Ⅲ　限定的な集団的自衛権の行使──────────────17
　　1　基本的な論理との関係　17
　　2　武力攻撃事態と存立危機事態　21
　　3　存立危機事態の意味　25
　　4　明白な危険　29
　　5　安全保障環境の変化　31
　　6　ホルムズ海峡の機雷除去　35
　　7　必要最小限度の武力行使と海外派兵の禁止　39
　　8　米艦船の防護　49
　　9　日米同盟の強化と抑止力　57
　　10　新たな基準設定の必要性　60

目　次

  11 重要影響事態と存立危機事態 *62*
  12 集団安全保障措置への参加 *68*
  13 他の手段の有無 *70*
  14 交戦権の位置付け *72*
  15 砂川事件最高裁判決との関係 *74*

## Ⅳ　他国軍隊に対する支援活動 ─── 79

## Ⅴ　PKO活動の拡充 ─── 89

## Ⅵ　自衛隊法の改正 ─── 97

  1 専守防衛と自衛隊の装備の限界 *97*
  2 外国軍隊の武器等防護 *101*
  3 在外邦人等の保護措置 *106*

結びに代えて *109*

資　料
 ① 「安全保障の法的基盤の再構築に関する懇談会」報告書 *111*
 ② 国の存立を全うし，国民を守るための切れ目のない安全保障法制の整備について
  　（平成26年閣議決定） *150*
 ③ 集団的自衛権と憲法との関係について（昭和47年政府見解） *158*
 ④ 砂川事件最高裁判決 *160*
 ⑤ 国際平和共同対処事態に際して我が国が実施する諸外国の軍隊等に対する協力支
  　援活動等に関する法律 *195*
 ⑥ 自衛隊法　新旧対照表 *204*
 ⑦ 国際連合平和維持活動等に対する協力に関する法律　新旧対照表 *217*
 ⑧ 重要影響事態に際して我が国の平和及び安全を確保するための措置に関する法律
  　新旧対照表 *232*
 ⑨ 重要影響事態等に際して実施する船舶検査活動に関する法律　新旧対照表
  　　*243*

⑩ 武力攻撃事態等及び存立危機事態に関する我が国の平和と独立並びに国及び国民の安全の確保に関する法律　新旧対照表　　249
⑪ 武力攻撃事態等及び存立危機事態におけるアメリカ合衆国等の軍隊の行動に伴い我が国が実施する措置に関する法律　新旧対照表　　254
⑫ 国家安全保障会議設置法　新旧対照表　　257

会議録等索引　　261

## 凡　　例

### ■国会会議録■
国会会議録の出典は以下の形式で表記した。

　　　　000 回　平 00・00・00〈衆・△△委〉0 号 0 頁，○○
　　　　＼国会回次　＼年月日　　＼議院・会議，委員会名＼会議録号・頁　＼答弁者肩書

主要な委員会略語は以下のとおり（五十音順）。
　　安保委　　　　　　　安全保障委員会
　　安保法制特委　　　　我が国及び国際社会の平和安全法制に関する特別委員会
　　基本政策委合同審査会　国家基本政策委員会合同審査会
　　事態対処特委　　　　武力攻撃事態への対処に関する特別委員会
　　宗教特委　　　　　　宗教法人等に関する特別委員会
　　日米安保条約等特委　　日米安全保障条約等特別委員会
　　日米防衛協力特委　　日米防衛協力のための指針に関する特別委員会

### ■質問主意書・答弁書■
質問主意書・答弁書の出典は以下の形式で表記した。

　　　　000 回　平 00・00・00 答弁 00 号，対○○議員（参）
　　　　＼国会回次　＼年月日　　＼番号　　　＼質問提出者（所属議院）

### ■判例■
裁判所と判例集等は，以下の略語により表記した。

　　　　最大判 昭 00・00・00 民集 00 巻 00 号 00 頁
　　　　＼法廷名　＼判決年月日　　＼出典

### ■法令名略語■
主要な法令名略語は以下のとおり（五十音順）。
　　イラク特措法　　　　イラクにおける人道復興支援活動及び安全確保支援活動の
　　　　　　　　　　　　実施に関する特別措置法
　　国際平和協力支援法　国際平和共同対処事態に際して我が国が実施する諸外国の
　　　　　　　　　　　　軍隊等に対する協力支援活動等に関する法律
　　重要影響事態安全確保法　重要影響事態に際して我が国の平和及び安全を確保するた
　　　　　　　　　　　　めの措置に関する法律

凡　例

| | |
|---|---|
| テロ特措法 | 平成十三年九月十一日のアメリカ合衆国において発生したテロリストによる攻撃等に対応して行われる国際連合憲章の目的達成のための諸外国の活動に対して我が国が実施する措置及び関連する国際連合決議等に基づく人道的措置に関する特別措置法 |
| PKO協力法 | 国際連合平和維持活動等に対する協力に関する法律 |
| 武力攻撃事態等対処法 | 武力攻撃事態等及び存立危機事態における我が国の平和と独立並びに国及び国民の安全の確保に関する法律 |
| 米軍等行動関連措置法 | 武力攻撃事態等及び存立危機事態におけるアメリカ合衆国等の軍隊の行動に伴い我が国が実施する措置に関する法律 |
| 補給支援特措法 | テロ対策海上阻止活動に対する補給支援活動の実施に関する特別措置法 |

■引用文■

　国会会議録・質問主意書・答弁書・判決文・条文等を rec. や「　」で引用してある場合は，原則として原典どおりの表記としたが，漢数字は，成句や固有名詞などに使われているものを除き算用数字に改めた。また，一部の資料については読者の便宜のため，旧字体を新字体に，カタカナ表記をひらがな表記に改めた。引用文中の編者注は〔　〕で囲み，注記であることを示した。

本書のコピー，スキャン，デジタル化等の無断複製は著作権法上での例外を除き禁じられています。本書を代行業者等の第三者に依頼してスキャンやデジタル化することは，たとえ個人や家庭内での利用でも著作権法違反です。

# 序

## 憲法9条の解釈変更の是非

　拙著『政府の憲法解釈』でも述べたように，我が国においては，憲法秩序の形成，すなわち憲法の理念の具体化は，主に立法を通じて行われてきた。その立法活動の中心を担ってきたのが政府であることにかんがみると，政府における正しい憲法解釈が，我が国が健全な法治国家であり続けるための大きな前提であることはいうまでもない。我が国には憲法裁判所がなく，また，裁判所が抽象的な違憲立法審査権を持たないことを考えると，政府の憲法解釈の持つ意味はとりわけ大きいといえよう。同時に，統治の主体は憲法に従ってその権限を行使しなければならないという立憲主義の視点からも，統治権力者たる政府には謙虚に憲法と向き合うことが求められるのであり，その時々の政権が自らの欲するところに従って恣意的にこれを解釈するようなことは許されるはずもない。このため，政府自身も，「特に，国会等における論議の積み重ねを経て確立され定着しているような解釈については，政府がこれを基本的に変更することは困難である」とする見解を示してきたところである[1]。

　今般，安倍内閣の下で，安全保障環境の変化を理由として，これまで政府が認められないとしてきた集団的自衛権の行使を限定的に容認する一連の法改正が行われたが，これは，これまで政府が採ってきた憲法9条の解釈の「基本的な論理」の枠内で，安全保障環境の変化に対応して，その論理の帰結の部分，いわゆる当てはめを変更したものであり，9条の解釈そのものを変えたわけではない，というのが政府の立場である。この政府の主張に対して，野党はもとより憲法学者その他の有識者から批判の声が相次いだことは周知のとおりであるが，仮に9条解釈の基本的な論理がこれまでと変わっていないとする政府の

---

[1]　134回　平7・11・27〈参・宗教特委〉3号13頁，大出峻郎内閣法制局長官。

序　憲法 9 条の解釈変更の是非

考えを是認するとしても，集団的自衛権の行使が限定的にせよ許容されるという結論は，集団的自衛権の行使が一切許されないとしてきた従来の政府の見解とは結論を異にするものであり，少なくともその限りで，政府が自らの解釈を変更したことは確かである。

　もとより一般論としては，政府がいったん確定させた憲法の解釈であるからといって，これを変更することがおよそ許されないというものではあるまい。憲法が過去に一度も改正されていないことなどを考えると，制定後約 70 年が経過し，制定時とは社会状況が様変わりしている中で，それまでの解釈に固執することが，国民の権利や利益を守る上で適切ではないといった場合も考えられないわけではない[2]。

　しかしながら，憲法 9 条の下では集団的自衛権の行使を含めて海外での武力行使が一切許されないというのは，自衛隊発足以来 60 年間に及ぶ政府の一貫した解釈であり，国会での激しい論戦の過程で，歴代の内閣総理大臣や外務大臣らが異口同音に繰り返し明らかにしてきた政府の考え方である。その結果，いまやこの解釈は多くの国民に共有され，「憲法 9 条の規範として骨肉化」しているとすら評されるまでになっている[3]。のみならず，政府自らが，以下のように，集団的自衛権の行使を可能とするためには憲法改正によるしかないと明言してきたのである。

### rec.1

○政府委員（角田禮次郎君）
……ある規定について解釈にいろいろ議論があるときに，それをいわゆる立法的な解決ということで，その法律を改正してある種の解釈をはっきりするということはあるわけでございます。そういう意味では，仮に，全く仮に，集団的自衛権の行使を憲法上認めたいという考え方があり，それを明確にしたいということであれば，憲法改正という手段を当然とらざるを得ないと思います。したがって，そういう手段をとらない限りできないということにな

---

[2]　もっとも，過去に政府が自らの解釈を変更したのは，憲法 66 条 2 項の「文民」に当たるとしていた自衛官について，昭和 40 年に「文民ではない」と解することに改めた一例のみである。
[3]　平成 27 年 9 月 3 日付朝日新聞朝刊所載　山口繁元最高裁長官談話。

ると思います。

(98回 昭58・2・22〈衆・予算委〉12号28頁，内閣法制局長官)

　このように政府が現在の憲法の下での集団的自衛権の行使を明確に否定してきたのは，まさにその点こそが，自衛隊と諸外国の軍隊，すなわち憲法9条2項で保持を禁じられた「陸海空軍その他の戦力」との違いにほかならないからである。集団的自衛権の行使をはじめとする海外での武力行使の禁止は，自衛隊が9条2項の戦力ではなく，合憲であるとする政府の憲法解釈を支える大きな，そして唯一といってもよい柱であり続けたといってよい。政府はこのことを次のように説明している。

#### rec.2
○政府委員（大森政輔君）
……
　要するに，憲法9条は，一見いたしますと，「国権の発動たる戦争と，武力による威嚇又は武力の行使は，国際紛争を解決する手段としては，永久にこれを放棄する。」，「前項の目的を達するため，陸海空軍その他の戦力は，これを保持しない。国の交戦権は，これを認めない。」と，あたかも一般的な否定の観を呈しているわけですが，こういう憲法9条のもとでも自衛権というものは否定していないんだということが昭和29年のあの見解であるわけでございます。
　すなわち，日本国は独立主権国として自国の安全を放棄しているわけではない。それは，憲法上も平和的生存権を確認している前文の規定とか，あるいは国民の生命，自由あるいは幸福追求に対する権利を最大限度尊重すべき旨を規定している憲法13条の規定等を踏まえて憲法9条というものをもう一度見てみますと，これはやはり我が国に対して外国から直接に急迫不正の侵害があった場合に，日本が国家として国民の権利を守るための必要最小限の実力行使までも認めないというものではないはずである。これが自衛権を認める現行憲法下においても自衛権は否定されていないという見解をとる理由であります。
　これがひいては，集団的自衛権を否定する理由にもなるわけでございまし

て，しかしながら集団的自衛権の行使というものは，他国に対する武力攻撃があった場合に，我が国自身が攻撃されていないにもかかわらず，すなわち我が国への侵害がない場合でも我が国が武力をもって他国に加えられた侵害を排除することに参加する，これが集団的自衛権の実質的な内容でございますので，先ほど申しました憲法9条は主権国家固有の自衛権は否定していないはずであるという理由づけからいたしますと，そういう集団的自衛権までも憲法が認めているという結論には至らないはずである。

　したがいまして，先ほど御指摘になりました文献がコメントしているようなそういう自衛隊合憲論を守り通すために集団的自衛権を否定しているんだというものではございませんで，自衛隊は合憲である，しかし必然的な結果といいますか，同じ理由によって集団的自衛権は認められないんだということ，そういうふうに考えているわけでございます。

　　　　　（145回　平11・5・20〈参・日米防衛協力特委〉9号13頁，内閣法制局長官）

　今回，政府は，憲法の改正を行うことなく，これまでの憲法解釈を変更することによって，限定的な集団的自衛権の行使が許されるとし，それを可能とする法改正を行ったが（自衛隊法第76条第1項第2号等），戦後の国会での憲法論議がもっぱら9条をめぐって行われ，中でも近年は，集団的自衛権の行使が許されるかどうかに焦点が当たっていたことを考えれば，これが政府の憲法解釈全体の核心ともいうべき部分の変更であったことは，銘記されるべきである。

　先に述べたように，憲法解釈の変更がおよそ許されないというものではない。しかしながら，そのためには十分に合理的な理由がなければならないことは当然であるし，国会での議論が積み重ねられ，国民の間でも定着しているといってよい9条の解釈を変更するのであれば，とりわけ，これを必要不可欠とするだけの重大な，そして差し迫った事情があるはずである。同時に，法解釈である以上，変更後の新たな9条の解釈もこれまでの政府の解釈と同様に法論理的な整合性がなければならないことも，またいうまでもない。

　これらの点は，一連の安保法案の国会審議に際しても最大の論点であった。以下では，法案の審議過程での質疑応答を振り返って，このように重い意味を持つ憲法解釈の変更の正当性と新しい9条の解釈の論理的整合性が納得できる

ものであるかどうかを検証するとともに，新たな安保法制と9条との関係に関わるその他の論点についても，国会での論議を踏まえ，併せて見てみることとしたい。

# I
## 従来の政府の9条解釈

### 1　例外的な武力行使の容認（自衛権発動の3要件）

　集団的自衛権の限定的な行使を容認する新たな憲法解釈の当否を考える前提として、これまでの政府の憲法9条の解釈を概観しておこう。
　政府の9条の解釈の基本は、次の2点に尽きるといってよい。
① 　自衛隊は、外国から武力攻撃を受けた場合に、これを排除して国民を守るための必要最小限度の実力組織であるから、9条2項で持たないとされている「戦力」には当たらない。
② 　したがって、自衛隊が実力を行使できるのは、我が国が武力攻撃を受けた場合に限られ、集団的自衛権などに基づいて海外で武力の行使[4]をすることは許されない。

　この2点は表裏一体ともいうべき関係にあり、これを前提として、政府は、自衛隊の武力行使が許されるのは、次の3要件を満たす場合に限られるとしてきた。
① 　我が国に対する急迫不正の侵害があること、すなわち武力攻撃が発生したこと
② 　これを排除するために他の適当な手段がないこと
③ 　必要最小限度の実力行使にとどまるべきこと

---

[4] 「武力の行使」とは、基本的には国家の物的・人的組織体による国際的な武力紛争の一環としての戦闘行為をいう。詳しくは『政府の憲法解釈』17頁以下参照。

## 1　例外的な武力行使の容認（自衛権発動の3要件）

　自衛権発動の3要件とよばれてきたこれらの要件のうち，最も重要であり，実際に武力行使の歯止めとして機能すると考えられてきたのは，我が国が武力攻撃を受けるのでない限り，我が国から外国等に対して武力行使をすることはしないという第1の要件である。もっとも，今回の議論との関係で確認をしておく必要があるのは，この「武力攻撃の発生」は，必ずしも我が国が実際に被害を受けることを意味するものではないと解されてきたことである。弾道ミサイルによる攻撃を例にとると，それが我が国領域に着弾するのを待つまでもなく，遅くとも我が国に向けてそれが発射された段階に至れば，我が国に対する武力攻撃が発生したと判断することができるとしてきたし[5]，日本海などの公海上でアメリカの軍艦が攻撃されたような場合でさえ，我が国に対する武力攻撃の発生と認めることができる場合があるとしていた[6]。

　また，第3の要件は，第1，第2の要件とは異なり，自衛権の発動のための要件ではなく，自衛権を発動した後，どこまでの実力行使をすることが認められるかという，自衛行動の限界を画するものである。これについて政府は，外国軍隊等による我が国への武力攻撃を排除するための「必要最小限度の実力行使」であるから，自衛隊の軍事行動（戦闘行為）は，我が国の領域内にとどまるのが原則であるが，状況のいかんによっては，公海や公空にも及び得るとし，さらにミサイル攻撃等を念頭に置いて，例外的には敵国の領域を攻撃することが許されないわけではないとする一方，自衛隊が外国の領土に上陸して敵軍をせん滅したり，敵地を占領したりするようなことまでは認められないと解してきた。

　このように自衛隊の実力行使が，常に相手方からの我が国に対する武力攻撃を受けて開始される受動的なものであり，かつ，その行動範囲が基本的には我が国の領域内にとどまらなければならないことから，憲法9条の規範性については，しばしば，専守防衛であるとか，海外派兵は禁止されていると表現されることもあった。また，この3要件を踏まえて政府は，自衛力は全体として他

---

[5]　156回　平15・5・28〈参・事態対処特委〉8号21頁，宮﨑礼壹内閣法制局第一部長。
[6]　156回　平15・5・16〈衆・安保委〉6号13頁，福田康夫官房長官，石破茂防衛庁長官等。

## I 従来の政府の9条解釈

国に脅威を与える存在であってはならず[7]，個々の兵器に関しても，もっぱら相手国を攻撃するために用いられる攻撃型空母，長距離戦略爆撃機，大陸間弾道ミサイルといった類のものは保有できないとしてきた[8]。

ちなみに，9条2項で「認めない」とされている交戦権については，これを敵の兵力の殺傷・破壊，中立国船舶の臨検，敵国領土の占領等，交戦当事国に国際法上認められる権利を総称したものと解した上で，我が国が武力攻撃を受けたときに必要最小限度の実力行使としてなすところの相手国の兵力の殺傷・破壊等は，自衛権に基づくものであって，交戦権の行使とは別の観念のものである，というのが政府の考え方であった[9]。

政府が従来，憲法9条の下で例外的に許容されるとしてきた我が国のこうした武力行使は，国際法上は個別的自衛権の行使として位置付けられることになる。しかし政府は，個別的自衛権の行使として国際法上許容されるすべての軍事行動が，憲法上も許されるとしていたのではなく，上述したように外部からの武力攻撃を排除するための必要最小限度の範囲内での実力の行使に限って認められるとしてきたことに留意する必要がある。

## 2　集団的自衛権

集団的自衛権は，「自国と密接な関係にある外国に対する武力攻撃を，自国が直接攻撃されていないにもかかわらず，実力をもって阻止する国際法上の権利」である。国連憲章第51条において，個別的自衛権と同じく加盟国の固有の権利とされ，日米安保条約の前文では，我が国も集団的自衛権を有することが確認されている。

政府は一貫して憲法9条の下ではこの集団的自衛権の行使が許されないとしてきたが，その理由は，後述の閣議決定でも援用された昭和47年の政府見解

---

7)　55回　昭42・3・31〈参・予算委〉4号3頁，佐藤榮作内閣総理大臣。
8)　63回　昭45・3・30〈衆・予算委〉18号（その1）24頁，中曽根康弘防衛庁長官。
9)　102回　昭60・9・27答弁47号，対森清議員（衆）答弁書「五について」，『政府の憲法解釈』45頁以下参照。

（資料③）や次の答弁書に端的に示されている。

### rec.3
政府の憲法解釈変更に関する質問主意書

二（二）　例えば我が国が攻撃されてはいないが、同盟国の軍隊が我が国領域外のこれに接着した水域で攻撃され、同盟国に対する武力行使と評価しうる場合に、同国を防衛しなければその直後には我が国への武力行使が確実と見込まれるようなとき、すなわち個別的自衛権に接着しているものともいえる形態の集団的自衛権に限って、その行使を認めるというような場合を限局して集団的自衛権の行使を認めるという解釈をとることはできないか。……

**答弁書**

二について

　憲法第9条の文言は、我が国として国際関係において実力の行使を行うことを一切禁じているように見えるが、政府としては、憲法前文で確認している……国民の権利を国政上尊重すべきこととしている趣旨を踏まえて考えると、憲法第9条は、外部からの武力攻撃によって国民の生命や身体が危険にさらされるような場合にこれを排除するために必要最小限度の範囲で実力を行使することまでは禁じていないと解している。

　これに対し、集団的自衛権とは、国際法上、自国と密接な関係にある外国に対する武力攻撃を、自国が直接攻撃されていないにもかかわらず、実力をもって阻止することが正当化される権利と解されており、これは、我が国に対する武力攻撃に対処するものではなく、他国に加えられた武力攻撃を実力をもって阻止することを内容とするものであるので、国民の生命等が危険に直面している状況下で実力を行使する場合とは異なり、憲法の中に我が国として実力を行使することが許されるとする根拠を見いだし難く、政府としては、その行使は憲法上許されないと解してきたところである。

　お尋ねのような事案については、法理としては、仮に、個別具体の事実関係において、お尋ねの「同盟国の軍隊」に対する攻撃が我が国に対する組織的、計画的な武力の行使に当たると認められるならば、いわゆる自衛権発動の三要件を満たす限りにおいて、我が国として自衛権を発動し、我が国を防衛するための行為の一環として実力により当該攻撃を排除することも可能で

I 従来の政府の9条解釈

あるが,右のように認めることができない場合であれば,憲法第9条の下においては,そのような場合に我が国として実力をもって当該攻撃を排除することは許されないものと考える。……

(159回 平16・6・18答弁114号,対島聡議員(衆))

すなわち,憲法9条の下で例外的に容認される武力行使は,外部からの武力攻撃によって国民の生命等が危険にさらされた場合にこれを排除するためのものに限られるが,我が国以外の第三国に別の国から武力攻撃が加えられても,これによって我が国の国民全体の生命等に危険が及ぶことはあり得ないから,集団的自衛権に基づく武力の行使が,この例外的な武力行使の中に含まれる余地はないということである。

政府は,同じ理由で,1990年の湾岸戦争時のような国連安保理の武力行使容認決議に基づいて多国籍軍に参加すること,すなわち集団安全保障措置の一環として武力行使をすることも,憲法9条の下で許容される例外的な武力行使には当たらず,認められないとしてきた[10]。

## 3 武力行使との一体化

「武力行使との一体化」の概念も,これまでの政府の憲法解釈上,重要な意味を持ってきた[11]。これは,海外で軍事行動を展開する米軍その他の外国の軍隊に対して,自衛隊が協力支援をする場合の活動の限界を画するものであり,たとえ自衛隊自らが直接武力の行使をしなくても,その協力支援活動が支援を受ける外国の軍隊の武力行使と一体化しているとみなされる場合には,法的には我が国も武力行使をしているとの評価を受ける結果となり,憲法に違反するということである。

その上で政府は,自衛隊の支援がその対象となる他国軍隊の武力行使と一体化するかどうかの判断は,①両者の地理的関係,②支援行動の具体的内容,③

---

10) 129回 平6・6・13〈参・予算委〉13号2頁,大出内閣法制局長官。
11) 詳細については『政府の憲法解釈』104頁以下参照。

両者の関係の密接性，④支援を受ける他国軍隊の活動の現況等の諸般の事情を総合的に勘案して，個別具体的になされるべきものである，としていた[12]。

こうした考え方の下，周辺事態安全確保法[13]においては，周辺事態における自衛隊の米軍に対する支援活動の内容を限定列挙するとともに，支援を行う場所を「我が国領域並びに現に戦闘行為が行われておらず，かつ，そこで実施される活動の期間を通じて戦闘行為が行われることがないと認められる我が国周辺の公海……及びその上空の範囲」（後方地域＝平成27年改正前の同法第3条第1項第3号）に限ることによって米軍の武力行使との一体化の防止を担保することとした。同様の法制度上の枠組みは，その後のテロ特措法[14]やイラク特措法[15]にも継承されている。ちなみにテロ特措法等では，自衛隊の活動地域が外国の領域等であったことから，その実施地域は「現に戦闘行為……が行われておらず，かつ，そこで実施される活動の期間を通じて戦闘行為が行われることがないと認められる」外国の領域等と定められ（テロ特措法第2条第3項），「非戦闘地域」と通称されることとなった。

---

[12] 140回　平9・2・13〈衆・予算委〉12号18頁，大森政輔内閣法制局長官。
[13] 「周辺事態に際して我が国の平和及び安全を確保するための措置に関する法律」（平11法60）。今回の改正（平27法76）により法律名が，「重要影響事態に際して我が国の平和及び安全を確保するための措置に関する法律」に改められたため，本書では改正後のこの法律の略称を「重要影響事態安全確保法」としている。
[14] 「平成十三年九月十一日のアメリカ合衆国において発生したテロリストによる攻撃等に対応して行われる国際連合憲章の目的達成のための諸外国の活動に対して我が国が実施する措置及び関連する国際連合決議等に基づく人道的措置に関する特別措置法」（平13法113）。
[15] 「イラクにおける人道復興支援活動及び安全確保支援活動の実施に関する特別措置法」（平15法137）。

# II
# 新たな9条解釈の概要

## 1　安保法制懇報告書の提言

　こうした従来の政府の憲法9条の解釈について，安倍晋三総理の下に設置された「安全保障の法的基盤の再構築に関する懇談会」（以下「安保法制懇」と略称）は，平成26（2014）年5月15日に安倍総理に提出した報告書において，その見直しを行うべきことを提言した（資料①）。

　この報告書は，その論旨だけではなく，どのように見直すべきかの結論についても必ずしも明快であるとは言い難いが，基本的には平成20年に提出された前回の報告書と同じく，9条が禁じているのは，侵略戦争等の国際法上違法な武力行使であって，集団的自衛権の行使や集団安全保障措置への参加といった「国際法上合法的な活動への憲法上の制約はないと解すべき」（本書127頁II．あるべき憲法解釈　1．憲法第9条第1項及び第2項）ものとしていると考えられる。これはいわゆる芦田修正説に依拠する見解であるが，憲法9条に国際法の制限を超えた法規範性がないとするこのような解釈は，『政府の憲法解釈』で述べたように（73頁以下）法論理的に成り立つ余地がなく，法解釈の域を超えていると断じざるを得ない。のみならずこのような9条の解釈は，日本国憲法が諸外国とは異なる平和主義を基本原理としていると考えてきた大方の国民の常識に反するものでもある。

　その一方でこの報告書は，こうした芦田修正説による解釈との関係やその法論理上の根拠に言及しないまま，「我が国と密接な関係にある外国に対して武力攻撃が行われ，その事態が我が国の安全に重大な影響を及ぼす可能性がある

ときに」限って集団的自衛権を行使できると 9 条を解するべきであるとし，そのような場合に該当するかどうかについては，「我が国への直接攻撃に結びつく蓋然性が高いか，日米同盟の信頼が著しく傷つきその抑止力が大きく損なわれ得るか，国際秩序そのものが大きく揺らぎ得るか，国民の生命や権利が著しく害されるか，その他我が国への深刻な影響が及び得るかといった諸点を政府が総合的に勘案しつつ，責任を持って判断すべきである。」（本書 147 頁　Ⅳ. おわりに）とする提言も行っている。

## 2　基本的な論理の踏襲と結論の変更

　安保法制懇の報告書が提出されるや直ちに，安倍総理は記者会見を行い，安倍内閣ではいわゆる芦田修正説に立脚した憲法 9 条の解釈変更は行わない旨を明言する一方で [16]，「我が国の安全に重大な影響を及ぼす可能性があるとき，限定的に集団的自衛権を行使することは許される」とする報告書の見解は，「従来の政府の基本的な立場を踏まえた考え方」であるとして，これを基礎に「いかなる憲法解釈が適切なのか」，それまでの政府の 9 条の解釈を変更する方向で検討を進めることを明らかにした。
　この総理の意向を受けて，自民党と公明党との間で具体案についての協議が進められ，両党間の合意に基づき，平成 26 年 7 月 1 日に「国の存立を全うし，国民を守るための切れ目のない安全保障法制の整備について」が閣議決定されることになった（資料②）。
　この閣議決定は，まず，憲法解釈の変更を必要とするに至った経緯について，「我が国を取り巻く安全保障環境の変化に対応し，いかなる事態においても国民の命と平和な暮らしを守り抜くためには，これまでの憲法解釈のままでは必ずしも十分な対応ができないおそれがあることから，いかなる解釈が適切か検

---

*16)* この記者会見において安倍総理は，「これはこれまでの政府の憲法解釈とは論理的に整合しない。私は憲法がこうした活動の全てを許しているとは考えません。したがって，この考え方，いわゆる芦田修正論は政府として採用できません。」と，芦田修正説自体の論理的妥当性について説明することなく，従来の政府の 9 条解釈との不連続性に言及している。

Ⅱ　新たな9条解釈の概要

討してきた。」とした上で，新たな憲法解釈を採用するに際しての基本的な立場を次のように述べている（本書155頁　3　憲法第9条の下で許容される自衛の措置(1)）。

……政府の憲法解釈には論理的整合性と法的安定性が求められる。したがって，従来の政府見解における憲法第9条の解釈の基本的な論理の枠内で，国民の命と平和な暮らしを守り抜くための論理的な帰結を導く必要がある。

その上で閣議決定は，昭和47（1972）年10月14日に政府が参議院決算委員会に提出した資料（資料③）を援用して，次の2点をここにいう従来の政府の9条の解釈の「基本的な論理」であるとしている（本書155頁　同(2)）。

① 憲法9条は，我が国が自国の平和と安全を維持し，その存立を全うするために必要な自衛の措置を採ることまでを禁じていない。
② しかし，この自衛の措置は，外国の武力攻撃によって国民の生命，自由及び幸福追求の権利が根底から覆されるという急迫，不正の事態に対処し，国民の権利を守るためのやむを得ない措置として初めて容認されるものであるから，そのための必要最小限度の範囲内にとどまらなければならない。

この昭和47年見解は，そもそも憲法上なぜ集団的自衛権の行使が認められないかを説明することを目的として提出されたものであり，上記の基本的な論理に続けて，以下のように結論づけている。

そうだとすれば，わが憲法の下で武力行使を行うことが許されるのは，わが国に対する急迫，不正の侵害に対処する場合に限られるのであって，したがって，他国に加えられた武力攻撃を阻止することをその内容とするいわゆる集団的自衛権の行使は，憲法上許されないといわざるを得ない。

これに対して閣議決定は，同一の基本的な論理によるとしながら，上記の結論部分については，「現在の安全保障環境に照らして慎重に検討した結果」で

## 2　基本的な論理の踏襲と結論の変更

あるとして，次のように変更する考えであることを明らかにした（本書156頁同(3)）。

　我が国に対する武力攻撃が発生した場合のみならず，我が国と密接な関係にある他国に対する武力攻撃が発生し，これにより我が国の存立が脅かされ，国民の生命，自由及び幸福追求の権利が根底から覆される明白な危険がある場合において，これを排除し，我が国の存立を全うし，国民を守るために他に適当な手段がないときに，必要最小限度の実力を行使することは，従来の政府見解の基本的な論理に基づく自衛のための措置として，憲法上許容されると考えるべきであると判断するに至った。

　ここで「憲法上許容される」としている必要最小限度の実力の行使のうち，我が国ではなく，我が国と密接な関係にある他国に対する武力攻撃が発生した場合に行うものが，国際法上は，これまで政府が一貫して認められないとしてきた集団的自衛権の行使に当たるわけで，閣議決定においても，新たな9条解釈に基づく武力行使が「集団的自衛権が根拠となる場合がある」（本書156頁同(4)）と明記されている。

　ただし閣議決定は，新たに認められることとなる武力の行使，すなわち集団的自衛権の行使は，他国に対する武力攻撃の発生を契機とするものであっても，あくまでも我が国を防衛するためのやむを得ない自衛の措置としてなされるものに限られ，国際法上認められる集団的自衛権の行使一般が容認されるわけではないとし，集団的自衛権の行使をこのように限定することによって従来の政府の憲法解釈との整合性が保たれているとしている。

　この新たな解釈によって，これまで自衛権発動の3要件（6頁参照）とされていたものが以下の武力の行使の3要件に置き換えられることになり，安保法案の国会審議においては，この新3要件の意味内容やこれまでの3要件との異同に議論が集中することとなった。

　① 我が国に対する武力攻撃が発生したこと，又は我が国と密接な関係にあ

Ⅱ 新たな9条解釈の概要

る他国に対する武力攻撃が発生し,これにより我が国の存立が脅かされ,国民の生命,自由及び幸福追求の権利が根底から覆される明白な危険があること
② これを排除し,我が国の存立を全うし,国民を守るために他に適当な手段がないこと
③ 必要最小限度の実力行使にとどまるべきこと

# III

# 限定的な集団的自衛権の行使

## 1 基本的な論理との関係

　Ⅱで述べた閣議決定に基づいて，武力攻撃事態等対処法[17]において，これまでの武力攻撃事態とは別に，新たに「我が国と密接な関係にある他国に対する武力攻撃が発生し，これにより我が国の存立が脅かされ，国民の生命，自由及び幸福追求の権利が根底から覆される明白な危険がある事態」が存立危機事態とされ（同法第2条第4号・第8号ハも参照），この存立危機事態に対処するために，我が国が武力攻撃を受けた場合と同様に自衛隊が防衛出動し，「事態に応じ合理的に必要と判断される限度」において武力行使をすることができることになった（自衛隊法第76条第1項第2号及び第88条第2項）。

　最大の論点は，この存立危機事態における武力行使の容認，すなわちこうした場合に限っての集団的自衛権の行使容認が，従来の政府の憲法9条の解釈の基本的な論理を踏襲したものといえるかどうかである。政府は以下のように，新しい解釈によっても憲法9条の下で許容される武力行使は例外的なものであり，かつ，それは「国民の生命，自由及び幸福追求の権利が根底から覆され」るかどうかを判断の基準とする点で，これまでの政府見解の基本的な論理を承継しているとした上で，昭和47年見解の結論部分の変更，すなわち限定的な

---

[17]　「武力攻撃事態等における我が国の平和と独立並びに国及び国民の安全の確保に関する法律」（平15法79）。今回の改正（平27法76）により法律名が，「武力攻撃事態等及び存立危機事態における我が国の平和と独立並びに国及び国民の安全の確保に関する法律」に改められた。

Ⅲ 限定的な集団的自衛権の行使

集団的自衛権の行使容認については，安全保障環境の変化に対応したいわば当てはめの変更にすぎないとしている。

**rec.4**

○内閣総理大臣（安倍晋三君）

……昭和47年の政府見解については，「憲法は，第9条において，同条にいわゆる戦争を放棄し，いわゆる戦力の保持を禁止しているが，前文において「全世界の国民が……平和のうちに生存する権利を有する」ことを確認し，また，第13条において「生命，自由及び幸福追求に対する国民の権利については，……国政の上で，最大の尊重を必要とする」旨を定めていることからも，わが国がみずからの存立を全うし国民が平和のうちに生存することまでも放棄していないことは明らかであって，自国の平和と安全を維持しその存立を全うするために必要な自衛の措置をとることを禁じているとはとうてい解されない。」というまず第1の論理であります。

「しかしながら，だからといって，平和主義をその基本原則とする憲法が，右にいう自衛のための措置を無制限に認めているとは解されないのであって，それは，あくまで外国の武力攻撃によって国民の生命，自由及び幸福追求の権利が根底からくつがえされるという急迫，不正の事態に対処し，国民のこれらの権利を守るための止むを得ない措置としてはじめて容認されるものであるから，その措置は，右の事態を排除するためとられるべき必要最小限度の範囲にとどまるべきものである。」，これが第2の論理であります。

まさにこの第1の論理，第2の論理，これは基本論理でございますが，この基本論理を我々はそのまま受け継いでいるわけでありまして，しかし，この基本論理の中での当てはめとして，「わが憲法の下で武力行使を行うことが許されるのは，わが国に対する急迫，不正の侵害に対処する場合に限られるのであって，したがって，」の後でありますが，「他国に加えられた武力攻撃を阻止することをその内容とするいわゆる集団的自衛権の行使は，憲法上許されないといわざるを得ない。」と，こう書いてあるわけであります。

しかし，当時の，先ほども申し上げましたように，安全保障環境は大きく変わったわけでありまして，まさにこの基本的論理で言うところの，自国の平和と安全を維持し，その存立を全うするため，そして国民の生命，自由及

び幸福追求の権限が根底から覆されるという，こういう状況での集団的自衛権の行使もあり得ると考えたわけでありまして，最初申し上げましたように，第1番目の論理と第2番目の論理から，安全保障環境の変化の中において，まさに当てはめとして，一部，今申し上げましたような，国の存立が危うくなり，国民の生命，自由及び幸福追求の権利が根底から覆される明白な危険があり得るときの集団的自衛権の行使は認定され得ると，このように解釈を変更したわけでございます。

(189回　平27・8・25〈参・安保法制特委〉12号17頁)

### rec.5

○政府参考人（横畠裕介君）

　今般の閣議決定は，憲法第9条の下でも例外的に自衛のための武力の行使が許される場合があるとする昭和47年の政府見解の基本論理を維持し，その考え方を前提としております。これに当てはまる極限的な場合は，我が国に対する武力攻撃が発生した場合に限られるとしてきたこれまでの認識を改め，我が国と密接な関係にある他国に対する武力攻撃が発生し，これにより我が国の存立が脅かされ，国民の生命，自由及び幸福追求の権利が根底から覆される明白な危険がある場合もこれに当たるとしたものであり，その限りにおいて結論の一部が変わるものでございますけれども，論理的整合性は保たれておると考えております。

(186回　平26・7・15〈参・予算委〉閉1号23頁，内閣法制局長官)

　これらの答弁から明らかなように，新たな憲法9条の解釈が従前の政府の解釈と整合しているとする政府の主張の論拠は，行使が認められる集団的自衛権が限定されているという点に尽きる。このことを政府は，次のように説明している。

### rec.6

○政府特別補佐人（横畠裕介君）

　先ほど御指摘のございました，従前，内閣法制局長官，歴代でございますけれども，集団的自衛権の行使は憲法を改正しなければできないと言っていたではないかという御指摘でございます。

## Ⅲ　限定的な集団的自衛権の行使

　昨年7月の閣議決定ということになりますけれども，今回のいわゆる集団的自衛権についての解釈のポイントというのは，ごくごく，その結論だけ申し上げますと，いわゆる国際法上認められている集団的自衛権一般，フルセットと言ったりしますけれども，それを認めようというものではございません。そのような集団的自衛権一般を認める，別の言い方をすれば，他国防衛のために我が国が武力を行使する，そういうことをするためには，やはり憲法改正をしなければそれはできないという考え方は私自身も変わっておりませんし，昨年の閣議決定において，政府としてそのような考え方は維持しているということと理解しております。

　その上で，今回やろうとしていることでございますけれども，若干，従前の，我が国に対する武力攻撃が発生した場合における個別的自衛権の発動を超える部分というのが確かにございます。その部分は，国際法上は集団的自衛権の行使として違法性が阻却されるということでございますので，集団的自衛権という概念で説明せざるを得ないということでございます。

　その実態と申しますのは，集団的自衛権と申しましても，それは，我が国に明白な危険が及ぶ，そういう場合に限定いたしまして，かつ，我が国を防衛するために必要最小限である，他に手段がない，そういう限定されたものであるということで，その点がポイントでございまして，そういうものであるならば，これまでの憲法の解釈と整合する，憲法9条のもとでも許容される，そのように解しているということでございまして，言われるように，従前から申し上げているような，集団的自衛権一般を許容しようというものでは決してございません。

　　　　　　（189回　平27・6・10〈衆・安保法制特委〉8号2頁，内閣法制局長官）

その上で安倍総理は，諸外国と同様に集団的自衛権の行使全般を可能とするためには憲法の改正が必要であると考えていることを明言している。

**rec.7**
○内閣総理大臣（安倍晋三君）
　……
　　世界各国と同様の集団的自衛権の行使を認めるなど，憲法第9条の解釈に

関する従来の政府見解の基本的な論理を超えて武力の行使が認められるとするような解釈を現憲法のもとで採用することはこれは困難であり、その場合には憲法改正が必要になると考えております。

(186 回　平 26・7・14〈衆・予算委〔閉会中〕〉18 号 3 頁)

## 2　武力攻撃事態と存立危機事態

政府のこれらの説明は、次の二つのことが前提となっている。

その第一は、我が国が直接武力攻撃を受けなくても、我が国と密接な関係にある他国[18]に対する武力攻撃が発生することによって、我が国の「国民の生命、自由及び幸福追求の権利が根底から覆される明白な危険がある」場合が存在すること、ないしはそうしたことが起きるようになってきたこと、そして第二に、そのような場合に、我が国が積極的に武力行使をすることによって国民の安全を守れること又は守れるようになってきたことである。

これらの前提が正しいかどうかは、新たな解釈の当否だけではなく、今回の憲法解釈の変更が立憲主義に悖るものでないかどうかを考える上で、最も重要なポイントであるが、この点を検証するためには、まず、「我が国の存立を脅

---

18)　「密接な関係にある他国」について、政府は以下のように説明している。

rec.8
密接な関係にある他国について

○　「国の存立を全うし、国民を守るための切れ目のない安全保障法制の整備について」（平成 26 年 7 月 1 日閣議決定）でお示しした「武力の行使」の三要件の第一要件にいう「我が国と密接な関係にある他国」については、一般に、外部からの武力攻撃に対し、共通の危険として対処しようという共通の関心を持ち、我が国と共同して対処しようとする意思を表明する国を指すものと考えている。いかなる国がこれに当たるかについては、あらかじめ特定される性質のものではなく、武力攻撃が発生した段階において個別具体的な状況に即して判断されるものであり、一概にお答えすることは困難である。

○　その上で、我が国の平和と安全を維持する上で、日米同盟の存在及びそれに基づく米軍の活動は、死活的に重要であり、同盟国である米国は、基本的に、これに当たるであろうと考えている。他方、米国以外の外国が、これに該当する可能性は、現実には、相当限定されると考えられるが、いずれにせよ、個別具体的な状況に即して、判断されることになる。

(外務省　189 回　平 27・7・1〈衆・安保法制特委提出〉　後藤祐一議員（衆）要求)

かし，国民の生命，自由及び幸福追求の権利が根底から覆される明白な危険がある」存立危機事態が，具体的にどのような状況を指しているのかが明確でなければならない。

昭和47年見解からも明らかなように，政府はこれまで「我が国の存立が脅かされ，国民の生命，自由及び幸福追求の権利が根底から覆される」という表現を，我が国自身が外部からの武力攻撃を受けたときの状況を表すものとして用いてきた。実際にもこれまで，国民の生命，自由その他の権利のすべてが根こそぎ覆るような事態というのは，我が国が直接外部からの武力攻撃を受ける場合以外には，想定できなかったし，近い将来においても想定し難いといえよう。したがって，普通にこの定義を読む限り，存立危機事態は，とりもなおさず我が国が武力攻撃を受ける明白な危険がある状況を指しているものとしか解することができない。

他方，武力攻撃事態等対処法では，「武力攻撃が発生する明白な危険が切迫していると認められるに至った事態」を，我が国に対する武力攻撃が発生した事態と並べて「武力攻撃事態」とした上で（第2条第2号），このような事態に際しては，内閣総理大臣が自衛隊法第76条に基づき自衛隊に防衛出動を命じるなどして，武力攻撃の発生に備えるべきことを定めている（第3条第3項。もとよりこの場合は，我が国に対する武力攻撃は未だ発生していないから，自衛隊が武力行使に及ぶことはできない）。

このことを踏まえると，「明白な危険がある事態」（存立危機事態）と「明白な危険が切迫していると認められるに至った事態」（武力攻撃事態）という表現の差異を別にすれば，存立危機事態は，武力攻撃事態等対処法に規定する武力攻撃事態の中から，我が国に対する武力攻撃は未だ発生してはいないものの，すでに我が国と密接な関係にある国に対する武力攻撃が発生していて，我が国に対しても武力攻撃が加えられる可能性が相当に高いような場合を特に切り出したものと理解することができないわけではない。より具体的には，たとえば朝鮮半島で紛争が発生し，現時点で武力攻撃を受けているのは韓国であるが，韓国が敗れたあかつきには我が国に攻撃が及ぶことが必至であるといった状況を考えればよい。このような場合に，日本は，韓国が負けて実際に我が国に対する武力攻撃が開始されるまで武力行使ができないのか，集団的自衛権を行使

して韓国やアメリカと共に戦った方がより効果的に国土や国民を守り，被害の発生を防止することができるのではないかという考え方があり得ないわけではない。今回の集団的自衛権の行使容認は，こうした考えの下での9条解釈の変更であると理解するわけである。

　実際に自国に対しての武力攻撃が発生していないのに，その危険の切迫を理由として武力を行使するのは，先制自衛とよばれ，国際法上一般に認められていない。政府もこれまで，こうした先制的な自衛権の行使は国際法に違反するとし，同時に，憲法との関係においても，これが9条の下でも例外的に許容される武力行使の範囲内にあるとはいえず，許されないと解してきた[19]。仮に存立危機事態が上述した状況を意味するものであるとすれば，今回の解釈変更は，この先制的な自衛権の行使のうち，国際法上問題なく許容されるケース，つまり，先制自衛の相手方たる国がすでに我が国と密接な関係にある他の国に対して武力攻撃を開始している場合の集団的自衛権の行使を，憲法9条との関係でも例外的に許容される武力行使に含まれると解することにしたということにほかならない。

　存立危機事態をこのように理解する限りでは，その場合の集団的自衛権の行使は，まさしく外国の武力攻撃から国民を守ることを目的とするものであって，国際法上の根拠は異なるとしても，政府がこれまで例外的に許容されるとしてきた武力行使の範囲のいわば量的な拡大にすぎないと評価することができないわけではない。したがってこの場合は，政府の新たな9条の解釈が，従来の解釈とその基本的な論理を同じくしているといえないわけではない。

　ただしこの場合でも，従来の政府見解では，「我が国に対する武力攻撃の発生」という外形上明らかな事実が（個別的）自衛権の発動要件とされていたのに対し，その「明白な危険」が（集団的）自衛権の発動要件となるのであるから，政府による裁量の余地が大きくなることは確かであり，それに伴って自衛権の発動に関する憲法上の歯止めが大きく後退することは否定できない。しかし，この点については，前述したように，政府がこれまでも「我が国に対する

---

[19] 189回　平27・7・29〈参・安保法制特委〉4号2頁，岸田文雄外務大臣。
　　もっとも，米国を中心に先制的自衛権の行使を肯定する論者も少なくない（清水隆雄「国際法と先制的自衛」レファ639号28頁〜40頁参照）。

### Ⅲ 限定的な集団的自衛権の行使

武力攻撃の発生」は，被害の発生を意味するのではなく，我が国への武力攻撃の着手をもって足りるとしてきたことを想起する必要がある。つまり，武力攻撃を受けて実際に被害が発生すれば，それは通常，客観的な事実であって，政府の判断が入る余地がほとんどないのに対して，相手国が我が国への武力攻撃に着手したかどうかは，諸般の事情を総合勘案して当該国の意図を推し測って判断せざるを得ないことから，これまでの解釈によったとしても，自衛権を発動できるかどうかの判断は，ある程度政府に委ねられていたのである。このことを踏まえると，存立危機事態において「自衛権」を発動できることとした場合，政府による裁量の範囲がこれまでに比べて相当大きくなることにはなるものの，それはいわば程度の問題と考えることもできる。

もとよりこのように解することとした場合の問題は，この点に尽きるわけではなく，これまでは外国等からの我が国に対する武力攻撃が生じた場合に，これを排除するためにしか武力行使をしないという前提で整理されてきた様々な論点，たとえば自衛隊の軍事行動が許される地理的な範囲がどこまで広がるのか，攻撃的な兵器も保有が認められるようになるのかといった事項についても，新たな解釈に即して見直した上で，全体として整合的な9条解釈の体系を再構築する必要があることはいうまでもない。

このような考え方に対しては，そもそも国際法上，集団的自衛権は他国防衛を目的とするものであって，自国の防衛を目的として行使される個別的自衛権とはその本質を異にするから，集団的自衛権の行使が憲法9条の下で許容される例外的な武力行使に当たる余地はなく，新しい解釈と従来の政府の解釈とがその基本的論理を一にすることもあり得ないと断じる意見が少なくない[20]。しかしながら，先に見たように憲法9条の下で，政府はこれまでも，「個別的自衛権」の行使であれば認められるとしてきたわけではなく，（外部からの武力攻撃があった場合の）自衛のための必要最小限度の武力行使に限って例外的に許容されるとしてきたことに留意する必要がある。つまり，この必要最小限度の武力行使は，国際法上も個別的自衛権の行使として是認されるが，反対に個別

---

[20] 189回　平27・6・22　衆・安保法制特委における宮﨑礼壹参考人の意見陳述（会議録13号5頁以下）等。

的自衛権の行使として国際法上は認められる実力行使であっても，憲法上は必要最小限度の範囲を超えるものとして許されないことがある，というのがこれまでの政府の見解であった。その典型が，外国の領土に攻め入り，これを占領したり，占領行政を実施したりすることである。視点を逆にすれば，国際法上は集団的自衛権の行使に当たる武力の行使であったとしても，もしもこれまでと同じ理由によって，国民の命と暮らしを守る上で，つまりは従来と同じ意味での自衛のために，必要かつ不可欠と考えられるものがある場合には，憲法との関係では，それも例外的に許容される武力行使に含まれるという考え方が，少なくとも論理としては成り立つことを意味するし，その場合の論理は昭和47年見解で示されている基本的な論理と軌を一にしているといえないわけではない。

以上のように考えると，新たな安保法制の国会審議に際して政府に求められたのは，まず第一に，存立危機事態がこのように武力攻撃事態等対処法上の武力攻撃事態の一部であることを確認することであり，その次に，冒頭で述べたように，なぜ今，これまでは行使をしなくても足りたはずの集団的自衛権を行使しなければ国民を守ることができなくなったかといういわゆる立法事実について，軍事技術的な視点も含めて，国民が十分に納得できるだけの説明を行うことであった。しかしながら，遺憾なことに，そもそも政府の存立危機事態についての理解がこのようなものではなかったし，存立危機事態における集団的自衛権行使の必要性についても，多くの国民が首肯するに足りるだけの説明が行われたとは言い難い。

## 3 存立危機事態の意味

政府は，どのような状況が存立危機事態に該当するのかについては，ホルムズ海峡の機雷封鎖等，わずかな具体例を挙げたほかは，以下のように抽象的な答弁を繰り返すにとどまった。

Ⅲ　限定的な集団的自衛権の行使

### rec.9

○内閣総理大臣（安倍晋三君）

……

　新三要件に言う，我が国と密接な関係にある他国に対する武力攻撃が発生し，これにより我が国の存立が脅かされ，国民の生命，自由及び幸福追求の権利が根底から覆される明白な危険がある場合とは，我が国と密接な関係にある他国に対する武力攻撃が発生した場合において，そのままでは，すなわち，その状況のもと，武力を用いた対処をしなければ，国民に我が国が武力攻撃を受けた場合と同様な深刻，重大な被害が及ぶことが明らかな状況をいいます。

　今回の法整備では，これを存立危機事態として規定しています。

　いかなる事態がこれに該当するかについては，事態の個別具体的な状況に即して，政府が全ての情報を総合して客観的，合理的に判断することとなるため，一概に述べることは困難ですが，実際に我が国と密接な関係にある他国に対する武力攻撃が発生した場合において，事態の個別具体的な状況に即して，主に，攻撃国の意思，能力，事態の発生場所，事態の規模，態様，推移などの要素を総合的に考慮し，我が国に戦禍が及ぶ蓋然性，国民がこうむることになる犠牲の深刻性，重大性などから客観的，合理的に判断することとなります。

……

（189回　平27・5・26〈衆・本会議〉28号10頁）

　ここにいう「我が国に戦禍が及ぶ蓋然性」について，政府は，それが存立危機事態と判断するために必要な要素であるとする一方，「戦火」ではなく「戦禍」であり，「他国に対する武力攻撃の発生を前提として，これにより，その影響や被害が我が国に及ぶ蓋然性を意味しているが，我が国が爆撃の対象となるような場合に限られるものではない[21]。」と説明し，次の答弁に見るように，我が国が直接武力攻撃を受ける危険がない場合であっても，「国民生活に死活

---

21）　内閣官房　189回　平27・6・15〈衆・安保法制特委提出〉「『我が国に戦禍が及ぶ蓋然性』について」後藤祐一議員（衆）要求参照。

的な影響が生じるような場合」には存立危機事態に該当することがあるとしている。これは，存立危機事態を武力攻撃事態の一部と位置付ける前記２で述べたような考え方を明確に否定するものであった。

> **rec.10**
> 
> ○内閣総理大臣（安倍晋三君）
> ……
> 　我が国に対する武力攻撃が発生していない場合であっても，例えば，我が国と密接な関係にある他国に対する武力攻撃が発生し，これにより我が国において生活物資の不足や電力不足によるライフラインの途絶が起こるなど，単なる経済的影響にとどまらず国民生活に死活的な影響が生じるような場合には，状況を総合的に判断して，我が国が武力攻撃を受けた場合と同様な深刻，重大な被害が及ぶことが明らかな状況に至る可能性はあり得ます。……
> 　いかなる事態が存立危機事態に該当するか，すなわち，新三要件の判断に当たっては，事態の個別的，具体的な状況に即して，主に攻撃国の意思，能力，事態の発生場所，事態の規模，態様，推移などの要素を総合的に考慮し，我が国に戦禍が及ぶ蓋然性，国民が被ることとなる犠牲の深刻性，重大性などから客観的，合理的に判断することとなります。
> 　なお，ここで言う我が国に戦禍が及ぶ蓋然性とは，我が国と密接な関係にある他国に対する武力攻撃の発生を前提として，その影響や被害が我が国に及ぶ蓋然性を意味しており，我が国が爆撃の対象となるような場合に限られるものではありません。
> ……
> 
> （189 回　平 27・5・18〈参・本会議〉18 号 5-6 頁）

　安倍総理のこの答弁は，後述するホルムズ海峡の機雷封鎖といった事態を念頭に置いたものと考えられるが，前述したように「国民の生命，自由及び幸福追求の権利が根底から覆される」という表現は，そもそも我が国が武力攻撃を受けたときの状況を示すために用いられてきたものである。石油その他の天然資源等の輸入途絶などによって，我が国の経済活動や国民生活に深刻な影響がもたらされたとしても，外国からの武力攻撃を受けて，国土が蹂躙された場合

Ⅲ　限定的な集団的自衛権の行使

の被害の大きさとは比べるべくもない。その程度の被害状況を表すためには他に適当な文言がいくらでもあり得ることにかんがみても,「我が国の存立を脅かし,国民の生命,自由及び幸福追求の権利を根底から覆される」[22)] 存立危機事態をこの答弁のように解することは,日本語の読み方として無理があり,不自然であるというほかない。

　それはさておくとしても,このように我が国に戦火が及ぶおそれがなくても,国民生活に深刻な影響がある場合には武力によって対処するというのは,「石油の一滴は血の一滴」とか「満蒙は我が国の生命線」とかいった言葉を思い起こさせる。先の戦争の反省に立って平和主義を掲げた憲法の下で,そもそもこのような発想での武力行使が是認される余地があるのかどうかも疑問であるが,少なくとも,このような我が国に戦火が及ぶおそれがない状況下での武力行使は,これまで政府が,外国からの不法な武力攻撃を排除することを「自衛」と観念し,そのためにのみ例外的に許容されるとしてきた武力行使とは全く異質なものであることは明らかであり,このような集団的自衛権の行使までが,政府の主張するように従来の政府の9条の解釈の「基本的な論理の枠内」に収まるとはとうてい考えられない。したがって,9条の下でもこのような集団的自

---

22)　存立危機事態にいう「我が国の存立を脅かし,」とそれに続く「国民の生命,自由及び幸福追求の権利を根底から覆す」との関係について,政府は以下のように説明している。

> rec.11
> 〇政府参考人（横畠裕介君）
> 　新三要件の第一要件にございます,我が国の存立が脅かされと,国民の生命,自由及び幸福追求の権利が根底から覆される明白な危険があるとは表裏一体の関係にあり,ここに言う我が国の存立が脅かされということについて,その実質を,国民に着目して,国民の生命,自由及び幸福追求の権利が根底から覆される明白な危険があるということであるということを記述しているものと理解しております。すなわち,両者一体で1つの事柄を表しているということでございます。
> ……
> 〇政府参考人（横畠裕介君）
> 　ここに言う我が国の存立が脅かされということの実質が,すなわち,国民の生命,自由及び幸福追求の権利が根底から覆される明白な危険があるということであるということを言い表しているものでございます。
> 　ちょっと分かりにくいかもしれませんが,身近な例で申し上げますと,例えばですが,「貧困に陥り,1日1ドル以下で生活する人々」というのと同様の構文であると理解しており,表裏一体であり,全部で一定の事柄を表しているということであろうかと思います。

（186回　平26・7・15〈参・予算委〉閉1号28頁,内閣法制局長官）

衛権の行使までが許されるとするためには，従来の解釈の基本的論理を離れて，別の基本的論理を新たに構築する必要があったといわざるを得ない。

## 4　明白な危険

　存立危機事態と認定するためには国民の生命，自由その他の諸権利が根底から覆される「明白な危険」のあることがもう一つの要件とされている。これについて政府は，次のように，主観的なものであってはならず，客観的に判断されるものでなければならないとしている。

> **rec.12**
> ○内閣総理大臣（安倍晋三君）
> ……明白な危険とは，その危険が明白であること，すなわち単なる主観的な判断や推測などではなく，客観的かつ合理的に疑いなく認められるものであるということであると考えております。
> 　（中略）
> ○内閣総理大臣（安倍晋三君）
> ……我が国の存立が脅かされ，国民の生命，自由及び幸福追求の権利が根底から覆される明白な危険があるとは，他国に対する武力攻撃が発生した場合において，そのままでは，すなわちその状況の下，武力を用いて対処をしなければ，国民に対して我が国が武力攻撃を受けた場合と同様な深刻，重大な被害が及ぶことが明らかな状況であるということをいうものであると考えているわけでありまして，我が国と密接な関係にある他国に対する武力攻撃が発生した場合にいかなる事態がこのような場合に該当するかは，現実に発生した事態の個別的な状況に即して政府が全ての情報を総合して客観的，合理的に判断することになります。……
>
> （186回　平26・7・15〈参・予算委〉閉1号26頁）

　問題は，この客観的な基準として，存立危機事態の「明白な危険がある」場合と，武力攻撃事態等対処法の武力攻撃事態の定義にある「武力攻撃が発生す

## III 限定的な集団的自衛権の行使

る明白な危険が切迫していると認められるに至った」場合(第2条第2号)とで,危険の切迫度がどのように違うのかである。新たな安保法制の下でも,武力攻撃事態であっても我が国に対する武力攻撃が発生しない限りはこれまでと同様に武力攻撃ができない一方,存立危機事態であれば集団的自衛権に基づく武力行使ができることになるが,これはもっぱら,すでに他国に対する武力攻撃が始まっているかいないかの違いによるのであって,両者の間で,危険が差し迫っている度合いの大小がどのように異なるのかが法文上は判然としない。この点についても,以下の答弁に見るように,政府の説明は,明瞭とは言い難かった。

### rec.13

○国務大臣(中谷元君)

　法律自体が前提が,法律の中で定義したのが違うんですね。つまり,我が国に対して武力攻撃が発生する前の事態を想定したいわゆる切迫事態と,他国に対する武力攻撃の発生を前提とする存立危機事態とは,武力攻撃が発生するか否かという点においては,その前提を異にいたしております。

　また,いわゆる切迫事態の定義に言う明白な危険が切迫しているというのは,我が国に対する武力攻撃が発生する明白な危険が切迫しているということを意味しておりまして,つまり,いまだ武力攻撃は発生をしていないということなんですね。武力攻撃が発生していない。

　他方,存立危機事態の定義に言う明白な危険があるというのは,我が国と密接な関係にある他国に対する武力攻撃が発生し,これにより我が国の存立が脅かされ,国民の生命,自由,幸福追求の権利が根底から覆される明白な危険があるということであります。

　このように,武力攻撃事態の切迫の明白な危険と存立危機事態の明白な危険は,危険の内容や評価の視点が異なるという意味においては前提が異なるものでございまして,両者の関係について一概にお答えすることは困難だということでございます。

(189回　平27・6・5〈衆・安保法制特委〉7号6頁,防衛大臣)

> **rec.14**
> 
> ○国務大臣（中谷元君）
> 　まず，2つの，法案に「明白な危険」という言葉がありますのでちょっと混同しやすいんですが，武力攻撃事態の切迫の「明白な危険が切迫している」，また，存立危機事態の「明白な危険がある」というのは，危険の内容とか評価の観点が異なるという意味では前提が異なるものでございますが，こういった言葉のみを切り出してお尋ねでありますが，いずれも，この言葉のとおり，明白な危険かどうかということで判断するという意味では，同じような内容ではないかと思います。
> 
> 　　　　　　　　　（189 回　平 27・5・28〈衆・安保法制特委〉4 号 20 頁，防衛大臣）

　これらの説明を要約すると，両者の表現の差は，もっぱら指し示す危険の内容が異なることによるものであって，危険の切迫度合いの違いを意識したものではないということであろう。つまり，存立危機事態が，武力攻撃事態の中からすでに海外での武力紛争が始まっているものを抜き出したものではなく，軍事的な脅威がなくても我が国の経済活動や国民生活に甚大な影響が及ぶような事態を含むがゆえの表現の違いということになるが，通常の語感としては，「明白な危険がある」場合よりは，「明白な危険が切迫している」場合の方がより緊迫の度合いが高いように感じられる。にもかかわらず，危険が切迫している武力攻撃事態においては武力の行使が許されず，危険があるだけの存立危機事態では武力行使が認められるという，武力攻撃を受ける危険だけに限ってみると，整合的とはいえない結果がもたらされている。

## 5　安全保障環境の変化

　以上で見たように，存立危機事態において集団的自衛権の行使が可能であるとする政府の新しい憲法 9 条の解釈は，単なる当てはめの問題ではなく，これまでの解釈の基本的論理を変更したものといわざるを得ないが，仮にこの新しい解釈が従来の解釈の基本的論理の延長線上にあるとする政府の主張を是とす

るとしても，従来の解釈とはその結論が異なるものであり，少なくともその限りにおいて従来の解釈が変更されていることは明らかである。

冒頭でも述べたように，こうした政府による法令の解釈の変更は，一般に，それを必要とする十分な理由がある場合でなければ許されないし，憲法が統治権力を縛る規範であることにかんがみれば，その解釈の変更には，とりわけ慎重でなければならない。中でも憲法9条の解釈は，国会での議論の積み重ねという一事だけをとっても，他の憲法の規定の解釈とは異次元といってよいほどの重い意味を持っている。この定着した解釈をあえて変更し，自衛隊の海外での武力行使に道を開かなければならない「安全保障環境の変化」とは，いったいどのようなものであろうか。

政府は，次のように，我が国を取り巻く安全保障環境の変化を縷々説明している。

### rec.15

○内閣総理大臣（安倍晋三君）

　この2, 30年の間，安全保障環境は大きく変化をしてきているわけであります。特に，アジア太平洋地域をめぐる安全保障環境は変化をしています。

　例えば，自衛隊のスクランブル，防空識別圏に通告なしで入ってくる外国の爆撃機やあるいは戦闘機等々，外国というか国籍不明機等も含めますが，に対するスクランブルは10年間で7倍になっているわけでございます。

　そして，北朝鮮は弾道ミサイルを数百発持っていると推定されるわけでありまして，それに搭載する核の技術も向上させているわけであります。

　また，中国の台頭，そして東シナ海，南シナ海における活動，さらにはサイバーあるいはテロ，過激主義，そうしたものはまさに国境を越えてやってくるわけでありまして，もはや一国のみで自国を守ることができる時代ではないわけであります。

　だからこそ，日本の安全保障政策の基軸であります日米同盟をより強固にしていく，国際社会との協力を一層深めていくことが求められている，このように思います。

　　　　　　　　　　　　　（189回　平27・5・27〈衆・安保法制特委〉3号3-4頁）

## rec.16

〇内閣総理大臣（安倍晋三君）

……日本を取り巻く安全保障環境はますます厳しくなっているわけでありまして，北朝鮮については日本の大半を射程に入れる数百発もの弾道ミサイルを配備し，発射されればおよそ1000キロメートルを僅か10分で到達する状況にあります。また，2006年以降，3回の核実験を繰り返し，ミサイルに搭載できる核兵器の開発も進めています。地域の安全保障に与える脅威が深刻化をしているわけであります。

また，中国につきましては，公表国防費が1989年以降毎年2桁の伸び率を記録し，過去27年間で約41倍になっており，今年度においては中国の国防費は日本の防衛予算の3.3倍に達しております。

東シナ海においては，尖閣諸島周辺の領海において中国公船による侵入が繰り返され，また，境界未画定海域における一方的な資源開発が残念ながら行われております。南シナ海においては，中国が活動を活発化し，大規模かつ急速な埋立てや施設の建設を一方的に強行しております。

このように，既存の国際秩序とは相入れない独自の主張に基づき，力による現状変更の試みを行っているわけでありまして，こうした中国の姿勢はその安全保障政策に関する透明性の不足と相まって，我が国やASEAN諸国を始め国際社会の懸念事項となっております。

自衛隊のスクランブル回数は，10年前と比べて7倍に増えておりますし，我が国周辺における中国軍やロシア軍の活動が大いに活発化をしております。

また，テロにおきましては，アルジェリア，シリア，そしてチュニジアで日本人がテロの犠牲となるなど，ISILを始めとして暴力的な過激主義が台頭をしております。

そしてまた，海洋国家である我が国にとっては，国民生活に不可欠な資源や食料等を輸送する船舶の安全確保は極めて重要であります。しかし，近年，資源の確保や自国の安全保障の観点から各国の利害が衝突する事例が増えており，海洋における衝突の危険性や，それが更なる不測の事態に発展する危険性も高まっております。

また，宇宙空間については，対衛星兵器の開発の動きを始めとして，衛星

Ⅲ　限定的な集団的自衛権の行使

　破壊実験や人工衛星同士の衝突等によるスペースデブリの増加など，持続的かつ安定的な宇宙空間の利用を妨げるリスクが存在をしておりますし，また，サイバーにつきましては，経済社会活動のサイバー空間への依存度の高まりや国家の関与が疑われるものも含めて，サイバー攻撃の巧妙化，複雑化に伴い，国民生活や国の安全保障に極めて深刻なリスクが顕在化をしているわけでございます。
　まさにこのような国際状況の中においては，もはやどの国も一国のみで自国の安全を守ることができないわけでありまして，国際社会が協力して，あるいは日米同盟をより強化して対応していく必要があるわけであります。……

(189回　平27・8・25〈参・安保法制特委〉12号23-24頁)

　これらの答弁は，日本周辺の安全保障環境が厳しさを増していることを訴えるものであり，仮にそうだとすれば，我が国の防衛力を一層充実させ，また，有事に際しての日米の協力体制をより強固にして抑止力を高める必要があるとはいえよう。しかし問われているのは，この厳しさを増す安全保障環境と我が国が集団的自衛権を行使することとの関係である。集団的自衛権を行使しなければどうしてこれらの脅威を防げないのか，あるいは集団的自衛権を行使することによってどのように厳しい安全保障環境に対応することができるようになるのかが説明されているとは言い難い。集団的自衛権行使の必要性に言及していると思われるのは，「もはや一国のみで自国を守ることができる時代」ではないから，「日米同盟をより強固にし」，「国際社会との協力を一層深めていく」ことが必要であるという箇所であるが，もしそうであるとすれば，米国の要請に応えて，あるいは国連決議などに基づいて積極的に海外での武力行使を行うようにしなければならないはずであって，日本に深刻な被害や影響が生じる存立危機事態に限って，国民を守るためにしか行使しない限定的な集団的自衛権が，これらの目的の達成に寄与するとは考えられない。
　この安全保障環境の変化が，海外での武力行使は許されないとしてきた政府の憲法9条の解釈の変更を正当化する唯一の根拠である以上，政府にはこのことと限定的な集団的自衛権行使とがどのように結びつくのかを詳細に説明を行

う責任がある。この点については，後に見るように，政府が存立危機事態に当たり得るとしたホルムズ海峡の機雷封鎖や米艦船による避難邦人の輸送等，具体的な事例に即しても繰り返し問われたが，政府は，上記の答弁と同様の抽象的な一般論を繰り返し述べるにとどまり，法案の国会審議を通じて，安全保障環境の変化と限定的な集団的自衛権行使との関係，すなわちいわゆる立法事実についてこれ以上に具体的な説明を行うことがなかった。

このことが，長時間の国会での審議にもかかわらず，国民の理解が進まなかった最大の原因であったと考えられる。

## 6　ホルムズ海峡の機雷除去

存立危機事態については，このように安全保障環境の変化と集団的自衛権の行使との関係が判然とせず，また，政府の説明は，無数といってよいほどの多くの要素を総合的に勘案するという抽象論に終始したことから，その射程は明確にならなかったが，そんな中で政府が挙げた数少ない具体的事例の一つが，ホルムズ海峡の機雷封鎖であった。

政府は，ホルムズ海峡の機雷封鎖が存立危機事態となり得る理由を次のように説明している。

**rec.17**

○内閣総理大臣（安倍晋三君）
……

海洋国家である我が国にとっては，国民生活に不可欠な資源やあるいは食料等を輸送する船舶の安全確保は極めて重要である……。

仮に，我が国が輸入する原油の8割，天然ガスの3割が通過する，エネルギー安全保障の観点から極めて重要な輸送経路であるホルムズ海峡に機雷か敷設された場合には，我が国に深刻なエネルギー危機が発生するおそれがあります。我が国に石油備蓄はもちろん6カ月あります。しかし，機雷の除去ができなければ，ずっとそこには危機があり続けるのも事実でありまして，誰かが機雷を除去しなければならないということであります。

Ⅲ　限定的な集団的自衛権の行使

　　存立危機事態については，あくまでも我が国と密接な関係にある他国に対する武力攻撃の発生を前提とするものでありますが，例えば，石油などのエネルギー源の供給が滞ることによって，単なる経済的影響にとどまらず，生活物資の不足や電力不足によるライフラインの途絶が起こる。例えば，病院への電力供給も滞ってくる可能性も出てくる，自家発電すら危うくなってくるという状況も起こり得るということも全く考えられないわけではないわけでございまして，国民生活に死活的な影響，すなわち国民の生死にかかわるような深刻，重大な影響が生じるか否かを総合的に評価して，状況によっては存立危機事態に該当する場合もあり得ると考えるわけでございます。

(189回　平27・5・27〈衆・安保法制特委〉3号32頁)

　このように我が国に対して軍事的な脅威が及ぶことのない事態までもが存立危機事態たり得ると解するのは，存立危機事態を定義した文言に反するだけではなく，政府がこれまで憲法9条の下でも例外的に武力行使が許されるとしてきた基本的論理を逸脱するものであることはすでに述べたとおりであるが，さらに不可解なのは，こうした事態に対処するために自衛隊が行えるのが機雷除去活動のみであり，それも事実上の停戦状態になったような場合に限られるとしていることである。その理由を政府は次のように説明している。

**rec.18**

○内閣総理大臣（安倍晋三君）
……一般論として私が挙げているのはホルムズしかないわけでございますから，ホルムズの例に限って申し上げます。つまり，機雷の除去という極めて受動的なものに限られるわけであります。

　まず，機雷の除去というのは，機雷を不法に敷設するという行為がまずあって，後であります。そして機雷の除去をする。かつ，これは国際法的にはいわば武力攻撃として集団的自衛権の行使に当たりますが，まさに危険な機雷を除去する，そこを航行する，安全に通りたいという多くの商船，タンカー等のために除去をするわけでございます。これは日本一国のみではなくて多くの国々にとって，ホルムズ海峡を通過する，平和な暮らし，国民の安全な暮らしを維持するためにも必要なものであります。それはまさに受動的，

限定的なものであるということでございまして，その中において必要最小限度の中に考えられ得るということでございます。
……

(189回　平27・6・26〈衆・安保法制特委〉14号17頁)

### rec.19

○内閣総理大臣（安倍晋三君）
　今委員は武力行使という表現を使っておりますが，確かに武力行使ではありますが，しかし，それは，軍隊を送って戦闘行為をする，戦闘を行う，イラク戦争や湾岸戦争のようなああいう戦争を，戦闘を行う，あるいはまた海上部隊を行って砲撃をする，空爆をするという行為ではなくて，あくまでも，封鎖をしてはいけない海峡を機雷で封鎖した，それを取り除く行為，いわば合法的な行為をする，危険を除去する，これはあくまでも，受動的かつ限定的な，機雷を除去するという行為でありまして，午前中の議論でも申し上げたとおり，ここからいわば大規模な戦闘行為に発展したということは今までないわけでございますし，そういうところにおいては，当然，機雷の掃海というのはそもそもできないということについては，先ほど私がお話をさせていただいたとおりでございます。国際法的な概念においては，これは武力の行使と戦闘行為ということになるわけでありますが，しかし，性格はまず大きく違うということは申し上げておきたいと思います。……

(186回　平26・7・14〈衆・予算委〔閉会中〕〉18号21頁)

### rec.20

○内閣総理大臣（安倍晋三君）
　これはまさに，先ほど来申し上げておりますように，いわばイランが機雷を敷設した段階において，地域には米軍の施設等々もございます，例えばここで交戦状態になっているようなときには，これは当然掃海も行えませんし，このときに掃海をすれば，これは当然，いわば純粋なる敵対行為として武力攻撃を受ける可能性というのは排除できないであろう，このように思います。
　私たちが行うのは，事実上の停戦合意がなされているわけでありますから，事実上もう交戦は行われていない。しかし，これは国際法的には停戦が行われていないものでありますから，国際法上はこれを除去することはいわば武

Ⅲ 限定的な集団的自衛権の行使

力行使に当たるけれども，イランとしては，これはいわば，例えばイランという国を挙げておりますが，例えばイランが停戦に向かって進んでいくという中において，日本の船を，敷設をしてしまった機雷を除去している日本の船に対する攻撃は，これはおおむねなかろうという状況を確認する中において，我々はホルムズ海峡の，イランの，掃海を行うということであります。

(189回　平27・7・10〈衆・安保法制特委〉19号50頁)

　機雷除去が許される理由としてこれらの答弁が挙げているのは，それが，①受動的・限定的な軍事行動であること，②事実上の停戦合意があり，その実質が遺棄機雷と異ならないことの2点であり，後述の「必要最小限度の実力行使」についての政府の見解などと併せて見ると，政府は，あたかもこの2点が，同時に，ホルムズ海峡の機雷封鎖を存立危機事態と認定することができる理由でもあるかのように考えている節さえうかがえる。

　しかしいうまでもなく，軍事的な衝突に起因する特定の状況が存立危機事態に当たるかどうかということと，当該存立危機事態に際して我が国がどのような，そしてどの程度の武力行使をするかということとは全く別の問題である。存立危機事態における武力行使の程度は，単に「事態に応じ合理的に必要と判断される限度」（武力攻撃事態等対処法第3条第4項但書，自衛隊法第88条第2項）にとどまるべきことが求められているにすぎない。

　その一方で，存立危機事態が発生した場合には，「存立危機武力攻撃を排除しつつ，その速やかな終結を図らなければならない」（武力攻撃事態等対処法第3条第4項）のであるから，政府には，いったんホルムズ海峡の機雷封鎖を存立危機事態に当たると認定した以上，この存立危機事態を速やかに終結させるために，敷設された機雷を迅速に除去して事態を解決することが求められる。そのためには，たとえ戦闘継続中であっても，「事態に応じ合理的に必要と判断される限度」で全力を尽くす責務があるから，たとえば戦闘機を用いて制空権を確保するなど，能動的な戦闘行為であっても機雷の除去のために必要な範囲内で武力行使をすることは，憲法上も法律上も，許容されると解するのでなければ，論理が一貫しない。

　受動的，限定的なものかどうかという戦闘行為の態様やそれを実行する場合

の自衛隊員のリスクの大小は，存立危機事態に際して我が国が集団的自衛権を行使するかどうか，あるいはどの程度の武力行使をするのかを決めるための政治的な判断の基準ではあり得ても，その対象となる事態が存立危機事態に当たるかどうか，すなわち集団的自衛権の行使ができる事態かどうかはもとより，集団的自衛権を行使することとした場合の武力行使の限度を法的に律する尺度とはなり得ないのである。

## 7　必要最小限度の武力行使と海外派兵の禁止

政府は，中東有事の際に前記の機雷除去を超えては武力の行使ができない理由として，次のように，それが「必要最小限度の武力行使」ではなく，また，一般的に禁止されている海外派兵に当たるためとしている。

### rec.21

○内閣総理大臣（安倍晋三君）
……制海権や制空権を取り戻すために大規模な空爆あるいは地上におけるせん滅的な攻撃を行うということは，これは三要件を満たすものではない，こう考えているわけであります。いずれにいたしましても，これは必要最小限度を超えていくということになる，いわば外国に出かけていって空爆を行う，先ほども述べたとおりでありまして，砲撃を加えたり空爆を加える，あるいは撃破するために地上軍を送ってせん滅戦を行うということは，これはまさに必要最小限度を超えるのは明確であり，一般に禁止されている海外派兵に当たる。

いわば，機雷の掃海ということは，これはまさに制限的，限定的な行使であることから必要最小限度内にとどまる，こう考えているわけであります。……

（189 回　平 27・7・3〈衆・安保法制特委〉17 号 13 頁）

### rec.22

○内閣総理大臣（安倍晋三君）
御指摘のとおり，武力行使を目的として，かつての湾岸戦争やイラク戦争

## III　限定的な集団的自衛権の行使

での戦闘に参加することは，これは政策判断ではなく，憲法上許されないと解しております。

　従来から，武力行使の目的を持って武装した部隊を他国の領土，領海，領空へ派遣するいわゆる海外派兵は，一般に自衛のための必要最小限度を超えるものであって憲法上許されないと解してきているわけであります。

　このような従来からの考え方は，新しい，この新三要件のもと，集団的自衛権を行使する場合であっても全く変わりはありません。これは新三要件から論理的，必然的に導かれるものでありまして，自衛隊が武力行使を目的として，かつての湾岸戦争やイラク戦争での戦闘，すなわち，一般の方々が思い浮かべるような，敵を撃破するための大規模な空爆や砲撃を加えたり，敵地に攻め入るような行為に参加することは，自衛のための必要最小限度を超える，よって，憲法上許されない，我々は明確にそう判断をしております。

(189 回　平 27・7・3〈衆・安保法制特委〉17 号 3 頁)

### rec.23

○内閣総理大臣（安倍晋三君）

……国際法上は，まさに均衡論としての必要最小限度，いわば武力行使が認められる中においては必要最小限度の中にとどまる。

　しかし，同時に，我が国は，憲法 9 条の制約の中において 47 年の政府見解があったわけでございます。そして，今回の新三要件があるわけでございますが，その中における必要最小限度の実力行使にとどまるべきこと，これがあるわけでございまして，まさに我々は，そういう解釈の中において，一般に海外派兵は認められないというのがかかっているわけですよ。これは今でも変わらないわけであります。ここは，いわば均衡論とは別の世界だということは，もうおわかりいただけたのではないかと思いますよ。

　その中においても，いわばホルムズにおける機雷の除去については，これはまさに受動的そして限定的になるものであることから，これも均衡論とはかかわりがないことでございまして，この必要最小限度の実力行使にとどまるべきことの三要件目には当たる可能性がある。ただ，もちろん，第一要件については，それは総合的に判断する必要があるわけでございます。

(189 回　平 27・5・27〈衆・安保法制特委〉3 号 25 頁)

政府が，新3要件の第3要件とする「必要最小限度の実力行使にとどまるべきこと」と「海外派兵の一般的な禁止」なるものとの関係をどのように理解しているのかは必ずしも明確ではないが，この答弁にあるような考え方は，以下の点で問題があり，「論理的」でもなければ「必然的に導かれる」帰結ともいえない。

　最大の問題は，次にあるように，新3要件の第3要件が，我が国に対する武力攻撃を排除するための必要最小限度ではなく，存立危機武力攻撃，すなわち我が国と密接な関係にある他国に対する武力攻撃を排除するための必要最小限度を意味することを認めているにもかかわらず，なおその意味内容が従来の（自衛権発動の3要件の）第3要件と変わらないとしている点にある。

#### rec.24

○国務大臣（中谷元君）

……新三要件の第三要件，この必要最小限度とは，我が国の存立が脅かされ，国民の生命，自由，幸福追求の権利が根底から覆される原因をつくり出している我が国と密接な関係にある他国に対する武力攻撃を排除し，我が国の存立を全うし，国民を守るための必要最小限度を意味します。

　この判断は武力攻撃の規模，態様を初めとする具体的な状況に応じて行うこととなりますが，排除するために認められているというのは必要最小限度でありまして，必要な武力行使は認められますが，必要最小限度の範囲を超えてはならないということでございます。

　　　　　　（189回　平27・7・8〈衆・安保法制特委〉18号（その1）16頁，防衛大臣）

○政府特別補佐人（横畠裕介君）

……

　従前の個別的自衛権の場合におきましても，我が国に対する武力攻撃が発生した，そのときに完璧に我が国の安全を確保しようというならば，まさに当該加害国に対していわば攻め込んで，戦闘もしくは制圧をするということまでした方が我が国の安全は確保できることになるのかもしれませんけれども，しかし，我が国を守るための必要最小限度という憲法上の制約が現にあるということですので，いわば火の粉を払う的な，攻めてきた者を追い払うというところでとどめるというのが第三要件の働き方なのでございます。そのよ

うなことは，新三要件のもとでの第三要件の働き方も同じであるということを申し上げているわけでございます。

（同上．内閣法制局長官）

### rec.25

○政府特別補佐人（横畠裕介君）

　従前の三要件のもとにおきましては，あくまでも我が国を防衛するための必要最小限度ということで申し上げておりました。今般の新三要件のもとにおきましても，我が国が武力を行使いたしますのは我が国を防衛するためでございますので，そのための必要最小限度ということで，変わっていないという趣旨でお答えしたもので，同じでございます。そのとおりでございます。

（189回　平27・7・8〈衆・安保法制特委〉18号（その1）15頁．内閣法制局長官）

　前述したように，そもそも従来の自衛権発動の3要件のうち，我が国に対する武力攻撃の発生という第1要件と，他に手段がないことという第2要件は，文字どおり自衛権が発動できるかどうか，つまり武力行使が許されるかどうかどうかを判断するための要件であったのに対して，必要最小限度の実力行使にとどまらなければならないとする第3要件は，自衛権を発動した後，どこまでの武力行使ができるのか，いわばその量的な限界に係る要件であった（7頁参照）。

　いうまでもなく必要最小限度は，物事の絶対的な水準を表す概念ではなく，その目的，すなわち何のために必要かということに応じてそのための最小限度の手段・方法等が決まるという相対的な概念である。これまでの第3要件にいう必要最小限度の実力行使は，我が国に対する外国等からの急迫不正の侵害（武力攻撃）を排除するという目的を前提としている。その上で，基本的には我が国の領域内から外国の軍隊を追い出してしまえばこの目的が達成できることから，自衛権発動後の我が国の武力行使は，原則として我が国の領域内か周辺の公海・公空にとどまるべきものとしていたのであり，外国の領域に出かけて行って，その領土を空爆したり，占領したりすることは，一般に，我が国への武力攻撃を排除するという目的との関係で，必要最小限度の実力行使の範囲を超えるとしてきたのである。このことは同時に，憲法上，海外派兵が一般的に

許されない理由でもあった。すなわち，海外派兵とは，一般に「武力行使の目的をもって武装した部隊を他国の領土，領海，領空に派遣すること」をいうが[23]，その海外派兵が一般的に許されないというのは，我が国が武力攻撃を受けない限り自衛権を発動せず，そして自衛権を発動する場合でも，原則として外国の領域での武力行使はしない，つまりは海外での武力行使が憲法上許されないという趣旨であり，従来の第3要件とその意味するところは変わらない[24][25]。

これに対して，存立危機事態への対処，つまり集団的自衛権を行使しての存立危機武力攻撃の排除は，はじめから海外での武力行使を前提にしている。なぜなら，存立危機武力攻撃は，我が国と密接な関係にある他国に対する武力攻撃であり，これを排除するというのは，その他国の領域からその国を攻撃している外国の軍隊を撃退することにほかならないから，これまでの第3要件にいう必要最小限度の実力行使の範囲内，すなわち我が国の領域内とその周辺の公海・公空に限った武力行使によってこれを実現することは不可能である。したがって，どれほど限定的であっても，集団的自衛権を行使する以上，その際の武力行使は，少なくとも地理的には，我が国に対する武力攻撃を排除するために個別的自衛権に基づいて行う必要最小限度の実力行使の範囲を恒常的，定性

---

23) 93回 昭55・10・28答弁6号，対稲葉誠一議員（衆）。
24) 例外的に外国の領域での武力行使が許される事例とその理由については，森清議員（衆）の質問主意書に対する答弁書（102回 昭60・9・27答弁47号）等。詳しくは『政府の憲法解釈』42頁以下参照。
25) 次の政府の答弁は，海外派兵をしないとした国会決議（19回 昭29・6・2〈参・本会議〉）を指すものと考えられるが，国会決議には，「一般に」という例外を認めるような修辞はなかった。

rec.26
○国務大臣（中谷元君）
　私の勉強した限り，この海外派兵の禁止というのは，自衛隊が，創設した直後に，これけ自衛隊ができたけれども海外派兵はさせないんだということでつくられたということでございます。したがいまして，一般に海外派兵は許されないというこの大原則がありまして，それが今でも引き継がれているということでございます。
　しかし，自分の国を守るということは政府としてやっていかなければなりませんので，これまでも，法理論上，本当に海外でそういうことがないかと言われれば，法理論上はあり得るということでありまして，その考え方は今でも引き継がれているということでございます。
　　　　　　　　　　　　（189回 平27・6・10〈衆・安保法制特委〉8号25頁，防衛大臣）

Ⅲ　限定的な集団的自衛権の行使

的に超えざるを得ない。海外派兵の禁止に関しても，自衛隊を国内にとどめたままで集団的自衛権を行使することはできないのであるから，集団的自衛権を行使しようとすれば，それがいかなる態様の実力行使であったとしても，必然的に海外派兵を伴うことになる。

　上記の答弁から明らかなように，政府は，新3要件の第3要件が「我が国を防衛するための必要最小限度」を意味する点で，従来の第3要件と変わらないとしているのであるが，これは，これまで我が国に対する武力攻撃の排除という明確な目的との関係で存在し，それゆえに，自衛隊の行動に地理的範囲を画したり，自衛隊に長距離弾道ミサイルその他の攻撃的兵器の保有を禁じたりするなど，我が国の武力行使の具体的な歯止めとして機能してきた従来の必要最小限度の意味内容を歪曲するものでしかない。必要最小限度が，単に我が国を守るという目的との関係で論じられるのであれば，それは，武力攻撃を受けた国が反撃をする場合には，その手段や規模において自らが受けた攻撃と均衡を失するものであってはならないという，国際法上求められる必要最小限度と何ら異なるものではないことになってしまう。

　この矛盾が端的にうかがえるのは，以下の質疑応答である。

### rec.27

○福島みずほ君

　三要件を満たせば他国の領域で武力行使ができるということでよろしいんですか。

○内閣総理大臣（安倍晋三君）

　他国の領域，その領域というのがちょっとよく聞こえなかったんですが，領域においては，これは一般に海外派兵は認められていないわけでございまして，武力攻撃，武力行使を目的として自衛隊を外国の領土，領海，領空に派遣することは一般に禁じられているということでございます。

○福島みずほ君

　一般とおっしゃいました。例外があるわけですね。例外の要件は何ですか。

○内閣総理大臣（安倍晋三君）

　この存立危機事態においては，一般に，存立危機事態におきましても一般に海外派兵は禁じられているわけでございますが，その中におきまして，ホ

ルムズ海峡における機雷の敷設に対しましては，この敷設された機雷を，これを排除をしていくことは限定的，そしてかつ受動的であると，これは必要最小限度の範囲内にとどまると，このように理解をしているわけでありまして，念頭にあるのはこの件だけであります。

（中略）

○福島みずほ君

……他国の領域で武力行使ができる要件は何ですか。その例外の要件を言ってください。

○内閣総理大臣（安倍晋三君）

それが今申し上げました三要件が要件であるわけでありますが，その中で，3番目の必要最小限度というのにこれは当てはまるかどうか，必要最小限度を超えるかどうかということでございまして，その中で判断をしていくことになります。

（中略）

○福島みずほ君

例外が新三要件というのは納得できません。一般があって例外があるんですから，例外の要件を教えてください。

○内閣総理大臣（安倍晋三君）

これは個別的自衛権においての旧三要件も同じことでありまして，必要最小限度を超えることによって，従来から，個別的自衛権におきましても一般に海外派兵は禁じられていると，こう政府は一貫してお答えをしてきたところでございます。

そして，今回の新三要件において申し上げているこの必要最小限度の実力行使にとどまるべきことということは，これはその実力行使の様態も含めて，これは要件として決めているわけでございます。

そこで，まさにこの第三要件目においては，一般にこれは海外派兵は禁じられているという，この要件によって海外派兵は禁じられているわけであります。一般に海外派兵は禁じられているわけでありますが，その中において，その中において言わば機雷を除去するということについてはこれは限定的であり，そしてまた受動的であることによって必要最小限度の範囲内にとどま

Ⅲ　限定的な集団的自衛権の行使

るということでございます。それはまさにこの三要件の中で当てはめていることでございます。

(189 回　平 27・9・14〈参・安保法制特委〉20 号 44-45 頁)

　必要最小限度がこれまでと同じ意味であればもとより，政府が主張するように我が国を防衛するための必要最小限度であると解したとしても，この答弁によっては例外的に海外派兵ができる基準は明らかでなく，したがって，なぜホルムズ海峡での機雷除去が例外たり得るかを理解することは困難である。これまで政府が例外的に可能としてきた海外での武力行使の一例は敵国のミサイル基地の攻撃であるが，これは極めて能動的な武力行使である。少なくとも武力行使の態様が能動的か受動的かといった基準で，必要最小限度の範囲内かどうか，海外派兵の例外となるかどうかが過去に論じられたことはない。

　このように集団的自衛権を行使する場合の必要最小限度の実力行使の範囲を，これまでのように論理的に導くことができないのは，限定的にせよ集団的自衛権の行使を容認することとした新たな憲法解釈のいわば必然の結果である。したがって，政府としては，この新しい解釈を前提として，もし集団的自衛権を行使する場合の戦闘行為の場所や態様を限定するのであれば，あくまでも法律上の制限としてその旨を明記すること必要であるし，それ以外には法的にこれを制限する方法はないはずである。

　しかしながら政府は，自衛隊法第 88 条第 2 項によって必要最小限度性や海外派兵の原則禁止が明らかであり，この規定を改正していない以上，これらの原則が変わらないとする立場を貫いた。

### rec.28

○政府特別補佐人（横畠裕介君）

……

　これまでの旧三要件におきましても必要最小限度という限定がございまして，それによって海外派兵は一般的に禁止されているというふうに解しておりました。

　それの条文上の根拠でございますけれども，自衛隊法の 88 条というのがございます。これは防衛出動を命ぜられた自衛隊の権限を規定している規定

でございますけれども，88条第2項におきまして「事態に応じ合理的に必要と判断される限度をこえてはならない」という規定がございまして，これがまさにその必要最小限度を表している規定であるというふうに理解しておりまして，先ほど大臣からお答え申し上げました対処法の3条4項，御指摘のありました3条4項のただし書も同じ全く表現であるということで，その点が担保されていると理解しております。

(189回　平27・7・30〈参・安保法制特委〉5号31頁，内閣法制局長官)

　自衛隊法第88条第2項のこの規定から，なぜホルムズ海峡の機雷除去が認められるのか，また，機雷除去以外の活動がどうして許されないのかを読み取ることは不可能である。このことは言い換えれば，必要最小限度も海外派兵の禁止も，政府の頭の中にしか存在しない集団的自衛権行使の制約要件でしかなく，現在，安倍内閣では「受動的，限定であるこのホルムズ海峡の対応しか念頭にはない」[26]としても，政権が代われば，その範囲が自在に伸縮することを意味している。

　他方で政府は，しばしば新3要件の第1要件及び第2要件と第3要件とをひとまとめにして，あたかも第3要件までもが集団的自衛権の発動要件であるかのように論じている。

### rec.29

○内閣総理大臣（安倍晋三君）

　それはまさに，存立事態に当たり得るかどうかということは，これはもう新三要件でありまして，我が国に対する武力攻撃が発生したこと，または我が国と密接な関係にある他国に対する武力攻撃が発生し，これにより我が国の存立が脅かされ，国民の生命，自由及び幸福追求の権利が根底から覆される明白な危険があることでございまして，これを排除し，我が国の存立を全うし，国民を守るために他に適当な手段がないこと，必要最小限度の実力行使にとどまるべきこと，こういうことでございます。

---

26)　189回　平27・7・30〈参・安保法制特委〉5号32頁，安倍内閣総理大臣。

Ⅲ　限定的な集団的自衛権の行使

　そして，それはどういう事態かといえば，他国に対する武力攻撃が発生した場合において，そのままでは，すなわち，その状況下，武力を用いた対処をしなければ，我が国の国民に対し，我が国が武力攻撃を受けた場合と同様な深刻，重大な被害が及ぶことが明らかな状況であるということでありまして，この要件に該当するか否かは，我が国に戦禍が及ぶ蓋然性，国民がこうむることになる犠牲の深刻性，重大性などから判断をするわけでございまして，まさにこの三要件に当てはまればそう判断するし，そうでなければそう判断しない，こういうことになります。

（189 回　平 27・7・3〈衆・安保法制特委〉17 号 22 頁）

## rec.30

○内閣総理大臣（安倍晋三君）

　そして，いわば存立事態でございますが，この存立事態のまず要件についてでありますが，この存立事態において，いわば三要件に当てはまらなければ我々は武力行使をしないということは明白になっています。

　この三要件がとても大切なんですが，新三要件というのは，我が国に対する武力攻撃が発生したこと，または他国に対する武力攻撃が発生し，そのことによって我が国の存立が脅かされ，国民の生命，自由，幸福追求の権利が根底から覆される明白な危険があることということがまずあります。これが前提としてある。その次に，これを排除するために他に適当な手段がないことであります。そして最後に，必要最小限度の実力行使にとどまることと書いてあるわけであります。

　必要最小限度の実力行使にとどまることがこれは重要なことでありまして，必要最小限度の実力にとどまることというのは，これはかつてからの古い三要件にもあるわけでありまして，その中において，今，岡田代表がおっしゃったように，一般に海外派兵は認められていないという考え方，これは今回の政府の見解の中でも維持をされているということであります。

　つまり，外国の領土に上陸をしていって戦闘行為を行うことを目的に武力行使を行うということはありませんし，あるいは，大規模な空爆をともに行う等々のことはないということははっきりと申し上げておきたい，このように思います。……

(189回　平27・5・20〈両・基本政策委合同審査会〉1号3頁)

しかしながら，もし政府が主張するように，憲法9条が存立危機事態に武力で対処することを認めており，そうすることが国民の命と暮らしを守るために必須であるとすれば，海外での武力紛争の我が国への影響が深刻化したときに，政府がまずなすべきことは，存立危機事態に該当することを認定した上で，我が国も武力を行使してかかる事態をもたらしている武力攻撃，すなわち存立危機武力攻撃に対処することを決めることである。どのような態様の武力行使が適切であるかは，その後に検討されることになるが，前述したように，武力行使の目的は存立危機事態の「速やかな終結を図」ることにあるから，我が国としては，共に戦う諸外国と連携して，国際法上許容される範囲内で，事態の終結，すなわち戦争に勝利するために最も有効な措置を講じることが求められるはずである。

したがって上記の答弁は，第一に，(集団的)自衛権の発動要件とこれを発動した場合の武力行使の限界とを混同している点で，そして第二に，必要最小限度の実力行使の範囲がこれまでと変わらず，かつ，それが憲法9条の解釈の当然の帰結であると解している点で，問題があるといわざるを得ない。必要最小限度の実力行使も，海外派兵の原則禁止も，今後，我が国の防衛政策の基準とはなり得ても，従来のように法論理的に導かれる武力行使についての憲法上の制約であり続けることはできないのである。

## 8　米艦船の防護

政府の見解が論理的でないことは，政府が集団的自衛権行使のもう一つの具体例として挙げる米艦船の防護に即して見ると，より鮮明になる。

安倍総理は2度の記者会見[27]において，いずれも次頁のパネルを用いて，紛争国から逃れようとする国民を乗せた米艦船を自衛隊が守れなくてよいのか

---

27)　平成26年5月15日及び平成26年7月1日。

Ⅲ　限定的な集団的自衛権の行使

と問い，さらに国会での質疑においては，「公海上で，朝鮮半島で有事が起こった際，警戒監視に当たる米軍の艦船が攻撃をされても，それを守らなくてもいいのか」と訴えた[28]。

　米艦船を守るという点では共通しているものの，前者と後者とでは想定されている事態が異なるため，その論点は必ずしも同一ではない。まず前者の避難する国民を輸送する米艦について見ると，この場合は，我が国の近隣，たとえば朝鮮半島などですでに武力衝突が発生していて，この武力紛争に米国も集団的自衛権を行使して加わっていることが前提であろう[29]。

　邦人に限らず紛争当事国以外の国の市民が交戦当事国たる外国の艦船に乗って国外に避難するというのは，あまり現実的な想定とはいえないが，この場合に，その軍艦や輸送船を自衛隊が防護しようとすれば，集団的自衛権を行使するほかないことは確かである。しかし，そもそも武力攻撃を受けた国に多数の自国民が居住し，彼らが難を逃れる必要があるというようなことだけで，直ちに「国の存立が脅かされる」存立危機事態になるはずはなく，この点は，政府も認めている。

### rec.31

○政府特別補佐人（横畠裕介君）

……三要件に該当するかどうかというのは，何度もお答えしておりますけれども，具体的に事案が発生してからの判断でございます。

　それでありますので，単に，邦人を乗せた米輸送艦が武力攻撃を受けるということで新三要件に当たるんだというふうにこれまで説明しているものではないのだろうと私は理解しております。

（189回　平27・6・29〈衆・安保法制特委〉15号21頁，内閣法制局長官）

---

28)　189回　平27・6・17〈両・基本政策委員会合同審査会〉2号2頁。
29)　米国が中立国であれば，戦場に軍艦を派遣することは想定し難いし，中立国の輸送船等が武力攻撃を受けることも通常あり得ない。

### rec.32

○国務大臣（中谷元君）

……

　まず，我が国近隣で武力紛争が発生をし，米国も武力攻撃を受けていると。で，攻撃国の言動から我が国にも武力攻撃が行われかねない。このような状況においては，取り残されている多数の邦人を我が国に輸送することは急務になりますので，そのような中で在留邦人を乗せた米国船舶が武力攻撃を受けるような明白な危険がある場合は，状況を総合的に判断して，存立危機事態に当たり得るということを示したわけでございます。

（中略）

○国務大臣（中谷元君）

　邦人が乗っているか乗っていないか，これは絶対的なものではございません。また，この例も，これすらできなくていいのかというのを示した事例でありますが，総合的に判断するということで，邦人が輸送されているということは判断の要素の１つではございますが，絶対的なものではございません。

（189 回　平 27・8・26〈参・安保法制特委〉13 号 11 頁，防衛大臣）

　したがって，集団的自衛権を行使して邦人を輸送中の米艦を防護しようとすれば，その米艦が攻撃されるリスクとは別の事情を踏まえて，まずは，その武力紛争が存立危機事態に該当する旨の認定を行うことが必要になる。この場合の考慮要素として政府が挙げているのは，①米国の船舶が公海上で武力攻撃を受けていること，②攻撃国の言動から我が国にも武力攻撃が及びかねないことの２点である。

### rec.33

平成 27 年 2 月 16 日の衆議院本会議における
存立危機事態になり得る事例に関する答弁について

1　いかなる事態が存立危機事態に該当するかについては，事態の個別具体的な状況に即して，政府が全ての情報を総合して客観的，合理的に判断することとなるため，一概に述べることは困難であるが，実際に我が国と密接な

Ⅲ　限定的な集団的自衛権の行使

関係にある他国に対する武力攻撃が発生した場合において，事態の個別具体的な状況に即して，主に，攻撃国の意思，能力，事態の発生場所，事態の規模，態様，推移などの要素を総合的に考慮し，我が国に戦禍が及ぶ蓋然性，国民が被ることとなる犠牲の深刻性，重大性などから客観的，合理的に判断することとなる。その上で，より分かりやすく説明を行うとの観点から，存立危機事態に当たり得る具体的なケースの1つとして，在留邦人を乗せた米国の船舶が武力攻撃を受ける事例を挙げて説明している。

2　この事例については，平成27年2月16日の衆議院本会議における答弁を含め，従来より，政府は一貫して，

○　我が国近隣で武力攻撃が発生し，米国船舶が公海上で武力攻撃を受けている。攻撃国の言動から我が国にも武力攻撃が行われかねない。このような状況においては，取り残されている多数の在留邦人を我が国に輸送することが急務になる

○　そのような中，在留邦人を乗せた米国船舶が武力攻撃を受ける明白な危険がある場合は，状況を総合的に判断して，存立危機事態に当たり得るということを説明しているものである。

3　存立危機事態を判断するに当たっては，様々な要素を考慮して総合的に判断することを申し上げているところであり，その判断要素のうち1つだけを取り出しても，それだけで存立危機事態には該当しないことは当然である。
（内閣官房　189回　平27・8・21〈衆・安保法制特委提出〉後藤祐一議員（衆）要求）

このうち，存立危機事態の定義に照らして意味があるのは，我が国に対する武力攻撃が発生する蓋然性の高さであって，米国の艦船が攻撃されることではないはずである。なぜなら，この場合は，米国がすでに集団的自衛権を行使してこの武力紛争の当事者となっているのであるから，邦人が乗っているかどうかにかかわらず，交戦当事国たる米軍の艦船が武力攻撃を受けるのは当然のことだからである。

ちなみに国際法学上，集団的自衛権の法的性質については諸説があるが[30]，

①武力攻撃の被害国が武力攻撃を受けた事実を宣言すること,及び②当該他国からの支援要請又は支援に対する同意があることが,集団的自衛権を行使するための要件であることについては異論を見ない[31]。つまり,集団的自衛権は,個別的自衛権を行使している国(又は行使することができる国)のために,その国の要請等を受けて行使するのであって,現に集団的自衛権を行使している国を守るために,さらに別の国が集団的自衛権を行使することは,集団的自衛権の定義に照らしてもあり得ない。したがってこの事例では,国際法上,我が国が米国の要請だけに基づいて集団的自衛権を発動し,米艦を防護することは許されず,少なくとも前掲図 (50 頁) 中の「被攻撃国」の同意を得ることが必須となる。

これに対して,後者,すなわち公海上で警戒監視に当たっている米艦が攻撃される事例では,未だ我が国周辺で有事が起きていない場合や有事が起きていても未だ米国が参戦していない場合も想定される。この場合に自衛隊が米艦を防護する必要性を,政府は次のように説明している。

#### rec.34

○国務大臣(中谷元君)
……例えば,我が国の近隣におきまして密接な関係にある他国,例えば米国に対する武力攻撃が発生し,その時点ではまだ我が国に対する武力攻撃が発生したと認定されないものの,武力攻撃国が我が国をも射程に捉える相当数の弾道ミサイルを保有しており,その言動などから我が国に対する武力攻撃の発生が差し迫っている状況にあり,他国の弾道ミサイル攻撃から我が国を守り,これに反撃する能力を持つ同盟国である米国の艦艇への武力攻撃を早急にとめずに,我が国に対する武力攻撃の発生を待って対処するのでは,弾

---

30) 集団的自衛権の法的性質に関する学説については,たとえば①正当防衛論,②自己防衛論,③他国に関わる死活的な利益の防衛論の3説とされたり(松葉真美「集団的自衛権の法的性質とその発達——国際法上の議論」レファ 696 号 79 頁〜98 頁),①共同自衛説,②限定共同防衛説,③任意的共同防衛説の3つに分類されたり(杉原高嶺『国際法学講義〔第2版〕』〔有斐閣,2013年〕629頁)している。
31) ニカラグア事件に係る国際司法裁判所判決(1986・6・27, *ICJ Reports 1986*, p. 14)参照。

## III 限定的な集団的自衛権の行使

道ミサイルによる第一撃によって取り返しのつかない甚大な被害をこうむることが明らかな危険がある。

このような場合に第三要件〔＝新三要件の意？　著者注〕を満たすのであれば，米国艦隊に対する武力攻撃を排除するということが可能になるということでございます。

（189回　平27・7・8〈衆・安保法制特委〉18号（その1）36頁，防衛大臣）

政府は従来から，日本の近海で警戒監視に当たっている米艦が攻撃されたような場合には，我が国に対する武力攻撃の着手と認められることがあるとしてきた[32]。その場合には，個別的自衛権に基づいて米艦に対する攻撃を排除することが許されるが，政府は，次のように，実際にはこうした米艦に対する攻撃を我が国に対する武力攻撃であると認定することが難しいとし，このことを集団的自衛権を行使して米艦を守る必要がある理由として挙げている。

### rec.35

○内閣総理大臣（安倍晋三君）

まさに今委員がおっしゃったように，個別的自衛権の行使の前提となる我が国に対する武力攻撃とは，基本的には，我が国の領土，領海，領空に対する武力攻撃をいうものであり，これは，これまで政府が一貫して述べてきた考え方であります。したがって，公海上にある米国の艦艇に対する武力攻撃が発生したからといって，それだけで我が国に対する武力攻撃の発生と認定できるわけではありません。

これまでの政府答弁においても，公海上にある米国の艦艇に対する攻撃が状況によっては我が国に対する武力攻撃の着手と判断されることがあり得るのではないか，あるいは，当該攻撃が我が国に対する武力攻撃に該当するということは法理としては排除されない，つまり，旧三要件にそれが当てはまるかどうかという，これは純粋に法理論上の考え方を述べた，このように理解してもいいのではないか，こう思うわけでございます。

実際上は，先ほど外務大臣が述べたように，集団的自衛権か個別的自衛権

---

[32]　『政府の憲法解釈』36頁参照。

かは，これは日本の憲法との関係というよりも，国際法の概念とどう一致するかということでありまして，まさにそれは集団的自衛権の行使と捉えるということが常識的な考え方ではないか，こう思うわけでありまして，まさに純粋に論理的な考え方として，旧三要件に当たり得るという法理を述べたということでありますから，実際の場面を考えれば，米国の艦艇への攻撃を我が国への武力攻撃の着手と認定するのは難しいと考えられます。このような段階での米艦艇の防護は，一般には集団的自衛権の行使とみなされることになります。

　そこで，繰り返しになりますが，今回，米艦防護の事例については，個別的自衛権での対応に限界があるため，新三要件を満たす場合には，武力を行使して米国の艦艇を守る必要がある，つまり，国際法上も問題のない形でしっかりと日本人の命，そして国民の幸せな暮らしを守っていくべきだ，このように判断したところでございます。

（189回　平27・7・3〈衆・安保法制特委〉17号6-7頁）

　我が国の周辺ですでに武力紛争が勃発しており，米国がこれに参戦しているような状況下では，公海上であっても米艦が攻撃を受けるのは当然といえるし，また，交戦中の米国が我が国の警戒監視のために戦力を割く余裕があるとも考え難いから，この議論は，基本的には，我が国周辺が有事であっても，未だ米国が参戦をしていない状況を想定しているものと考えられる。

　そうだとすると第一の問題は，公海上にある一隻の軍艦が攻撃を受けたことによって，直ちに米国が，自国に対する武力攻撃が発生したと判断するかどうかである。これまで米国が個別的自衛権を発動したのは，真珠湾攻撃を受けて開始した太平洋戦争と9・11テロを契機とする対アフガニスタン戦争の2例であるとされているが，どちらも自国の領土に攻撃が加えられた事例である。政府は，我が国に対する武力攻撃とは，「基本的には我が国の領土，領海，領空に対する組織的計画的な武力の行使をいう」と解してきたが[33]，これは，米国を含め，世界的に共有されている国際法における自国に対する武力攻撃の理

---

[33]　156回　平15・4・22答弁54号，対長妻昭議員（衆）答弁書「一及び二について」。

Ⅲ　限定的な集団的自衛権の行使

解でもあると考えられる。

　それにもまして問題なのは，仮に米国がこのような艦船に対する攻撃を自国に対する武力攻撃であるとみなして（個別的）自衛権を発動するとしても，その決定は大統領と議会とによってなされるのであるから，かなりの時間を要すると考えられることである。先に述べたように集団的自衛権は，個別的自衛権を行使する国があって初めて行使できるものであるから，米国の判断・決定を待つことなく，我が国が勝手に集団的自衛権を行使して米艦の防護を始めるわけにはいかない。

　さらにまた，今回，自衛隊法の改正により行えることとされた外国軍隊の武器等防護は（同法第95条の2，後記Ⅵ2参照），平時に限って，戦場ではない公海等で行うこととされているから，戦争には参加していない米軍の艦船の防護だけであれば，あえて集団的自衛権を持ち出さなくても，通常は，この武器等防護の規定によって対処することが十分に可能であると考えられる。

　いずれにしても，公海上の米艦船が攻撃を受けた瞬間に，集団的自衛権を発動してこれを守るということはできないから，もし集団的自衛権を行使して米艦船の防護を行うというのであれば，邦人輸送中の米艦船を防護する場合と同様に，その防護活動に先立って，別の事情を基にした存立危機事態の認定が行われていなければならないことになる。そしてこの場合も，別の事情として重要な意味を持つのは，我が国に対する武力攻撃の危険がどれだけ切迫しているかということであろう。下記の答弁はその点を強調しているものの，「米国への武力攻撃が既に発生して」いれば，「米艦が攻撃される明白な」危険があるのは当然であるから，米国が（個別的又は集団的）自衛権を行使していることを前提にしながら，さらに米艦に対する攻撃の有無を存立危機事態かどうかの判断をするに際しての要件としているのは無意味といわざるを得ない。

### rec.36

○内閣総理大臣（安倍晋三君）

　これはもちろん集団的自衛権ですから，まず，我が国と密接に関係のある国に対して武力攻撃が発生していることでありますから，先ほど来申し上げておりますように，まずは米国への武力攻撃が既に発生しているということであります。その中において，武力攻撃が発生している中において，そして

さらに我が国への攻撃が切迫をしているということであります。同時にこういうことがある。この２つの条件があります。そして３番目に，ミサイル警戒，例えばミサイル警戒に当たっている米艦が攻撃される明白な，この米艦に対しましては明白な危険という段階で，これは存立事態という認定をすることができる，こう考えているわけであります。

（189回　平27・7・10〈衆・安保法制特委〉19号15頁）

## 9　日米同盟の強化と抑止力

　存立危機事態として政府が挙げる，以上の二つの事例に共通するのは，米国の艦船が攻撃されることであり，米国が実力でこれに対処することである。
　政府は，一連の安保法制が安全保障環境の変化に対応して「切れ目のない安全保障体制」を構築する上で必要であるとした上で，次のように，限定的な集団的自衛権の行使容認もその一環と位置付けている。

**rec.37**
〇国務大臣（岸田文雄君）
……我が国が厳しい安全保障環境の中にあり，それに対応するためにまず外交の力によって好ましい安定した国際環境をつくるべく努力をしなければいけないわけですが，しかし，その中にあっても不測の事態，あるいは万が一に備えて切れ目のない安全保障体制をつくらなければいけない，法制を準備しなければいけない，こういった議論が行われ，そして切れ目のない安全保障体制ができることによって抑止力につながっていく。こうした議論の中にあって，集団的自衛権の一部行使を容認するのは，この切れ目のない体制のうちの一部分であるというふうに考え方整理するべきだと思っています。
……

（189回　平27・4・7〈参・外交防衛委〉6号15頁，外務大臣）

　こうした中で特に強調されたのは，日米同盟の基盤の強化であり，そのことを通じての軍事的な抑止力の向上である。

Ⅲ　限定的な集団的自衛権の行使

### rec.38

○内閣総理大臣（安倍晋三君）

　今回の平和安全法制が実現すれば，国民の命や平和な暮らしを守るために，グレーゾーンから集団的自衛権に関するものまで，あらゆる事態に対して切れ目のない対応を行っていくことが可能となります。

　米軍は，日米安保条約上の義務を全うするため，日本近海で適時適切に警戒監視の任務に当たっています。しかし，現在の法制の下では，私たちのためその任務に当たる米軍が攻撃を受けても，私たちは日本自身への攻撃がなければ何もできないという現実があるわけであります。

　安全保障においては常に相手の気持ちになる必要があるわけでありまして，同盟国たる米国が日本の行動をどのように受け止めるか，そしてまた，日本への攻撃を加えようとする第三国が日本と米国の同盟関係をどのように考えるかについて考えを巡らす必要があります。

　仮に日米の同盟関係に隙間があれば，第三国にとって我が国を攻撃しようとするハードルはより低くなっていくわけでありまして，今回の法制によって，日本が危険にさらされたときは日米同盟が完全に機能していくことは明確になるわけでありまして，このことを世界に発信することによって紛争を未然に防止する力は更に高まっていくものと確信をしております。

（189回　平27・8・21〈参・安保法制特委〉11号2-3頁）

　しかしながら，前述したように米艦への攻撃が自動的に米国に対する武力攻撃となるわけではなく，集団的自衛権を行使しての米艦防護は，米国が（個別的）自衛権を行使することを決定し，武力による反撃を開始した後でなければ行えない。そこで，仮に米国が日本の近海での軍艦への攻撃などを自国に対する武力攻撃であると判断し，我が国の周辺で実力行使をすることになれば，それが必然的に我が国の存立危機事態となるのかが次の問題となる。もしこれを存立危機事態と認定しないとすれば，たとえ米国の要請を受けたとしても，我が国の近海を航行する米艦を我が国が集団的自衛権を行使して守ることが許されず，結果的に日米の信頼関係を毀損することになりかねない。

　こうしたことから政府は，一方で，米国が「密接な関係にある他国」に該当

すると明言し，以下のように，我が国周辺で活動する米軍への武力攻撃が存立危機事態に当たる可能性が高いとしながらも，他方では，日米同盟に深刻な影響があるということだけで存立危機事態には当たらないという，これとは相容れない見解を示すことになった．

### rec.39

○国務大臣（岸田文雄君）

　日米同盟に基づく米国の存在，そしてその活動は，我が国の平和そして安定を維持する上で死活的に重要である．こういったことを前提とした場合に，このような米軍に対する武力攻撃，これは，それ以外の国に対する武力攻撃の場合に比較しても，この新三原則に当てはまる可能性は高いと考えなければならないと思っています．

（186回　平26・7・14〈衆・予算委〔閉会中〕〉18号22頁，外務大臣）

### rec.40

5月27日の本委員会における答弁について

○「存立危機事態」に該当するかどうかの判断は，あくまでも「我が国と密接な関係にある他国」に対する武力攻撃が発生したことを前提とした上で，「これにより我が国の存立が脅かされ，国民の生命，自由及び幸福追求の権利が根底から覆される明白な危険がある場合」に該当するか否かによることとなる．

○したがって，日米同盟に深刻な影響があるということが，直ちに「存立危機事態」に当たるというものではない．

○いずれにせよ，「新三要件」を満たすか否かの判断は，我が国が主体的に行うものである．

（内閣官房　189回　平27・6・5〈衆・安保法制特委提出〉岡田克也議員（衆）要求）

　将来起こり得るとすれば，朝鮮半島等，我が国の周辺で有事が発生し，米国が集団的自衛権を行使してこれに関わる事態であろう．当然この場合には，近隣の公海上で活動する米艦に対しても武力攻撃が加えられる可能性は高くなるが，このような場合の米艦の防護は，重要影響事態安全確保法に基づいてはな

Ⅲ　限定的な集団的自衛権の行使

し得ないし，新設の自衛隊法第95条の2（外国軍隊の武器等防護）によっても，すでに平時ではないことから実施することができない。

　集団的自衛権の行使を容認することによって日米同盟が強化され，抑止力が高まるという主張は，まさにこのような場合に，自衛隊が米艦船等を防護できるようになるということであろうが，そうであれば，我が国に対する武力攻撃の危険の有無か，政府の主張に従ってもせいぜい国民生活や経済活動への直接の影響の有無しか判断の基準とされていない存立危機事態では不十分というほかはなく，日本周辺での米軍の武力行使が原則として存立危機事態に該当することが明確になるように，その定義を改めるべきであろう。

## 10　新たな基準設定の必要性

　我が国を攻撃する意図を持たない国が，我が国のためにパトロールを行っている米軍の艦船だけを攻撃するというおよそ非現実的な想定が議論の対象とされたのは，政府が存立危機事態と判断し，集団的自衛権を行使する場合においてすら，なお原則として海外派兵は行わず，必要最小限度の実力行使にとどめるという，従来の政府の憲法解釈を前提とした武力行使の要件に固執したためである。

　政府がいうように，我が国周辺で武力紛争が起き，我が国に武力攻撃が及ぶ明白な危険があることが存立危機事態を招いている場合には，その速やかな終結を図るために，存立危機武力攻撃を排除することが不可欠である。この場合の存立危機武力攻撃は，通常，韓国等，日本近隣のA国への別の近隣国Bからの武力攻撃であると考えられ，そのときには米国はA国の個別的自衛権の行使に対応して集団的自衛権を発動して艦船の派遣等を行っていると想定される。

　国会での議論は，もっぱらこの米艦をどう守るのかに集中したが，こうした存立危機事態に際して本来我が国がなすべきことは，武力攻撃事態等対処法（第3条）に基づけば，A国や米軍と協力して，B国（及びその同盟国）によるA国への武力攻撃，すなわち存立危機武力攻撃を排除して存立危機事態を終

## 10 新たな基準設定の必要性

結させることである。したがって，存立危機事態に際しての集団的自衛権の行使を是とする以上は，A国や米国の要請を踏まえて，A国に地上部隊を派遣したり，B国の軍事拠点を空爆したりすることも，法理上，存立危機武力攻撃の排除という目的を達成するための必要最小限度の武力行使の範囲内であると解するのでなければ，論理としては一貫しない。

存立危機事態という概念を設け，その際に集団的自衛権の行使が許されると憲法9条を解釈することとした以上は，その際の戦闘の態様や範囲がこれまでのように9条によっておのずから画されることはあり得ないのであって，もしこれらについて制限をしようとするのであれば，それはあくまでも政策上の判断として自衛隊法その他の法律の中で明記されなければならない。「事態に応じ合理的に必要と判断される限度」としか規定しない自衛隊法第88条第2項と武力攻撃事態等対処法第3条第4項によって集団的自衛権を行使する場合の戦闘区域や戦闘の内容までが規律されるとする政府の主張は，非論理的で独善的であるといわざるを得ないし，万一，集団的自衛権を行使することとなった場合に，この規定に自衛隊の軍事行動に対する歯止めとしての役割を期待することはできない。

それにもまして問題なのは，仮に我が国が集団的自衛権に基づく実力の行使（戦闘行為）を米艦の防護に限ったとしても，武力行使である以上，その相手側であるB国にとって，それは我が国も米国と同じ敵国となることを意味するから，B国が自衛隊の基地等，我が国の領土にミサイル攻撃を加えたり，これを空爆したりすることも，戦争当事国の交戦権の行使として，国際法上，許容されてしまうことである[34]。戦争には相手があり，自国の都合で相手国の行動を制限することはできない。日本がどれほど海外派兵をしないと叫んでみても，交戦する相手国も同様に我が国との交戦を公海・公空にとどめ，日本の領土の攻撃をしないという保証は全くないのである。

したがって，我が国も攻撃の目標となりかねない周辺有事の際の集団的自衛

---

[34] もっとも，米国が集団的自衛権を行使してB国への武力攻撃を開始すれば，B国が本邦内の米軍基地を攻撃することも予想され，もしこれらの米軍基地への武力攻撃が行われた場合には，それはとりもなおさずB国の我が国に対する武力攻撃でもあるから，従来の政府の憲法9条の解釈によっても，我が国は，B国に対して自衛のための必要最小限度の武力行使をすることができることになる。

Ⅲ　限定的な集団的自衛権の行使

権の行使についていえば，そもそも我が国が独自に，国際法上要件とされる必要最小限度を超えて戦闘行為の方法や態様を法的に制約することは，国民を守るという視点からは有害無益というべきであろう。

## 11　重要影響事態と存立危機事態

　存立危機事態と重要影響事態との関係も，国会における大きな論点の一つであった。これまでは周辺事態安全確保法において，「そのまま放置すれば我が国に対する直接の武力攻撃に至るおそれのある事態等我が国周辺の地域における我が国の平和及び安全に重要な影響を与える事態」を「周辺事態」と定義し（第1条），この事態に対処するべく軍事行動を展開している米軍に対して自衛隊が支援を行えることとなっていた[35]。周辺事態安全確保法は，今回，重要影響事態安全確保法に改められて，「我が国の周辺の地域」とする限定がはずれることになり[36]，支援の対象も米軍に限られないこととなったが，我が国の支援が「そのまま放置すれば我が国に対する直接の武力攻撃に至るおそれのある事態等我が国の平和及び安全に重要な影響を与える事態」において行われる点は，これまでと変わらない。
　そこで問題になるのは，この重要影響事態と存立危機事態との異同である。
　存立危機事態が必ず重要影響事態に該当するのかという質問に対して，政府は次のように答えている。

**rec.41**
　○国務大臣（中谷元君）
　　まず，重要影響事態と存立危機事態については，それぞれ別個の法律の上の判断に基づくものでございます。

---

[35]　周辺事態安全確保法の法案審議に際して，政府は，法文のこの規定の文理にかかわらず，周辺事態は地理的な制約のある概念ではないとしていた（145回　平11・4・22〈衆・日米防衛協力特委〉10号34頁，野呂田芳成防衛庁長官ほか）。

[36]　これに伴い，周辺事態安全確保法では後方地域，すなわち我が国の領域と非戦闘地域たる我が国周辺の公海・公空での実施に限られていた自衛隊の支援活動が，重要影響事態安全確保法では外国の領域を含め，単に非戦闘地域であれば実施できるように改められた。

存立危機事態は，重要影響事態と異なりまして，他国に対する武力攻撃が発生した場合において，そのままでは，すなわち武力を用いた対処をしなければ，我が国が武力攻撃を受けた場合と同様な深刻，重大な被害が国民に及ぶことが明らかな状況であります。

では，お尋ねでございますが，両者は併存する場合もありますが，より重大かつ深刻な事態である存立危機事態を認定した場合は，当該事態への対処が優先して行われることになります。

（中略）

○国務大臣（中谷元君）

概念といたしましては，存立危機事態は重要影響事態になるということでございます。

(189 回　平 27・5・28〈衆・安保法制特委〉4 号 16 頁，防衛大臣)

さらに，「我が国の平和及び安全に重要な影響を与える事態」という重要影響事態の定義に照らして，我が国に軍事的な影響が及ばない重要影響事態が存在するのかという質問に対しては，次のように述べている。

### rec.42

○国務大臣（岸田文雄君）

軍事的な影響のない，経済面のみの影響が存在することのみをもって重要影響事態となることは想定はしておりません。

（中略）

○国務大臣（岸田文雄君）

軍事的波及のない，例えば経済面のみをもって重要影響事態になることは想定していない，この答弁の趣旨は，我が国に対する軍事的な影響がないことで重要影響事態となることを想定していないと答えたわけではありません。……

軍事的な影響，軍事的な観点のない，経済的な影響のみをもって重要影響事態となることは想定していない，そのようにお答えした次第であります。

(189 回　平 27・5・28〈衆・安保法制特委〉4 号 16-17 頁，外務大臣)

Ⅲ　限定的な集団的自衛権の行使

　存立危機事態が重要影響事態に包含されるとする一方で，ホルムズ海峡の機雷封鎖のような我が国に軍事的影響が及ぶことのない事態までも存立危機事態たり得るとする政府の答弁を整合的に理解するためには，重要影響事態にも，武力紛争が軍事的に我が国に波及するおそれはないものの，経済活動その他の国民生活に何らかの影響が及ぶ事態が含まれると解釈するほかはない。しかし，重要影響事態安全確保法が外国軍隊の戦闘行為を支援するための法律であることに照らしてみても，「我が国の平和及び安全に重要な影響を与える事態」という重要影響事態の定義に，このように軍事面又は治安維持の点での影響がない事態までが含まれるとは考えられない。なぜなら「平和及び安全」はもっぱら軍事・治安上の脅威との関係で使われる言葉であり，資源や食料の入手困難といった事象までを包摂する概念としては通常用いられないからである[37]。もしもそのようなものまでを含む趣旨であれば，重要影響事態の定義は，「我が国の平和及び安全，経済活動並びに国民生活に重大な影響を与える事態」とでも改めなければならない。

　存立危機事態についてはさらに深刻であるが，このように政府が，自らの立法意図を法案の条文に忠実に反映させることをせず，国会も立法の趣旨とは齟齬のある法文の表現を改めようとしないという立法のあり方は，法治国家の基盤を根底から崩すことになりかねない。

　野党の要求に応えて，政府は下記の文書を国会に提出し，中東やインド洋での紛争も重要影響事態となることがある旨を強調している。

### rec.43

　平成27年6月1日の玄葉光一郎議員の指摘事項について

　1．周辺事態も，重要影響事態も，「我が国の平和及び安全に重要な影響を与える事態」という事態の性質に着目した概念であり，「我が国の平和及び安全」の意味するところも，その性質上，軍事的な観点を始めとする種々の観点から見た概念であることに変更はない。

---

[37]　周辺事態安全確保法案の審議に際して野呂田防衛庁長官が提示した周辺事態の6類型（145回　平11・4・20〈衆・日米防衛協力特委〉9号24頁）の中にも，海外での戦乱に伴い我が国に経済的影響等が及ぶような事態は含まれていない。

2．ある事態が重要影響事態に該当するか否かについては，その事態の規模，態様，推移等を総合的に勘案して個別具体的に判断するものであるため，一概に申し上げることは困難であるが，その判断要素についてより具体的に申し上げれば，実際に武力紛争が発生し又は差し迫っている等の場合において，事態の個別具体的な状況に即して，主に，
　○　当事者の意思，能力，
　○　事態の発生場所，
　○　事態の規模，態様，推移
をはじめ，当該事態に対処する日米安保条約の目的の達成に寄与する活動を行う米軍及びその他の国際連合憲章の目的の達成に寄与する活動を行う外国の軍隊等が行っている活動の内容等の要素を総合的に考慮し，
　○　我が国に戦禍が及ぶ可能性，
　○　国民に及ぶ被害等の影響の重要性
等から客観的かつ合理的に判断することになると考えている。

3．周辺事態法の制定時においては，当時の安全保障環境に照らして，我が国の平和及び安全に重要な影響を与える事態が生起する地域にはおのずと限界があり，例えば「中東・インド洋」において生起することは，現実の問題として想定されない旨説明してきたが，安全保障環境が変化した現在においては，特定の地域を，重要影響事態が生起する地域からあらかじめ排除することは困難である。

4．また，重要影響事態に該当するかは上記2．の判断要素に照らして客観的かつ合理的に判断することとなるため，その具体例を予め類型的に示すことはできないが，少なくとも平成11年4月26日の政府統一見解（「周辺事態について」）で示された以下の例は，事態が生起する原因に着目したものとして，重要影響事態においても当てはまると考えられる。
　⑴　我が国周辺の地域において武力紛争の発生が差し迫っている場合であって，我が国の平和と安全に重要な影響を与える場合

Ⅲ　限定的な集団的自衛権の行使

　(2)　我が国周辺の地域において武力紛争が発生している場合であって、我が国の平和と安全に重要な影響を与える場合
　(3)　我が国周辺の地域における武力紛争そのものは一応停止したが、未だ秩序の回復・維持が達成されておらず、引き続きその事態が我が国の平和と安全に重要な影響を与える場合
　(4)　ある国において「内乱」、「内戦」等の事態が発生し、それが純然たる国内問題にとどまらず国際的に拡大している場合であって、我が国の平和と安全に重要な影響を与える場合
　(5)　ある国における政治体制の混乱等により、その国において大量の避難民が発生し我が国への流入の可能性が高まっている場合であって、それが我が国の平和と安全に重要な影響を与える場合
　(6)　ある国の行動が、国連安保理によって平和に対する脅威、平和の破壊又は侵略行為と決定され、その国が国連安保理決議に基づく経済制裁の対象となるような場合であって、それが我が国の平和と安全に重要な影響を与える場合

　5．その上で、従来、現実の問題として想定されないとされてきた地域で生起する事態であって、我が国の平和及び安全に重要な影響を与える事態として該当し得るものとして申し上げれば、例えば、仮に、
　①　中東・インド洋などの地域で、深刻な軍事的緊張状態や武力衝突が発生した場合であって、
　②　我が国に物資を運ぶ日本の船舶に深刻な被害が及ぶ可能性があり、
　③　米軍等がこうした事態に対応するために活動している状況が生じたときは、
その他の状況も勘案した上で、当該事態が、重要影響事態に該当することはあり得るものと考えられる。

　6．いずれにせよ、現実の問題としては我が国に近い地域で生起する事態の方が、我が国の平和及び安全に影響を与える可能性が高いと考えられるので、重要影響事態に関しても、我が国に近い地域において生起する蓋然性が

相対的に高いものと考えられる。
（防衛省　189回　平27・6・19〈衆・安保法制特委提出〉玄葉光一郎議員（衆）要求）

　周知のように周辺事態安全確保法は，日米安保条約に基づく日米間の防衛協力の実効性を確保することを目的としたものであり，また，自衛隊の対米軍支援が我が国周辺に限定されるものであったことから，我が国の平和及び安全の維持と密接に関係する法律であったと考えられるが，重要影響事態安全確保法は，日本国の安全と極東の平和のためという，駐留米軍の活動の範囲を超える米軍及びその他の外国軍隊の軍事行動をも支援することを目的としている[38]。中東やインド洋など，日本を遠く離れた地域で発生する事態が，我が国の平和と安全に直接影響するケースは想定し難いのであるから，そうした事態に対処する外国軍隊の支援を行うのであれば，そのことの政策としての当否はさておき，どのような事態が支援の対象となるのかを周辺事態安全確保法とは別の視点から改めて法律上明確にする必要があったのではないだろうか。
　なお，周辺で有事が発生した場合の重要影響事態と存立危機事態との関係については，次のような説明が行われている。

### rec.44
○内閣総理大臣（安倍晋三君）
……重要影響事態と存立危機事態の両者は，異なる法律上の概念として，それぞれの法律に定める要件に基づいて該当するか否かを個別に判断するものでありますが，我が国にどれくらいの戦禍が及ぶ可能性があるのか，そして国民がこうむることとなる被害はどの程度なのかといった尺度は共通するわけでありますが，存立危機事態は概念上は重要影響事態に包含されるものであります。したがって，事態の推移により重要影響事態が存立危機事態の要件をも満たし，存立危機事態が認定されることもあり得るということは，今までの委員会でも何回か答弁をしてきたとおりでございます。

---

[38]　法律の目的規定も，「〔日米安保条約〕の効果的な運用に寄与」すること（周辺事態安全確保法第1条）から，「〔日米安保条約〕の効果的な運用に寄与することを中核とする重要影響事態に対処する外国との連携を強化」すること（重要影響事態安全確保法第1条）に改められた。

Ⅲ　限定的な集団的自衛権の行使

　どのような状況がこのような場合に当たるかは一概に申し上げることは困難でありますが，その一例をあえて申し上げるといたしますと，我が国の近隣で武力紛争が差し迫っている状況で，米軍も事態の拡大を抑制し，その収拾を図るために活動をしている，我が国も重要影響事態法のもとで対応措置を行っていたが，状況がさらに悪化し，我が国と密接な関係にある他国，例えば米国に対する武力攻撃が発生した。

　さらに，その時点ではまだ我が国に対する武力攻撃が発生したとは認定されないものの，攻撃国は我が国をも射程に捉える相当数の弾道ミサイルを保有しており，その言動などから我が国に対する武力攻撃の発生が差し迫っている状況にある。

　当該他国の弾道ミサイル攻撃から我が国を守りこれに反撃する能力を持つ同盟国である米国の艦艇への武力攻撃を早急にとめずに，我が国に対する武力攻撃の発生を待って対処するのでは，弾道ミサイルによる第一撃によって取り返しのつかない甚大な被害をこうむることになる明らかな危険がある。

　このような場合であれば，いわば重要影響事態からさらには存立危機事態に認定されていくということになるわけであります。

　　　　　　　　　　　（189回　平27・6・26〈衆・安保法制特委〉14号6-7頁）


## 12　集団安全保障措置への参加

　政府は，以下のように，いったん集団的自衛権を行使して開始した機雷除去活動等については，1990年の湾岸戦争のときのように，その途中で加盟各国の武力行使を容認する国連決議が行われた場合も，当該国連決議に基づく活動としてこれを継続することができるとした。

### rec.45
○政府参考人（横畠裕介君）
　新三要件の下，憲法上一定の武力の行使が容認されますが，その根拠は，これまでどおり，昭和47年の政府見解で示された基本的な考え方を踏襲したものであり，国際法上合法であるとの理由によるものではございません。

すなわち，憲法上武力の行使が許容される根拠は，その行使の際に必要とされる国際法上の違法性阻却事由とは別の事柄でございます。

　そのような法理上の整理に従えば，我が国が，新三要件を満たす武力の行使であって，国際法上は個別的自衛権あるいは集団的自衛権の行使として違法性が阻却されるものを行っている場合に，その国際法上の違法性阻却の根拠が国連安保理決議となったとしても，我が国が新三要件を満たすその武力の行使をやめなければならないということではございません。

　　　　　　　（186回　平26・7・15〈参・予算委〉閉1号5頁，内閣法制局長官）

　国連決議に基づく武力の行使は，各国限りで判断をして参戦をする集団的自衛権の行使とは区別して「集団安全保障措置」とよばれている。これまで政府は，集団安全保障措置への参加（いわゆる多国籍軍への参加）も，集団的自衛権の行使と同じ理由で認められないとしてきた[39]。政府は，新しい9条解釈の下においても，これまでと同様に多国籍軍に参加しないとしているが[40]，この答弁を前提とすれば，存立危機事態において仮に我が国が集団的自衛権を行使するのに先立って武力行使を容認する国連決議が行われた場合には，我が国も自衛のために多国籍軍に参加して機雷掃海等を行うことができることになる。したがって，存立危機事態において憲法上許容される我が国の武力行使が「国際法上は，集団的自衛権が根拠となる場合がある。」と記された閣議決定の文章は，正確には「集団的自衛権又は国連安保理決議が根拠となる場合がある」と理解すべきであり，政府もこれを認めている。

### rec.46

存立危機事態と集団安全保障との関係に関する再質問主意書

　五　武力行使の新三要件を満たす場合，当初から，国際法上の根拠が集団安全保障措置の場合であっても，我が国は武力行使を行うことは可能ということでよいのか。……

答弁書

　三から五までについて

---

[39]　『政府の憲法解釈』80〜86頁。
[40]　186回　平26・7・14〈衆・予算委〔閉会中〕〉18号19頁，横畠内閣法制局長官答弁。

Ⅲ 限定的な集団的自衛権の行使

……存立危機事態において我が国が「武力の行使」を行う場合に、その国際法上の根拠は、まずは集団的自衛権の行使となる場合が通常であると考えられるが、国際連合安全保障理事会決議に基づくいわゆる集団安全保障の措置になることもあり得る。

(189回 平27・9・29答弁301号, 対藤末健三議員(参))

これまでも集団的自衛権の行使は許されないが、国連決議に基づく集団安全保障措置への参加は憲法9条に違反しないとする主張はみられた[41]。これは、集団安全保障措置は、集団的自衛権のように一の国家の判断による武力行使とは違って、いわば国際的な警察活動ともいうべきものであり、国際協調主義をうたった憲法の理念にも沿うという考え方である。国際的な協力の必要性を強調しているものの、自国のための集団的自衛権の行使が許されるが、集団安全保障措置への参加は許されないという新たな政府の9条解釈は、このような意見とはその基本的な立場を異にするものといえよう。

## 13 他の手段の有無

「他に適当な手段がないこと」という武力行使のための第2の要件は、武力行使が最後の手段であることを示すものであり、その点においては、これまでと変わりがない。しかしながら、これまでは、我が国が現に受けている武力攻撃を排除するための手段の有無が問題であったわけであり、通常は、実力行使以外にこれを排除し、被害の拡大を防止する適当な手段があるとは考え難かった[42]。

これに対して集団的自衛権の場合には、我が国に対する武力攻撃を排除するのではなく、我が国の存立を全うし、国民を守るために、他国で起きている戦

---

41) 小沢一郎「今こそ国際安全保障の原則確立を——川端清隆氏への手紙」世界771号(2007年11月号) 148頁等。
42) 強いて挙げれば、相手国がたとえば竹島のような無人の離島を占拠し、それ以上には攻撃を拡大する兆候がないようなときに、実力でこれを排除するのに先立って、外交交渉や国連安保理の決議などによる解決を試みるといったことが考えられる。

争に我が国が参加する以外に道がないかどうかということになる。これまで見てきたように，そもそも存立危機事態の射程自体が不明確であるので，たとえば中東有事なのか朝鮮半島有事なのかで状況が大きく異なると考えられるが，一般的には，我が国有事の場合とは違って，実力行使以外に危機を乗り越える手段があることが少なくないと考えられる。したがって，集団的自衛権行使の国会承認に際しては，この第2要件は，これまでとは異なる重要な意味を持つことになろう。

　ちなみに政府も，次のように，この第2要件を課していることも集団的自衛権の行使が限定される根拠になるとしている。

### rec.47
○政府特別補佐人（横畠裕介君）
　昨年の閣議決定においてお示ししてあります新三要件におきましても，御指摘のありましたような他国の防衛までもやるということをしようとしているわけではございませんし，同じく御指摘のありました部分にございます，他国の侵略を自国に対する侵略と同じように考えて，それに対して，その他国が侵略されたのに対してその侵略を排除するための措置をとるということを認めるものではございません。
　まさに新三要件の第一要件におきまして，我が国に対する武力攻撃が発生したこと又は我が国と密接な関係にある他国に対する武力攻撃が発生し，に加えて，これにより我が国の存立が脅かされ，国民の生命，自由及び幸福追求の権利が根底から覆される明白な危険があるということを要件としております。あわせて，第二要件におきまして，これを排除し，我が国の存立を全うし，国民を守るために他に適当な手段がないということの限定をしておりますので，いわゆる他国を防衛するための集団的自衛権そのものを認めるものではございません。

　　　　　　　　（189回　平27・4・23〈参・外交防衛委〉10号10頁，内閣法制局長官）

### rec.48
○内閣総理大臣（安倍晋三君）
　この第二要件に，我が国の存立を全うし，国民を守るためにという文言が入った意味ということは大変大きかったと，このように思うわけでございま

Ⅲ　限定的な集団的自衛権の行使

すが，今回の閣議決定により，憲法上許容されると判断するに至ったものは，あくまで我が国の存立を全うし，国民を守るためのやむを得ない自衛の措置に限られるわけでありまして，他国の防衛それ自体を目的とする集団的自衛権の行使を認めるものではありません。

　お尋ねのこの第二要件においては，第一要件で他国に対する武力攻撃の発生を契機とするものが加わったことから，これまでの，これを排除するために他の適当な手段がないこととの表現を改めまして，これを排除し，我が国の存立を全うし，国民を守るために他に適当な手段がないこととしたところでありまして，これは，他国に対する武力攻撃の発生を契機とする武力の行使についても，あくまでも我が国の存立を全うし，国民を守るため，すなわち，我が国を防衛するためのやむを得ない自衛の措置に限られ，当該他国に対する武力攻撃の排除，排除それ自体を目的とするものではないことを明らかにしているものであります。

(186 回　平 26・7・15〈参・予算委〉閉 1 号 27 頁)


　安倍総理は，「我が国の存立を全うし，国民を守るために」の文言が加わったことを強調しているが，従来の第 2 要件もこの点は全く変わらず，ただ，あえてこのような修辞をせずとも単に「これ〔我が国に対する武力攻撃〕を排除するために」とするだけでその意が尽くされていたにすぎない。集団的自衛権の行使は，第 1 の要件を満たす場合に限られるのであるから，この修辞には特段の規範的意味があるとは考えられない。


## 14　交戦権の位置付け


　新たな解釈の下で，憲法 9 条 2 項が認めないと明記している交戦権をどのように理解するのかも一つの問題である。

　政府はこの交戦権について，戦争をする権利を意味するものではなく，交戦当事国に戦時国際法上認められる様々な権利を総称したものと解してきており[43]，安保法制懇の報告書でも，こうしたこれまでの政府の考え方を踏襲す

14 交戦権の位置付け

るべきであるとしている（本書132頁）。

　往々にして，政府はこれまで個別的自衛権の行使を認めてきたといわれるが，前述したように（8頁）これは必ずしも正確な表現ではない。政府は単に，憲法9条の下でも自衛権発動の3要件を満たす場合には，例外的に武力行使が許されるとしてきたにすぎず，この例外的な武力行使を国際法上位置付ければ，個別的自衛権の行使に当たるということであった。すなわち，我が国が憲法9条の下でなし得る武力行使は，我が国に対する武力攻撃を排除するための必要最小限度の範囲内にとどまるから，敵国の領土への侵攻等，他の国々のように個別的自衛権の行使として国際法上認められたすべての軍事活動ができるわけではないとしてきたのである。

　これは，9条が基本的に一切の武力行使を禁じているとするその解釈の当然の帰結であると同時に，「交戦権は，これを認めない」と規定されていることとも整合する考え方であった。すでに述べたように，我が国も有事に際して武力行使をする場合には，敵の兵力の殺傷や破壊をすることが憲法上も当然許容されるわけであるが，政府はこれを交戦権とは別の自衛行動権ともいうべきものとしてきた[44]。

　政府は，次のように，新たな9条解釈の下でも，我が国の武力行使は自衛のための必要最小限度にとどまるものであり，これまでと同様に交戦権を行使することにはならないとしている。

**rec.49**

○政府特別補佐人（横畠裕介君）
……交戦権についての御指摘がございましたけれども，ポイントは，これまで自衛権の行使に当たっては，我が国を防衛するための必要最小限度の実力を行使することは当然認められる，それは憲法第9条2項で否認している交戦権とは別のものであろうというふうに説明をさせていただいております。

　今般の新三要件のもとでの武力の行使につきましても，詳しくはまた申しませんけれども，我が国を防衛するための必要最小限度の実力の行使の範囲

---

43) 『政府の憲法解釈』24頁参照。
44) もっとも，我が国の自衛権の行使が国際法上は個別的自衛権と位置付けられるのと同様に，この自衛行動権も，国際法の視点からはすべて交戦権と評価されることになろう。

Ⅲ　限定的な集団的自衛権の行使

にとどまるものでございますので，全くこれまでと同じように，この交戦権否認の規定に抵触するということにはならないと解しております。

(189回　平27・6・10〈衆・安保法制特委〉8号43頁，内閣法制局長官)

しかしながら，存立危機事態に際して集団的自衛権を行使する場合には，我が国も外国の領土やその周辺の公海・公空で，他の諸国と一致協力して軍事活動を展開することになる。この場合，当然ながら他の国々は例外なく交戦権を有し，これを行使して戦闘行為を実施する中で，我が国だけが交戦権を有さず，これを行使しないで戦争を遂行することが可能なのであろうか。交戦権がない結果として，集団的自衛権を行使する場合にも自衛隊の軍事行動が一定の制約を受けるのかどうか，受けるとすれば具体的に何ができないのかといった点については，国会では質されておらず，この点についての政府の見解も明らかになっていない。

## 15　砂川事件最高裁判決との関係

今回の解釈変更に当たって，政府は，このような限定的な集団的自衛権の行使容認は，いわゆる砂川事件の最高裁大法廷判決（昭34・12・16刑集13巻13号3225頁　資料④）の考え方に沿ったものであり，その範囲内にあることを強調した。

### rec.50

○内閣総理大臣（安倍晋三君）

　平和安全法制について，憲法との関係では，昭和47年の政府見解で示した憲法解釈の基本的論理は変わっていないわけであります。これは，砂川事件に関する最高裁判決の考え方と軌を一にするものであります。

　そこで，砂川判決とは何かということであります。この砂川判決とは，我が国が自国の平和と安全を維持しその存立を全うするために必要な自衛の措置をとり得ることは国家固有の権能の行使として当然のことと言わなければならない，つまり，明確に，必要な自衛の措置，自衛権について，これは合

憲であるということを認めた，いわば憲法の番人としての最高裁の判断であります。

　そして，その中における必要な自衛の措置とは何か。これはまさに，その時々の世界の情勢，安全保障環境を十分に分析しながら，国民を守るために何が必要最小限度の中に入るのか，何が必要なのかということを我々は常に考え続けなければならないわけであります。そして，その中におきまして，昭和47年におきましてはあの政府の解釈があったわけでございます。

　今回，集団的自衛権を限定容認はいたしましたが，それはまさに砂川判決の言う自衛の措置に限られるわけであります。国民の命と平和な暮らしを守ることが目的であり，専ら他国の防衛を目的とするものではないわけでありまして，それは新たに決めた新三要件を読めば直ちにわかることであります。

　我が国の存立が脅かされ，これは我が国でありまして，米国でもなければ他のどの国でもないんです。我が国の存立が脅かされ，国民，これは日本国民です，国民の生命，自由及び幸福追求の権利が根底から覆される明白な危険がある場合であり，しかも，これを排除し，我が国の存立を全うし，国民を守るために他に適当な手段がないときに限られるわけであります。それはつまり，外交手段をまずは当然とり，その外交的な努力を重ね重ねてもこれはもう防ぐことができないという段階になって初めて必要最小限度の武力の行使をする。

　今の文脈でもおわかりのとおり，まさに我が国自身の存立が危うくなっているときに，そのときこそ我々はまさに自衛の措置をとる。これは，最初に申し上げました砂川判決に書かれている国家固有の権能の行使である。国の存立が脅かされているというわけでありますから，まさに私は，憲法のこの基本的な解釈，憲法の基本的な論理，砂川判決の基本的な論理の中において我々は現在の安全保障状況を見ながら当てはめをした，常にこうしたことを，我々は常に努力を行うべきであって，考え抜かなければならない，こう思うわけであります。そして，繰り返しになりますが，行使する場合も，必要最小限度の実力行使にとどまるべきこと，こうあるわけであります。

　このように，平和安全法制の考え方は砂川事件判決の考え方に沿ったものであり，判決の範囲内のものであります。この意味で，砂川事件の最高裁判

## III 限定的な集団的自衛権の行使

決は,集団的自衛権の限定容認が合憲である根拠たり得るものであると考えているところでございます。

そして,憲法の解釈を最終的に確定する権能を有する唯一の機関は最高裁判所であり,平和安全法制は,その考え方に沿った判決の範囲内のものであると考えております。

(189回　平27・6・26〈衆・安保法制特委〉14号3頁)

しかしながら,周知のように砂川事件の争点は,日米安保条約に基づいて米軍が我が国に駐留することの憲法適合性であって,自衛隊の合憲性が争われたわけではなく,ましてやその自衛隊の実力行使の限界が問われたわけでもない。この判決で述べているのは,憲法9条の下でも自国を防衛する権利は認められること,したがって同条は,自らの防衛力の不足を補うために他国に安全保障を求めることまでを禁じたものではないこと,そして,我が国が指揮権,管理権を行使できない駐留米軍は同条第2項が保持を禁じた戦力には当たらないということであり,当時,すでに存在していた自衛隊を合憲であるとする政府の見解[45]も踏まえた上で,判決は,「同条2項がいわゆる自衛のための戦力の保持をも禁じたものであるか否かは別として」と述べて,自衛隊の憲法適合性自体についてすらその意見を明らかにしていない。

今回政府が拠り所として挙げたのは,判決中の「わが国が,自国の平和と安全を維持しその存立を全うするために必要な自衛のための措置をとりうることは,国家固有の権能の行使として当然のことといわなければならない。」という部分であり,以下にあるように,政府は,ここにいう「自衛」が我が国に直接武力攻撃があった場合の防衛のみを意味するのではなく,我が国を守るという目的での実力行使を幅広く含む概念であると理解しているようである。

### rec.51

○政府特別補佐人(横畠裕介君)

……砂川事件の判決は,「決して無防備,無抵抗を定めたものではない」,あるいは「自国の平和と安全を維持しその存立を全うするために必要な自衛の

---

[45] 21回　昭29・12・22〈衆・予算委〉2号1頁,大村清一防衛庁長官。

ための措置をとりうることは、国家固有の権能の行使として当然のこと」と述べていることからすると、あくまでも我が国自身の防衛としての自衛について論じているものと理解されます。

そうだとすると、その判示の射程について、あえてですが、国際法上の個別的自衛権、集団的自衛権という区分を前提として申し上げるならば、自国防衛のために武力の行使をする個別的自衛権を読むということは容易でありますけれども、他国防衛のために武力を行使することが権利として観念される国際法上のいわゆる集団的自衛権、フルセットの集団的自衛権と呼んでおりますけれども、その全体にまで及んでいるとまで言うことはなかなか難しいと考えられるところでございます。

しかしながら、ここが重要なのでございますけれども、今般の新三要件のもとで認められる限定された集団的自衛権の行使、すなわち他国に対する武力攻撃の発生を契機とするものであることから国際法上は集団的自衛権として違法性が阻却される武力の行使ではありますが、あくまでも我が国の存立を全うし、国民を守るため、すなわち我が国を防衛するために必要やむを得ない自衛の措置につきましては、砂川判決において論じております我が国自衛のための措置を超えるものではなく、同判決に言う自衛権に含まれるというふうに解することが可能であると考えております。

（189回 平27・6・15〈衆・安保法制特委〉10号3頁、内閣法制局長官）

しかしながら、砂川事件で争われたのが米軍駐留の適法性であったことにかんがみれば、最高裁判決にいう「自衛のための措置」は、我が国の有事、すなわち我が国が武力攻撃を受けた場合を前提として、これに対処するための手段、方策を指していることが明らかで、政府が主張するように、我が国に武力攻撃が及んでいない場合までを自衛と観念しているわけではなく、いわんやその場合に海外で実力行使に及ぶことを幅広く「国家固有の権能」と位置付けているとは解し難い。判決中の自衛が我が国に対する武力攻撃を前提として考えられていることは、判決が「わが憲法の平和主義は決して無防備、無抵抗を定めたものではない」と述べていることからも明白である。

現に政府はこれまで、砂川事件最高裁判決のこの論旨を、自衛隊が9条第2

Ⅲ　限定的な集団的自衛権の行使

項で保持を禁じられた戦力に当たらないとする政府の憲法解釈と軌を一にするものであると評価することはあっても，集団的自衛権をはじめとする自衛隊の海外での武力行使の是非をめぐる議論に関わりがあるものとして考えたことはなかった。このことは，集団的自衛権の行使を含む海外での武力行使は認められないとする政府の見解が判決の前後を通して変わっていないことや[46]，この判決を前提にしながら，政府は，集団的自衛権の行使がたとえ自国防衛のためのものに限るとしても許されないとしていたこと[47]からも疑いがない。のみならず，この判決から半世紀以上もの間，学界はもとより国会においても，集団的自衛権の行使の憲法適合性がこの判決と結びつけて論じられることが全くなかったことにかんがみても，今回の安保法制による集団的自衛権の限定的な行使容認が砂川事件最高裁判決の範囲内であるとか，これと軌を一にしているとかいう政府の主張は，極めて唐突であるといわざるを得ない。

　ちなみに，政府が主張するように仮にこの判決にいう「自衛のための措置」の中に今回の存立危機事態における集団的自衛権の行使が含まれ得るとしても，これを含めて一切の集団的自衛権の行使が認められないと憲法9条を解してきたのは政府自身なのであるから，この解釈を変更する必要性と正当性についての政府の説明責任が，そのことによって軽減されることにはならない。したがって，この判決の射程のいかんは，政府が憲法解釈を変更することの当否や新しい憲法解釈の適否とは基本的に無関係な問題であるといえる。

---

[46]　集団的自衛権を容認したものとしてしばしば引用される岸信介総理の答弁（34回　昭35・4・20〈衆・日米安保条約等特委〉21号27頁）は，仮に米軍に対する基地提供のようなことも集団的自衛権の行使に含まれるとすれば，そのような集団的自衛権の行使は憲法上否定されていないという趣旨であって，集団的自衛権の中核的概念である実力の行使については，憲法上認められていないと述べている。

[47]　159回　平16・1・26〈衆・予算委〉2号5頁，秋山収内閣法制局長官答弁，159回　平16・6・18答弁114号，対島聡議員（衆）答弁書「二について」等，『政府の憲法解釈』56頁以下参照。

# IV

# 他国軍隊に対する支援活動

　集団的自衛権の行使と並んで,「切れ目のない安全保障法制」の核となったのが, 米軍その他の外国軍隊に対する後方支援活動の拡充である。

　テロ特措法やイラク特措法など, これまでの多国籍軍等に対する後方支援活動は, それぞれの事態ごとに制定された特別の法律に基づいて実施されてきたが, 新たにいわゆる恒久法として国際平和協力支援法[48]が制定され, こうした事態に際してより迅速な自衛隊派遣を行うことを可能とする体制が整えられた。また, 日米安保条約に基づき周辺事態に対処する駐留米軍等に対する後方支援の根拠法であった周辺事態安全確保法が重要影響事態安全確保法に改められ, 周辺事態に限らず, 日本の平和及び安全に重要な影響を与える事態に対処する米軍その他の外国軍隊に対する後方支援が幅広く行えるようになった。

　憲法との関係で重要なのは, これらの法律が, 後方支援を実施する区域や支援活動の内容についても, 従来の法律の枠組みを変更したことである。

　I 3で述べたように, 政府はこれまで, 現に戦闘に従事している米軍その他の外国軍隊に対する自衛隊の支援については, その実施地域を後方地域（周辺事態安全確保法）又は非戦闘地域（イラク特措法等）に限ることによって, これらの軍隊の武力行使との一体化を回避することとしてきた。これに対して今回の安保法制では, 一般に, 外国の領域を含め「現に戦闘行為……が行われている現場」以外であれば, 支援を実施できることとしたほか（重要影響事態安全確保法第2条第3項等）, 遭難した戦闘参加者の捜索救助活動については, すでに

---

[48] 「国際平和共同対処事態に際して我が国が実施する諸外国の軍隊等に対する協力支援活動等に関する法律」（平27法77）。この法律に基づく自衛隊の協力支援活動の対象には, 国連安保理の武力行使容認決議に基づいて戦う外国の軍隊（多国籍軍）だけではなく, 2003年のイラク戦争のときのように直接の武力行使容認決議がない場合の有志連合も, 関連する国連決議があること等, 一定の要件を満たすものについては含まれる。

Ⅳ　他国軍隊に対する支援活動

遭難者が発見され，自衛隊がその救助を開始している場合には戦闘現場においてもこれを継続できることに改めた（同法第7条第6項等）。

　この改正について政府は，次のように，こうした支援活動が他国の軍隊の武力行使と一体化してはならないとするこれまでの考え方を変更したものではなく，一体化を回避するという憲法上の要請を担保するための規定と支援活動の安全を確保するための規定との関係を改めて整理した結果であると説明している。

**rec.52**

○政府特別補佐人（横畠裕介君）

　非戦闘地域というのは，自衛隊の補給支援等の活動の期間を通じて戦闘行為が行われることがないと認められる地域をそのように称していたわけでございますけれども，それは，なぜ一体化が防げるかというと，まさに他国軍隊の戦闘行為が行われないわけですから，一体化することもない，そういう考えでございます。一体化する相手方がないということでございます。が，やはり，活動の期間を通じてといいますと，将来ずっとという感じになりまして，運用上も，実際上，個々の活動というより，派遣の期間を通じてというような形でこの非戦闘地域の設定というのが行われていたと承知しております。

　そのような関係で，他国の戦闘行為がないところでの補給は，それはよいという前提がもともとある話でございますので，その一体化の部分は一体化の部分として純化した要件とし，安全確保の点は安全確保の点で，さらにその実施区域の指定というところでしっかり配慮する。

　そういう役割分担，これまでは非戦闘地域ということで両方兼ねていたのですけれども，条文上役割分担をした。それによって，個々の活動ごとにまさに戦闘行為と遭遇しないということを担保しようということで，それによって憲法上の問題は解消していると思います。

　　　　　　　（189回　平27・6・10〈衆・安保法制特委〉8号5頁，内閣法制局長官）

　その一方で政府は，この改正の目的について，自衛隊による支援をより機動的に実施できるようにするためであるとし，また，防衛大臣が自衛隊の活動の

期間を通じて円滑かつ安全に支援を実施することができるようにその実施区域を指定するから，活動の安全性はこれまでと変わらず確保できるとしている。

### rec.53
○国務大臣（中谷元君）

これは，これまでの経験とかに鑑みまして，より柔軟に，そして安全性にもつながるようなことでございます。

というのは，非戦闘地域といたしますと，定められた期間，戦闘が行われていない場所ということでありますので，相当長い期間そこが固定をされるわけでございますが，現状を見てみますと，本当に安全かどうか，これはやはり，現場を見ながら逐一判断をしながら，防衛大臣がその実施区域を指定しながら，現に戦闘が行われている現場では実施しませんけれども，こういった区域においては安全そして円滑に実施できるということで，より柔軟，機動的に区域が変更できるようにした方が，日ごろからの調整もできますし，また的確な実施区域も指定できる，こういうことを考えて，従来の非戦闘地域よりも柔軟かつまた的確に区域が指定できるようにしたわけでございます。

○松浪健太君

……やはり危険は高まるということを素直にお認めになった方がいいのではないですか。

○国務大臣（中谷元君）

この点につきましては，防衛大臣が，活動区域において円滑かつ安全に実施できるという規定で実施区域を指定するということで，今現在戦闘行為が行われていないというだけではなくて，自衛隊が現実に活動を行う期間について戦闘行為がないと見込まれる場所を指定するわけでございます。

攻撃を受けない安全な場所で活動を行うということについては，いわゆる非戦闘地域の概念を設けていた従来と変更がないということでございます。

(189回　平27・7・10〈衆・安保法制特委〉19号35-36頁，防衛大臣)

さらに，新たな安保法制では，自衛隊は後方支援活動として，これまで除外されていた弾薬の提供と発進準備中の航空機に対する給油及び整備の役務も行うことができるようになったほか，支援の対象となる事態が全世界に広がるこ

IV 他国軍隊に対する支援活動

とに伴い，周辺事態安全確保法では原則として国内での実施に限られていた物品・役務の提供を国外でも行えるように改められた。この結果，たとえばこれまでは日本国内でも実施できなかった弾薬の提供や発進準備中の航空機への給油が，公海・公空はもとより，外国の領域においても行えるようになる。

弾薬の提供と発進準備中の航空機への給油については，政府が，周辺事態安全確保法の審議過程で，最終的には米側からのニーズがなかったとしながらも「憲法上の適否について慎重に検討を要する問題ではあろうという感触は持って」いると述べていた[49]ことなどから，国会では，これらの支援活動が米軍等の武力行使と一体化するのではないかという指摘が相次いだ。政府は，弾薬の提供等についてもニーズが生じているとした上で，発進準備中の航空機に対する給油が武力行使と一体化しないと判断するに至った理由を次のように述べている。

### rec.54

○政府特別補佐人（横畠裕介君）

御指摘の現行法におきましては，武器弾薬の提供でございますとか，発進準備中の戦闘機への給油については行わないということにしてございます。

その理由でございますけれども，端的に申し上げれば，実際のニーズがないということでそれは除外してあるということでございまして，そのような活動が他国の軍隊の武力行使と一体化するから除外したということではございません。

そのような行為が，今回はそのような活動についてのニーズが生じている，そういうことを踏まえて，先ほど御指摘のあった，これまでの考え方を踏まえてさらに検討した結果，今回のような基準を設けることによって一体化するものではないという整理ができた，そういうことでございます。

（189回　平27・6・10〈衆・安保法制特委〉8号4頁，内閣法制局長官）

### rec.55

○内閣総理大臣（安倍晋三君）

弾薬の提供でございますが，弾薬の提供については，現行の周辺事態法や

---

[49] 141回　平9・11・20〈衆・安保委〉3号3頁，大森内閣法制局長官。

過去の特措法の制定時にはこのような支援を行うことが想定されなかったことから、自衛隊が実施する物品の提供の内容には含めないこととしたわけでございます。これは、当時も、憲法との関係ではなくて、そういうニーズがないということであったわけでございます。

　他方、先ほども少し紹介をさせていただきましたが、一昨年の南スーダンのPKOにおいて、韓国の隊への弾薬提供の事例がありました。実際に、実際の具体的なニーズが生じているわけでございます。

　また、日米防衛協力が進展し、ガイドラインの見直しに係る日米間の協議が進められる中で、米側から、弾薬の提供を含む自衛隊による幅広い後方支援への期待が示されたところでありまして、こうしたニーズを踏まえ、重要影響事態法及び国際平和支援法においては、武器の提供は除外する一方、弾薬の提供は除外しないとしたものでございます。

　　　　　　　　（189回　平27・5・28〈衆・安保法制特委〉4号37頁）

### rec.56

　　　　平成27年6月26日の塩川鉄也議員の指摘事項について

1. 我が国の活動が、「他国の武力の行使と一体化」するかの判断については、従来から、
　① 戦闘活動が行われている、又は行われようとしている地点と当該行動がなされる場所との地理的関係、
　② 当該行動等の具体的内容、
　③ 他国の武力の行使の任に当たる者との関係の密接性、
　④ 協力しようとする相手の活動の現況、
等の諸般の事情を総合的に勘案して、個々的に判断するとしている。

2. その上で、現行の周辺事態法制定時において、「戦闘作戦行動のために発進準備中の航空機に対する給油及び整備」に関しては、憲法上慎重な検討を要する問題としつつ、米側からの要望がなく、このような支援を行うことが想定されなかったことから、それ以上の検討をせず、これを実施しないこととしたものである。

## Ⅳ 他国軍隊に対する支援活動

　3. 今般の法改正に当たっては，ニーズが確認されたことを前提として，「戦闘作戦行動のために発進準備中の航空機に対する給油及び整備」について改めて慎重な検討を行ったところ，「現に戦闘行為が行われている現場」ではない場所で行う当該給油及び整備は，当該航空機により行われる可能性がある戦闘行為と時間的に近いものであるとはいえ，

　① 実際に戦闘行為が行われる場所とは一線を画する場所で行うものであること，

　② 支援活動の具体的内容が給油及び整備であり，戦闘行為とは異質の活動であること，

　③ 自衛隊の部隊等は他国の軍隊の指揮命令を受けるものではなく，我が国の法令に従い自らの判断で活動するものであること，

　④ 支援する相手方の活動の現況は，あくまで発進に向けた準備中であり，現に戦闘行為を行っているものではないこと，

等の考慮事情を総合的に勘案すれば，「他国の武力の行使と一体化」するものではないと判断したものである。

　4. このような考え方により，今般の法改正に当たり「戦闘作戦行動のために発進準備中の航空機に対する給油及び整備」を行い得ることとしたものであり，現行周辺事態法制定時の議論と整合的である。

（防衛省ほか189回　平27・7・14〈衆・安保法制特委〉塩川鉄也議員（衆）要求）

　なお，戦場においても継続することができるとされている捜索救助活動については，武力行使との一体化の視点からの質疑応答は見当たらないが，自衛隊のリスクに関しては，次のように実施する部隊等の安全が確保されることが要件である点が強調されている。

### rec.57

○国務大臣（中谷元君）

　重要影響事態法におきまして，防衛大臣は，自衛隊の部隊が実際に円滑かつ安全に捜索救助活動を実施することができるように実施区域を指定する旨

を規定をいたしております。この円滑かつ安全に活動できるという要件は重いものでありまして，今現在戦闘行為が行われていないというだけではなくて，部隊等が現実に活動を行う期間について戦闘行為が発生しないと見込まれる場所を実施区域に指定することになります。

　したがいまして，実施区域の指定について申し上げれば，後方地域の仕組みの下で指定されるなどして安全が確保されていた従来と安全面では変わりません。また，万が一状況が急変をし，戦闘行為が行われるに至った場合などには，原則として一時休止するなどして危険を回避することとなります。

　その上で，例外的な場合といたしまして，既に遭難者が発見をされ，自衛隊の部隊等がその救助を開始をしているときは，まさに人道上の見地からの活動を継続することができるというふうになっておりますが，これはあくまでも部隊の安全が確保されている場合に限られるということを法律上明記をしております。安全が確保されていない状況下で活動を継続することはありません。

　このように，重要影響事態法に基づく捜索救助活動につきましては，従来と同様に安全を十分確保した上で行うこととしておりまして，戦闘行為に巻き込まれる可能性，また自衛隊員が戦闘行為を行う可能性が高まるといった御指摘は当たらないものと考えております。

　　　　　　　（189回　平27・9・2〈参・安保法制特委〉15号35頁，防衛大臣）

　武力行使との一体化の概念とこれを回避することを担保するための非戦闘地域という法制上の枠組みは，個々の支援活動を憲法9条に照らしてどのように見るかという法的な評価に係る問題であるため，海外での武力行使の禁止のように9条の解釈として論理必然的に導かれる結論とは異なり，その絶対的な基準が一義的に存在するという性質のものではない。『政府の憲法解釈』（113頁以下参照）で述べたように，これまでも左右両陣営から批判が寄せられていたのもこのためである。ただ，武力行使との一体化が，憲法9条を前提とした我が国固有の考え方であるとしても，武力の行使を国家の物的・人的組織体による戦闘行為と解する点では憲法と国際法との間に差があるとは考えられないから，この法的評価は，憲法との関係にとどまらず，国際法に照らしても受け入

Ⅳ 他国軍隊に対する支援活動

れられるものでなければならない。我が国がいかに戦闘の現場での活動ではないから他国の軍隊の武力行使と一体化しないと主張したところで，当該他国の軍隊が武力行使をしている相手方が，この後方支援を理由として，自衛隊に武力攻撃を加えることが，国際法上，許容されることになってしまえば意味がなく，憲法との関係においても，そのような支援は武力行使に当たると評価せざるを得ないことになる。

重要影響事態安全確保法や国際平和協力支援法においても引き続き，後方支援活動の実施に際しては，活動の種類や内容，当該活動を実施する区域の範囲等を基本計画に定め，原則として国会の事前承認を得ることとされている（重要影響事態安全確保法第4条・第5条，国際平和協力支援法第4条・第6条）。新たな安保法制の下では，いわば国際的な常識に照らして，これらの活動が武力行使と評価されることがないかどうかを十分に見極める国会の責任は，これまで以上に重くなったといえよう。

ちなみに後方支援は，存立危機事態において存立危機武力攻撃を排除するために必要な軍事行動を展開している外国軍隊に対しても行えることとなったが（米軍等行動関連措置法[50]第10条，自衛隊法第76条第1項），存立危機事態に際しては我が国自身が武力行使をすることができるという前提に立てば，この場合の後方支援は，外国の軍隊の武力行使と一体化しても差し支えないことになるから，「現に戦闘行為が行われている現場」で実施することも憲法との関係では許容されるということになる。

政府もこのような見解を示す一方で，海外派兵が一般的に許されないことを理由として，以下のように存立危機事態に際しての後方支援までが基本的に公海と公空での実施に限られると述べている。しかしこれは，重要影響事態安全確保法に基づく後方支援が外国の領域であっても実施可能であることと明らかに整合しない。これもまた，海外派兵の禁止という従来の政府の憲法解釈の論理的帰結だけを，これとは異なる結論を導いているはずの新しい憲法解釈の下でも用い続けることによってもたらされる矛盾にほかならない。

[50]　「武力攻撃事態等及び存立危機事態におけるアメリカ合衆国等の軍隊の行動に伴い我が国が実施する措置に関する法律」（平16法113）。

## rec.58

存立危機事態における「後方支援」と重要影響事態法案・国際平和協力支援恒久法案における「後方支援」について，その安全の確保の異同に関する考え方

1. 重要影響事態安全確保法及び国際平和支援法に基づく活動については，現に戦闘行為が行われている現場では活動を実施しないことを明記することにより，憲法との関係で，他国の「武力の行使と一体化」しないことが担保されている。

2. 同時に，自衛隊の部隊等による具体的な活動の実施に際しては，安全確保が極めて重要であり，重要影響事態安全確保法及び国際平和支援法においては，防衛大臣が，自衛隊の部隊等が円滑かつ安全に実施することができるように，活動の実施区域を指定する旨を明記している。

3. 一方，存立危機事態においては，我が国は，存立危機事態を終結させるため，存立危機武力攻撃を排除するために「武力の行使」を含む必要な行動をとるほか，存立危機武力攻撃を排除するために必要な行動を実施している外国の軍隊に対し，改正米軍等行動関連措置法第10条に基づき物品及び役務の提供を実施することが可能となる。

4. 当該物品及び役務の提供は，改正米軍等行動関連措置法第4条において，「存立危機武力攻撃を排除する目的の範囲内において，事態に応じ合理的に必要と判断される限度を超えるものであってはならない」と規定されているとおり，存立危機事態に際して我が国が「武力の行使」を行うことが可能な場合において，その目的・限度内において行うものであり，仮に現に戦闘行為が行われている現場で実施されたとしても，憲法上の問題を生じることはないと考えている。

5. 当該物品及び役務の提供を実施する場所について，一概に述べること

Ⅳ　他国軍隊に対する支援活動

は困難であるが，そもそも武力行使の目的を持って武装した部隊を他国の領土，領海，領空へ派遣するいわゆる「海外派兵」は，一般に，自衛のための必要最小限度を超えるものであって，憲法上許されないと解しており，したがって，存立危機事態における「武力の行使」が，基本的に公海及びその上空において行われることになる以上，4の目的・限度内で行う当該物品及び役務の提供についても同様であると考えている。

6. なお，物品及び役務の提供については，その性質上，どのような場合であっても，安全を確保した上で実施することが当然である。
(内閣官房　189 回　平 27・8・18〈参・安保法制特委提出〉　仁比聡平議員（参）要求)

いうまでもなく存立危機事態における集団的自衛権の行使を違憲とする立場からは，存立危機事態における米軍等に対する支援がこれらの軍隊の武力行使と一体化することを妨げないとする米軍等行動関連措置法の改正もまた憲法 9 条に違反するということになる。

# V

# PKO活動の拡充

　我が国がPKO（国際連合平和維持活動）に参加した場合に自衛隊が実施できる業務の範囲を拡大することも，安保法制の大きな柱の一つであった。政府はいわゆるPKO参加5原則[51]中，武器使用権限を除く4原則はPKO協力法[52]の改正前後で変わらないとしつつ[53]，PKO業務の範囲と自衛隊員の武器使用権限等について，次のように大幅な改正を行った。

(1) 我が国が参加できるPKOは，これまで国連の総会又は安保理の決議に基づき，国連の統括の下に行われるものに限られていたが，EUその他の地域的機関等の要請に基づいて実施される「国際連携平和安全活動」にも参加できることとした（PKO協力法第1条・第3条等）。
(2) 停戦合意がなくとも，武力紛争が終了してPKO活動の行われる地域に紛争当事者が存在しなくなり，その国の同意がある場合などには参加できることとした（同第3条第1号ロ及びハ）。
(3) 住民への危害の防止その他の安全確保業務と一定の場合に他国のPKO活動関係者等を保護するいわゆる駆け付け警護の業務を追加した（同第3条第5号ト及びラ）。

---

[51] PKO参加5原則とは，我が国がPKO活動に参加するための次の5つの要件をいう（PKO協力法第3条等）。
　①紛争当事者間の停戦合意の存在　②活動地域の国及び紛争当事者のPKO受入れの同意　③中立的立場の維持　④これら3原則が満たされなくなった場合の撤収　⑤武器使用を正当防衛等の必要最小限度に限定
[52] 「国際連合平和維持活動等に対する協力に関する法律」（平4法79）。
[53] 189回　平27・9・29答弁305号，対藤末健三議員（参）答弁書「一について」。
　なお，我が国のPKO参加に至る経緯や過去の実績等については『政府の憲法解釈』47頁以下を参照されたい。

## V　PKO活動の拡充

(4) 宿営地を共にする他国の軍隊の部隊の宿営地が攻撃された場合に，当該部隊とともに武器を用いて対処することができることとした（同第25条第7項）。

(5) 自己等の生命，身体を防衛するための武器使用に加えて，上記(3)の任務の遂行のために必要な武器の使用ができることとした（同第26条）。

このうち(1)の国際連携平和安全活動については，近年，国連PKO以外の枠組みの下での国際的な平和協力活動が実施されるようになってきたとして，その必要性が次のように説明されている。

### rec.59

○国務大臣（岸田文雄君）

活動の合法性そして正当性について御質問いただきました。

まず，合法性の部分ですが，ある国の領域において他国の軍隊等が活動を行う場合，国際法上，一般に当該領域国の同意が必要であるとされています。このため，国際連携平和安全活動については，当該活動が行われる地域の属する国の同意があること，これを前提にしております。これが合法性の部分であります。

そして，もう1つ，正当性の部分ですが，正当性を確保するため，改正PKO法においては，1つは国連安保理等の決議に基づくもの，2つ目として国際機関の要請に基づくもの，3つ目として当該活動が行われる地域の属する国の要請に基づくもので国連の主要機関の支持がある場合，この3つに限定をしています。

そして，この理由についても御質問いただきましたが，このうち，1つ目の国連安保理等の決議に基づく活動については，これは当然，国際的な正当を有していると認識をしております。

2番目の国際機関が要請する活動については，国連難民高等弁務官事務所等の国連の機関やEU等の，実績，専門的能力を有する国際機関が要請するものに限定をしております。これによって，国連憲章の目的に合致する，又は国連を中心とした国際平和のための努力に積極的に寄与するものであり，国際的に正当性を有するということになります。御指摘になられましたアチ

ェ監視ミッション[54]はこの二番目に該当すると認識をしています。

そして，3番目の当該活動が行われる地域の属する国の要請に基づく活動については，国連の主要機関が支持を与えているものに限定しており，このような活動は国際的に十分な正当を有すると考えられます。これが，御指摘のソロモン地域支援ミッション[55]がこの3番目に該当すると考えます。

このように，国際連携平和安全活動ですが，国際法上，合法性に加えて正当性も有していると，十分にこうしたものが確保されていると認識をしております。

(189回　平27・8・19〈参・安保法制特委〉10号23頁，外務大臣)

国会で主に取り上げられたのは，上記(3)の業務の追加とこれに伴う(5)の武器使用権限の拡大である。これらの業務の意義と必要性について，政府は次のような説明をしている。

### rec.60

○政府参考人（山本条太君）

いわゆる安全確保業務の背景事情につきまして御説明を申し上げます。

冷戦が終わりまして以降，国際社会による対応が迫られる紛争の多くが国家間の武力紛争から一国内における紛争へと移行をしてまいりました。その結果，国連PKOの活動も多様化をいたしまして，紛争終了後の国づくりの取組への支援，そしてそのための安全な環境の創出，これが重要な役割となってきておるわけでございます。現在展開中の16の国連PKO活動のうち11のPKOにおきましても，住民の保護と国連要員の保護，これが任務として明記をされております。

国際的な平和協力活動のこのような発展が遂げられつつある中，一層積極的で効果的な協力，これを可能とする法的な枠組みを整備してまいりたいと，これが今般の法案中に御指摘の安全確保業務を盛り込むことといたしました

---

[54] インドネシアのアチェ紛争を終結させる和平合意に基づき，2005年にEU主導の監視団（AMM）が派遣され，合意実施等の監視に当たった。
[55] ソロモン諸島の部族間抗争に際して，支援要請を受けたオーストラリア等の警察と軍で構成されたソロモン地域支援ミッションが2003年に派遣され，法と秩序の回復に努めた。

経緯でございます。

(189 回　平 27・8・19〈参・安保法制特委〉10 号 23 頁，内閣官房内閣審議官)

### rec.61

○国務大臣（中谷元君）

……

　なぜ駆けつけ警護が必要かといいますと，例えば，1994 年，ザイールのゴマ市内の難民キャンプで活動した日本の NGO が使用していた車両が難民によって強奪をされた際に，この当該 NGO から，難民救援のために現地に派遣されていた自衛隊に対して救援の要請がありました。また，現在，自衛隊の活動の現場においても，平素から，国際機関また NGO の職員の皆さんとの情報交換や交流を初めとする各種の連携を図っております。

　このような状況を踏まえますと，今後，自衛隊が，危険に遭遇している活動の関係者から救援の要請を受ける場合もあると考えるのが自然でございます。

　このように，駆けつけ警護の必要性はこれまでも現実に発生してまいりました。この業務は，活動関係者との一層の協力関係を築き，我が国の活動を円滑に進めていくためにも必要だと考えられ，このようなことから，今回，法整備の対象といたしまして盛り込んでいるわけでございます。

(189 回　平 27・6・12〈衆・安保法制特委〉9 号 4 頁，防衛大臣)

　PKO は，自衛隊の初めての海外派遣であったことから，その活動が間違っても武力行使に至ることがないように，派遣に際しては PKO 参加 5 原則と称される厳格な要件を設け，また，当初はいわゆる PKF 本体業務の実施を凍結する[56]など，慎重な運用が行われてきた。隊員の武器使用についても，自己や自己の管理の下にある者を守るための限定的なものしか認めず，政府は，そうした武器使用は，いわば自己保存のための自然権的権利ともいうべきもので

---

[56]　PKF 本体業務とは，武装解除の監視，緩衝地帯における駐留・巡回，放棄された武器の収集等，改正後の PKO 協力法第 3 条第 5 号イからへまでに掲げる業務をいい，PKO 協力法施行後も別に法律で定める日まで実施しないとするいわゆる凍結措置が講じられた（平成 13 年 12 月に解除）。

あるとする一方で，任務遂行のための武器使用やいわゆる駆け付け警護については，自らの生命等を防護するための受動的な武器使用とは性質が異なり，憲法との関係で慎重な検討を要するとしたり，問題があると述べたりしてきた[57]。これはいうまでもなく，こうした武器使用の相手方が，万一，紛争の一方の当事者などの国に準ずる組織であった場合には，彼らと砲火を交えることが憲法9条の禁じる武力行使となってしまうためである。

今回のPKO業務の追加と武器使用権限の拡大について，政府は，PKO活動の実施過程においても国又は国に準ずる組織を相手方として実力行使をすることは許されないという従来の憲法解釈を変更するものではないとした上で，以下のように，改正法では，安全確保業務を実施する前提として住民の安全を脅かしたり，NGOを襲撃したりする主体として国又は国に準ずる組織が登場しないことが，確保されているから，憲法上の問題は生じないとしている。

### rec.62

○内閣総理大臣（安倍晋三君）

……

今回，いわゆる任務遂行型の武器使用権限については，例えばPKOでは，いわゆる安全確保業務という任務を実施する上で必要不可欠な権限として手当てしているものでありまして，いわゆる安全確保業務とは，例えば防護を必要とする住民や被災民などの生命，身体及び財産に対する危害の防止を行うものであります。

この業務の実施に当たっては，いわゆる自己保存のための武器使用権限のみならず，他人の生命や身体や財産を守るため，またはその業務を妨害する行為を排除するためやむを得ない場合にはいわゆる任務遂行型の武器使用が認められており，認められなければ十分に対応することができないわけであります。

しかし，この武器使用権限においても，武器の使用は厳格な警察比例の原則に基づくものでありまして，また，相手に危害を与える射撃が認められる

---

[57] 136回 平8・5・7〈参・内閣委〉6号8頁，秋山收内閣法制局第一部長，179回 平23・10・27〈参・外交防衛委〉2号25頁，梶田信一郎内閣法制局長官等（『政府の憲法解釈』98頁以下参照）。

V　PKO活動の拡充

のは，今申し上げましたように，正当防衛または緊急避難に該当する場合に限られるわけであります。

　また，この業務を行うに当たっては，参加五原則が満たされており，かつ，派遣先及び紛争当事者の受け入れ同意が業務が行われる期間を通じて安定的に維持されると認められる必要がある。すなわち，国家または国家に準ずる組織が敵対するものとして登場してこないということが原則になっているわけでございますから，当然，これが例えば武力行使に発展していくということには全くなり得ないということは，はっきりと申し上げておきたいと思います。

　このことから，いわゆる任務遂行型の武器使用を認めたとしても，自衛隊員が武力の行使を行ったと評価されることはないわけでありまして，自衛隊員が戦争に巻き込まれるようなことはないということでございます。

(189回　平27・5・27〈衆・安保法制特委〉3号6頁)

### rec.63

○内閣総理大臣（安倍晋三君）

……いわゆる駆け付け警護は，現地治安当局等が対応できないときに，施設整備等のPKO活動を行う部隊が，他のPKO参加者やNGO等からの緊急の要請を受け，その侵害や危難から救うものであります。これまでは，駆け付け警護に伴う武器使用について，これを国家又は国家に準ずる組織に対して行った場合には憲法第9条が禁じる武力の行使に該当するおそれがあるとされてきたわけであります。

　今般のPKO法改正においては，参加五原則が満たされており，かつ派遣先国及び紛争当事者の受入れ同意が我が国の業務が行われる期間を通じて安定的に維持されると認められることを要件として駆け付け警護を行うことができることとしたわけでございます。このような要件を前提とすれば，国家又は国家に準ずる組織は全て自衛隊の受入れに同意をしているわけであります。国家又は国家に準ずる組織が敵対するものとして登場してこないことは明らかでございまして，また，仮に当該同意が安定的に維持されると認められなくなった場合には，当該業務を中断の上，終了することとなるわけでございます。

このように，自衛隊が憲法の禁ずる武力の行使を行うことはなく，駆け付け警護の実施が憲法第9条との関係で問題となることはないわけであります。

(189回　平27・8・25〈参・安保法制特委〉12号42頁)

要するに，これらのPKO業務は，当該業務の実施についての紛争当事者の同意があるだけではなく，PKO活動の期間を通じてその同意が「安定的に維持され」ることがその実施の要件であるから，紛争の一方当事者との抗争に至ることはあり得ないということである。併せて，政府は，次のように新たに認められる武器使用についても，自己等を守るための武器使用の場合と同じく，正当防衛及び緊急避難に該当する場合以外には人に危害を加えてはならないとするいわゆる危害要件が課されている（PKO協力法第26条第3項）ことも，それが武力行使に至ることのない根拠としている[58]。

### rec.64

○内閣総理大臣（安倍晋三君）

いわば相手に危害を与えていいものはまさに正当防衛と緊急避難に限られるわけでありますから，せん滅するとか，相手をいわば一切破壊していくということ，掃討戦のようなものは，当然それは行い得ないわけであります。

今申し上げましたのは，駆けつけ警護等々は行うことができます。あるいは，邦人も含め，NPOの人たちを保護したりすることはできます。そういう保護をするための任務遂行型の武器の使用はできるわけでありますが，危害を加えていいということについては，これは同じ厳格な要件のままであるということでございます。

もちろん，任務遂行においても厳格な規定がかかっているわけでございますが，危害を加えていいということについては，今までと全く変わらないということでございます。

(189回　平27・5・27〈衆・安保法制特委〉3号6頁)

---

58) ちなみに，この危害要件が課されていることは，重要影響事態安全確保等に基づく外国軍隊の支援，後述の米軍等の武器等防護や在外邦人等の保護を実施するに際しても，自衛隊の武器使用が武力行使に至らない理由の一つとされている。

## V　PKO活動の拡充

　これまで我が国は，数多くのPKO活動に参加してきたが，施設部隊が中心であったこともあって，自衛隊が携行した武器はけん銃や小銃などの小型武器がほとんどであり，これを超える場合でも，機関銃と軽装甲機動車どまりであった。もちろん，その過程でこれらの武器が使用されたこともない。今後，安全確保等の業務が加わるとしても，盗賊団の類から住民を守るためにはこれらの装備で十分であると思われる一方，国に準ずる組織に相当する武装集団に対抗するためには，迫撃砲や戦車などの重火器が必要不可欠であると考えられる。

　ひるがえって，PKOのために自衛隊を派遣するときも，原則として国会の事前承認を要することとされているが（PKO協力法第6条第7項），その際に国会にも提出される実施計画には，自衛隊の装備，すなわち携行する武器の種類等についても定められることになっている（PKO協力法第6条第2項第2号ホ(2)）。上述したように，その装備が小火器にとどまっている限りは，自衛隊が武力行使に及ぶ懸念は限りなく小さいといってよいから，PKO活動の業務範囲や武器使用権限が広がることになる今後は，国会のそうした視点からのチェックが，これまで以上に重要になると考えられる。

# VI

## 自衛隊法の改正

### 1 専守防衛と自衛隊の装備の限界

　集団的自衛権を行使することになったことに伴い，これまで「直接侵略及び間接侵略に対し我が国を防衛することを主たる任務」とするとしていた自衛隊法第3条が改正され，単に「我が国を防衛すること」が自衛隊の主たる任務とされることになった。政府はその趣旨を次のように説明している。

**rec.65**

○国務大臣（中谷元君）
　存立危機事態における自衛隊の行動も，あくまでも我が国の防衛，これを目的とするものでありまして，自衛隊の主たる任務として位置付けておりますが，この存立危機事態は我が国に対する武力攻撃を意味する自衛隊法3条1項の直接侵略及び間接侵略のいずれにも当たらないために，この直接侵略，間接侵略に対して文言を削除いたしまして，自衛隊の主たる任務を端的に「我が国を防衛すること」と規定をいたしておりまして，存立危機事態における行動も主たる任務ということに含まれるということでございます。
（189回　平27・9・14〈参・安保法制特委〉20号20頁，防衛大臣）

　このため国会では，「相手から武力攻撃を受けたときにはじめて防衛力を行使し，その態様も自衛のための必要最小限にとどめ，また，保持する防衛力も自衛のための必要最小限のものに限るなど，憲法の精神に則った受動的な防衛戦略の姿勢をいう」（『平成26年版防衛白書』）としてきた我が国の「専守防衛」

## Ⅵ 自衛隊法の改正

路線が変更されたのかどうかが議論となった。政府は次のように，従来の憲法9条の解釈の基本的な論理を踏襲する以上，我が国の防衛戦略は引き続き受動的であるから，受動的な防衛戦略の姿勢を指す「専守防衛」であることに変わりはないとしている。

### rec.66

○広田一君

……この専守防衛の定義は何でしょうか。

○内閣総理大臣（安倍晋三君）

……専守防衛とは，相手から武力攻撃を受けたとき初めて防衛力を行使し，その態様も自衛のための必要最小限度にとどめ，また，保持する防衛力も自衛のための必要最小限のものに限るなど，憲法の精神にのっとった受動的な防衛戦略の姿勢をいうものであります。

　そして，新三要件の下で許容されるものは，あくまでも自衛の措置としての武力の行使に限られており，我が国又は我が国と密接な関係にある他国に対する武力攻撃の発生が前提であります。また，他国を防衛すること自体を目的とすることではなく，このような考え方の下に行われる今般の法整備においては，憲法の精神にのっとった受動的な防衛戦略の姿勢である専守防衛について，その定義，そしてそれが我が国防衛の基本方針であることにいささかの変更もございません。

(189 回　平 27・7・30〈参・安保法制特委〉5 号 12 頁)

### rec.67

○内閣総理大臣（安倍晋三君）

……

　今般の整備に当たって，専守防衛という考え方は全く変わりがありません。なぜ変わっていないかということをこれから説明申し上げます。

　今般の平和安全法制の整備に当たっては，昭和 47 年に示された政府見解の基本的な論理は一切変更していません。

　この基本的な論理は，昭和 34 年の砂川事件の最高裁判決で示された考え方であります。すなわち，「わが国が，自国の平和と安全を維持しその存立を全うするために必要な自衛のための措置をとりうることは，国家固有の権

能の行使として当然のことといわなければならない。」、これがまさに基本的な考え方であります。

　新三要件のもとで許容される武力の行使は、あくまでも自衛の措置としての武力の行使に限られているわけであります。それは、新三要件の第一要件を見ていただければ自明の理だと思いますが、我が国に対する武力攻撃が発生、あるいは我が国と密接な他国に対する武力攻撃が発生したことによって我が国の存立が脅かされるわけですから、我が国の存立が脅かされ、国民の生命、自由、幸福追求の権利が根底から覆される明白な危険ですよ、これをまさに防衛するというのは、これは専守防衛ですよ。専守防衛であります。

　つまり、この三要件、三要件について変わった。なぜ変わったかといえば、まさに日本をめぐる安全保障環境が厳しさを増す中において、どの国も一国のみで自国の安全を守ることができないという状況になっている中において、我々は状況の変化に対応して、国民の命と幸せな暮らしを守っていく責任を果たさなければなりません。そのことを皆さんは忘れてはならないんですよ。その上において、我々は新たな三要件をつくった。しかし、今申し上げましたように、この砂川判決そして47年の政府見解の根本論理は変わっていないというのは、今申し上げたとおりでございます。

(189回　平27・5・27〈衆・安保法制特委〉3号23頁)

　その上で政府は、自衛隊の装備の限界についても従来の政府の見解には変わりがない旨を強調している。

### rec.68

○国務大臣（小野寺五典君）
　今回の閣議決定において憲法第9条の下で許容されるのは、あくまでも国民の命と平和な暮らしを守るための必要最小限度の自衛の措置としての武力の行使のみであります。したがって、我が国又は我が国と密接な関係がある他国への武力攻撃の発生が大前提でありまして、また他国を防衛すること自体を目的とするものではありません。ですから、自衛隊の役割はあくまでも我が国の防衛であり、これが変わることはありません。

　このように、引き続き憲法の精神にのっとった受動的な防衛戦略の姿勢で

## VI 自衛隊法の改正

あることに変わりはなく，政府として，我が国の防衛の基本方針はあくまでも専守防衛，これを維持してまいります。

また，自衛隊としまして，従来から，性能上専ら相手国の国土の壊滅的な破壊のためのみに用いられるいわゆる攻撃的兵器を保有することは，直ちに自衛のための必要最小限度の範囲を超えることとなります。例えば，大陸間弾道ミサイル，ICBMや長距離戦略爆撃機，攻撃型空母などの保有はいかなる場合も許されないと考えておりますので，このような考え方も一切変更はございません。

（186回　平26・7・15〈参・予算委〉閉1号25頁，防衛大臣）

　専守防衛の用語自体は法的な概念ではなく，憲法9条の解釈を前提とした自衛隊の運用方針の政治的な表現にほかならないが，新たな政府の9条解釈に従えば，我が国が武力攻撃を受けていない存立危機事態においても防衛力の行使が可能となるのであるから，このような限定的な集団的自衛権の行使を含めて専守防衛とよび続けるとしても，その意味内容は，これまで政府が掲げてきた専守防衛とは，明らかに異なることになる。

　さらに，先に見たように，政府は，存立危機事態に際して集団的自衛権を行使するとしても，なお海外派兵は行わず，必要最小限度の実力行使にとどまることはこれまでと同じであるとしているため，この答弁にあるように自衛隊の装備の限界もこれまでと変わらないとしているわけであるが，前述したとおり集団的自衛権の行使はとりもなおさず国外での武力行使を意味するものであるから，この点については，必要に応じて長距離戦略爆撃機や攻撃型空母等，遠隔地での戦闘行為を円滑に遂行するために必要な兵器を保有することが許されると解するのでなければ，法論理的には整合しないことになる。したがって，仮にもっぱら敵地の攻撃のためにしか使用されない攻撃型兵器を今後とも保有しない方針を貫くとしても，それは憲法上許容されないからではなく，防衛政策としての政治的な判断に基づくものというべきであろう。

## 2　外国軍隊の武器等防護

　既述した存立危機事態での防衛出動と重要影響事態安全確保法等に基づく後方支援活動以外にも，自衛隊の任務や武器使用権限について広範な法改正が行われたが，その中で，憲法適合性が最も厳しく問われたのが，米軍等の武器等防護のための武器使用（自衛隊法第95条の2）である。

　自衛隊員には，従来から自衛隊が保有する武器等を防護するための武器の使用が認められており（同法第95条），この武器等防護のための武器使用は，PKO活動のほかテロ特措法等に基づく後方支援など自衛隊が海外で活動する場合にも可能であった[59]。政府は，このように武器等防護のための武器使用が海外においても認められる理由，すなわちそれが武力の行使に当たらず，憲法上の問題が生じない理由を，この武器使用が「我が国の防衛力を構成する重要な物的手段を破壊，奪取しようとする行為」に対処するための「極めて受動的かつ限定的な必要最小限の行為」であるからと説明してきた[60]。

　今回の自衛隊法改正によって追加された武器使用権限は，「自衛隊と連携して我が国の防衛に資する活動……に現に従事している」米軍等の武器等を防護するためのものであり，米軍等の要請を受けて防衛大臣が必要と認めた場合に可能となる。この「我が国の防衛に資する活動」については，次のように説明されている。

### rec.69

○大臣政務官（石川博崇君）

……

　御指摘の今般新設させていただきます武器等防護の規定，自衛隊法第95条の2でございますが，我が国の防衛に資する活動というのはどういう活動

---

[59]　法技術的には，PKO協力法その他自衛隊の海外での活動の根拠となる法律に自衛隊法第95条の適用を除外する旨の規定を設けないことによって，海外で活動する自衛官も国内に在る自衛官と同様に武器等防護のための武器使用ができる仕組みとなっている。

[60]　160回　平16・8・10答弁18号，対仙谷由人議員（衆）答弁書「二の⑤及び⑫について」。

## Ⅵ　自衛隊法の改正

　なのか，どこまで含まれるのか，公明党を始め，与党協議の場でも精力的に御議論いただいたところでございます。この我が国の防衛に資する活動とは，例えば平素から行われるものといたしまして，弾道ミサイルの警戒を含む我が国の防衛に資する情報収集・警戒監視活動や，自衛隊と米軍等が各種事態，状況の下で連携して行う活動を想定した共同訓練が考えられます。また，重要影響事態に際しまして行われます輸送，補給等の活動が考えられるところでございます。
　また，本条に基づく警護の対象となる外国軍隊の部隊というものはどういうものなのか，これについても御議論いただいたところでございますが，この外国軍隊の部隊とは，自衛隊と連携してこのような我が国の防衛に資する活動に従事する部隊であり，また自国の部隊等の警護を我が国の自衛隊に依頼するという事柄の性質から，情報分野を始め防衛分野において我が国と緊密な協力関係にある国におのずから限られると考えております。……

　　　　　（189回　平27・7・29〈参・安保法制特委〉4号4-5頁，防衛大臣政務官）

　この自衛隊法改正は，2015年4月27日に合意された新たな「日米防衛協力のための指針」（新ガイドライン）において「自衛隊及び米軍は，訓練・演習中を含め，連携して日本の防衛に資する活動に現に従事している場合であって適切なときは，各々のアセット（装備品等）を相互に防護する」[61]とされている部分に対応するものであるが，自衛隊が，直接我が国の防衛力を構成するとは言い難い米軍その他の外国軍隊の武器等を警護し，外部からの攻撃に対して武器を用いて守っても，自衛隊自身の武器等を防護する場合と同じように「受動的かつ限定的な必要最小限の行為」として憲法上の違法性が阻却されるのかどうか，すなわち我が国の武力行使に当たらないといえるのかどうかが問われることになった。
　これについて政府は，以下のように，警護の対象となる米軍等の武器等も，我が国の防衛力を構成する重要な物的手段と位置付けることができるとした上で，そもそもこの警護自体が戦闘現場では実施されないことや，国又は国に準

---

[61]　新ガイドラインⅣ. A. 4.。

ずる組織からの武力攻撃に対処して武器を使用することはないことなどを理由に，米軍等の武器等防護のための武器使用も自衛隊の武器等を防護するのと同様に「受動的かつ限定的」であり，憲法が禁じる武力行使に当たることはないとしている。

### rec.70

○政府参考人（黒江哲郎君）

　現行の自衛隊法の95条によります武器の使用といいますものは，自衛隊の武器等という我が国の防衛力を構成する重要な物的手段を防護するために認められておるというものでございます。

　他方，改正後の自衛隊法第95条の2は，この考え方を参考にいたしまして新設するというものでございます。

　すなわち，自衛隊と連携をしまして我が国の防衛に資する活動に現に従事をしている，こういう米軍等の部隊の武器等であれば我が国の防衛力を構成する重要な物的手段に相当する，こういう評価ができるということで，これらを武力攻撃に至らない侵害から防護する，そういった極めて受動的かつ限定的な必要最小限の器の使用を認めるという規定でございます。

　ここで申し上げております極めて受動的かつ限定的という点をやや具体的に申し上げますと，現行の95条による武器の使用につきましては，武器等の退避によってもその防護が不可能である場合など，他に手段のない，やむを得ない場合でなければ武器を使用することはできない，また，防護の対象の武器等が破壊された場合であるとか，あるいは相手方が襲撃を中止し，または逃走した場合には武器の使用ができなくなる，さらには，正当防衛または緊急避難に当たる場合でなければ人に危害を与えてはならないということになってございます。

　これらの厳格な要件が満たされなければ武器は使用できないわけでございまして，こうした要件は，新設する第95条の2による武器の使用につきましても同様に満たされる必要があるわけでございます。

　したがいまして，第95条の2によります武器の使用は，現行の自衛隊法第95条による武器の使用と同様な，あくまでも極めて受動的かつ限定的なものとしまして，憲法9条が禁止をしております武力の行使には当たらない

Ⅵ 自衛隊法の改正

ということでございます。

（189回 平27・6・19〈衆・安保法制特委〉12号19-20頁，防衛省防衛政策局長）

### rec.71

○国務大臣（中谷元君）

武力の行使に至ることはありません。

これは，そもそも，改正後の自衛隊法95の2におきましては，現に戦闘行為が行われている現場で行われるものを除くと規定をすることによりまして，自衛官の行為が米軍等による武力の行使と一体化をしないということを担保するとともに，国又は国に準じる組織による戦闘行為に対処して武器を使用することがないようにいたしております。これによりまして，本条によって自衛隊が武力の行使に及ぶことがなく，また本条による武器の使用を契機に戦闘行為に発展することがないというようにいたしております。これで違憲の武力行使に至ることはないということでございます。

次に，武器使用の要件について米軍等の理解を得ることが前提であるということにつきましては，これは現行の95条によるものと同様でありまして，武器等の退避によってその防護が不可能である場合等，他に手段のないやむを得ない場合でなければ武器を使用することはできないということ，防護対象の武器等が破壊された場合や，相手方が襲撃を中止し，又は逃走した場合に武器の使用ができなくなるということ，そして正当防衛又は緊急避難に当たる場合でなければ人に危害を与えてはならないなどの要件が満たされなければならないということでございます。

このため，本条による警護を要請する米軍等に対しては，これらの武器使用の要件等を事前に十分に説明をいたしまして，これらに合致しない場合に自衛隊が武器を使用することはないということについて理解を得ることになりますし，そのような理解が得られていることが警護の実施の前提となるわけでございます。

そして，実際に，警護に当たっては，自衛隊と連携して活動を行っている警護対象の部隊と相互に緊密に連携を取るということとなるため，警護対象の部隊が置かれている状況等から武器使用の要件が満たされているかどうかを主体的かつ適切に判断することが可能でありまして，要件を満たさない場

合には武器を使用することはないということをもちまして米軍等の理解を得るということが武器使用要件になっているということでございます。

(189回　平27・8・5〈参・安保法制特委〉8号20頁，防衛大臣)

　この規定による防護の対象となるのは，自衛隊と連携して我が国の防衛に資する活動に従事する米軍等の武器等である。しかし，共同訓練を含むとされていることからも明らかなように，我が国の防衛に「資する」活動とは，その活動が結果として我が国の防衛にも裨益するところがあれば足りるという趣旨であって，我が国の防衛を目的として，そのために実施する活動に限られるものではない。たとえば南シナ海における中国軍の艦船に対する警戒監視活動のようなものであっても，間接的に我が国の防衛に裨益するところがないとはいえない。そのように我が国の防衛を直接の目的としない活動を展開する外国軍隊の武器等までを，自衛隊が保有する武器等と同じように「我が国の防衛力を構成する重要な物的手段」と評価することができるかどうか疑問がないわけではない。

　さらに，この規定の対象となる外国軍隊の活動は，通常は公海又は公空で行われると予想されるから，防護の対象となる武器等としてまず考えられるのは，空母等の艦船や偵察機等の航空機であるが，このような武器を奪取したり，破壊したりする意思と能力を有する主体は，普通に考えれば国又は国に準ずる組織（に所属する実力組織）以外には想定されない。もちろん外国の軍隊に所属する部隊や個人による攻撃であっても，それは一部のいわゆる跳ね上がり分子の行動である可能性もあるから，必ずしも常にその外国の国家としての意思に基づいて組織的に行われるもの，すなわち戦闘行為の一環であるということにはならない。しかし問題は，この規定に基づく武器使用が現場の自衛官の即時の判断によって行われることである。政府は，この規定による武器等の防護は武力攻撃に至らない侵害だけを対象にするとしているが，その攻撃主体の属性や意図を現場で瞬時に判別することが果たして可能であろうか。

　航行中のイージス艦や飛行中の軍用機に対する攻撃に対処するのであるから，ここで自衛官が使用することとなる武器も，PKO活動の場合などとは異なり，自衛隊の艦船や戦闘機に備置された火砲等となるであろうことにかんがみると，

Ⅵ 自衛隊法の改正

自衛隊法第95条の２による自衛官の対処は，少なくとも外観上は，自衛隊と第三国の軍隊との間の武力衝突と映ることは避け難いし，実際にも戦争の発端となりかねないことに十分留意する必要がある。

## 3 在外邦人等の保護措置

自衛隊法の改正によって，在外邦人等の保護措置の実施が自衛隊の任務として追加された（同法第84条の3）。かつてアルジェリアで起きたような邦人人質事件への対処がその典型的な事例と考えられるが，この任務を遂行するための外国の領域内での武器使用権限も付与されている（同法第94条の5）ことから，憲法9条との関係が問題となる。

この問題は，前述の米軍等の武器等防護とは異なり，国会での議論は少なかったが，政府は以下のように，この邦人等保護措置が法定の要件を満たす場合に限って実施されるものであることを理由に，この場合の武器使用が武力行使に至ることはないとしている。

> **rec.72**
> ○国務大臣（中谷元君）
> これは，実際実施するときにおきましては，邦人保護の観点で外務省又は外務大臣の方から要請があって，内閣総理大臣の許可の下，実施をするわけでございますが，法律的に申し上げますと，昨年の閣議決定でお示しをしたように，領域国の同意に基づく武力の行使を伴わない警察的な活動として行うものでありまして，領域国の同意がある場合に，その同意が及ぶ範囲，すなわち，その領域において権力が維持されている範囲で活動することを当然の前提としていると。
> 法案におきましても，自衛隊が保護措置を行う場所において，領域国の当局が公共の安全と秩序の維持に当たっており，かつ，戦闘行為が行われることがないと認められることを保護措置を実施する要件といたしておりまして，仮にその場所で戦闘行為が行われるおそれがあるならば保護措置を実施する要件が満たされないため，そもそも自衛隊を派遣することができないという

ことでございまして，この在外邦人等の保護措置，これはあくまでも緊急事態に際して危害が加えられるおそれのある邦人の生命又は身体を保護することを目的とする措置であり，邦人を安全な地域，例えば本邦，安全な隣国，あるいは当該国内の安全な地域に移すことができればその目的は達成されると考えておりまして，邦人が多く住む外国の町や場所，これを外部からの攻撃を，守るといったこと，また，住む町の治安の維持を図るといったことを行うということは念頭にしていないということでございます。

（中略）

○国務大臣（中谷元君）

　要件を申し上げましたけれども，改めて3つの要件がありまして，この場所において，外国の権限のある当局が現に公共の安定と秩序の維持に当たっており，戦闘行為が行われることがないと認められること。また，自衛隊が当該保護措置を行うことについて，当該外国又は国連決議に従って当該外国において施政を行う機関の同意がある。そして3番目に，予想される危険に対して保護措置をできる限り円滑かつ安全に行うため，自衛隊の部隊等と当該外国の権限のある当局との間の連携及び協力が確保されることが見込まれるということに限りということでございまして，政権の崩壊，武力の紛争の発生といった緊急事態又は重要影響事態に至る前の段階からこういった場合において行うことはできないと。

　つまり，武力の行使，これを行うことにならないように，国又は国準，これが相手ではないということは前提条件でございます。

(189回　平27・8・5〈参・安保法制特委〉8号33頁，防衛大臣)

　外国人を人質にしてその国の政府や外国に対して政治犯の釈放等，政治的な要求を行う集団は，ほとんどの場合，テロ組織等の反政府勢力であり，アルジェリア事件の犯人も例外ではなかった。いうまでもなく憲法が禁じる武力行使は，国又は国に準ずる組織を相手方とする武器使用に限られるし，国際的な武力紛争の当事者たり得る実力を備えていなければ国に準ずる組織に該当することもないが，アルカイダによる9・11テロを契機として，必ずしも一部の地域を占拠し，統治権力を行使しているような組織でなくとも，一定の政治的な主

## VI　自衛隊法の改正

張を有し，相応の軍事的実力等を有するものであれば，国に準ずる組織たり得ると解されるようになってきている[62]。

　他方，主権国家であれば，どの国であっても自国の領域内の治安に責任を負うのは当然であり，かつてのペルーでの人質事件がそうであったように，その国の政府が正常に機能している限り，小規模な集団による犯罪に対しては，軍の治安出動等も含めて自国の警察力によって対処し，解決することができるはずである。

　こうした前提で考えると，人質事件等に際して外国の軍隊の支援が求められることがあるとすれば，それは，その犯行の実行主体の軍事的な実力が現地政府の軍事・警察力では十分な対応ができないほどに強大であるか，又はその国の政府が弱体化していて，治安の維持すらおぼつかないかのいずれかの場合であると考えられる。前者の場合には，それほどに強大な軍事力を有する実行犯が国に準ずる組織に当たることはほぼ間違いがないし，後者の場合にも，その国が内戦状態に陥っていることが多いと考えられるから，どちらの場合でも，自衛隊が武器を使用して邦人等の救出に当たることが，同時にその国の内戦の一方当事者に加担する結果となる，すなわち我が国の武力行使となってしまう可能性が高い。

　したがって，憲法との関係を問われることなく，実際にこの規定による邦人保護措置を実施することができるのは，たとえば，国連主導による統治が行われている国（自衛隊法第84条の3第1項第2号括弧書参照）において，NGO活動などに従事する邦人らが，金品等を目的とした誘拐事件や人質事件の被害者となったような場合に，近隣でPKOに従事している自衛隊が，現地の統治機関の要請を受けて救出活動に当たるといった事例に限られることになろう。

---

62)　『政府の憲法解釈』20頁〜24頁。

## 結びに代えて

　去る3月に施行された新たな安保法制をめぐっては，すでに多くの違憲訴訟が提起されている。しかしながら，司法の判断は，具体的な争訟事件がなければ下されることがないから，これらの訴訟においてその憲法適合性が判示される可能性は低い。もし将来，安保法制の合憲性が事件性を持って争われることがあるとすれば，たとえば存立危機事態に際して集団的自衛権を行使するために海外派遣を命じられたにもかかわらず，これを拒んで懲戒処分を受けた自衛官が処分の取消しを求めて訴えるとか，集団的自衛権に基づいて戦闘行為に従事した自衛官が死傷した場合に，当人や遺族が国に損害賠償を求めるとかいった場面であろうが，そのような訴訟が提起されることがあるかどうか，仮にあるとしてもいつのことか見当もつかない。

　このように，法律の憲法適合性についての最高裁判所の判断が示される機会が限られているからこそ，法律の企画立案に当たる内閣の責任は重大である。一方，国民の命と暮らしを守るのが政府の責務であることはいうまでもなく，そのために法制を含めて必要な体制の整備に政府が努めるべきことも当然である。憲法を守ることと国民の安全を守ること，政府に課されたこの両方の責務が相容れない状況になった場合にどうするか。答えは明白である。最高裁の判断が示されないのをよいことに，憲法違反の立法をしたり，行政執行をしたりすることが許されるわけはなく，もしも現在の安全保障環境に照らして，海外での武力行使を禁じた憲法9条の下では我が国を守り抜くことが難しくなっているのだとすれば，そのことについて国民の理解を得た上で憲法を改正するのが民主主義の国家であり，立憲主義に基づく統治のはずである。我が国も欧米諸国と同じように軍事面での国際貢献を辞さない国になるということは，自衛官が他国で人を殺傷したり，自衛官が犠牲になったりすることをいとわないということであるから，それについての覚悟を求める意味でも憲法改正の手続は必須である。

　本書で見たように安倍内閣による今回の防衛政策の大きな転換は，もはや憲法9条の枠内に収まるものではなかった。にもかかわらず，これを憲法9条の

### 結びに代えて

改正の是非として国民に問うことがなかった政権が，緊急事態条項の新設など，その他の憲法の条項の改正に意欲的な姿勢を示していることには違和感を禁じ得ない。今回の安保法制をそのまま維持するのであれば，そしておそらくは維持される可能性が高いのであるから，今後の改憲論議の中では，自衛隊の位置付けと並んで，どのような場合のどこまでの武力行使を認めることとするのか，この安保法制を踏まえて政治も国民も正面から議論の対象とするのでなければ，立憲主義国家とはいえまい。

　9条について何らかの結論が得られるまでは，憲法に違反するおそれのある法執行を行わないことが肝要である。集団的自衛権の行使など，憲法上の疑義がある部分を含め，新たな安保法制は海外での自衛隊の活動を義務付けているわけではなく，単に我が国として実施できる活動の外延を画しているにすぎない。いうまでもなくこれらの活動の中心は米軍との協調ないしは対米軍支援であるが，米国の戦争が必ずしも常に正義でないことは歴史の証明するところでもある。内閣と国会には，今後，米国の要請を受けたとしても，そして我が国として法律上は実施できる活動であっても，自衛隊の海外派遣に際しては，真に我が国の利益に資するかどうか，そして何よりも9条との関係で許される活動であるのかどうかを改めて真摯に検討した上で，その是非を判断することを強く望みたい。

資料①

## 「安全保障の法的基盤の再構築に関する懇談会」
## 報告書

> 平成 26 年 5 月 15 日
> 安全保障の法的基盤の再構築に関する懇談会

## はじめに

　2007 年 5 月，安倍晋三内閣総理大臣は，「安全保障の法的基盤の再構築に関する懇談会」を設置した。これまで，政府は，我が国は国際連合憲章第 51 条及び日米安全保障条約に明確に規定されている集団的自衛権を権利として有しているにもかかわらず，行使することはできないなどとしてきた。安倍総理が当時の懇談会に対し提示した「4つの類型」は，特に憲法解釈上大きな制約が存在し，適切な対応ができなければ，我が国の安全の維持，日米同盟の信頼性，国際の平和と安定のための我が国の積極的な貢献を阻害し得るようなものであり，我が国を取り巻く安全保障環境の変化を踏まえ，従来の政府の憲法解釈が引き続き適切か否かを検討し，我が国が行使できない集団的自衛権等によって対応すべき事態が生じた場合に，我が国として効果的に対応するために採るべき措置とは何かという問題意識を投げかけるものであった。これら「4つの類型」は，(1) 公海における米艦の防護，(2) 米国に向かうかもしれない弾道ミサイルの迎撃，(3) 国際的な平和活動における武器使用，(4) 同じ国連 PKO 等に参加している他国の活動に対する後方支援についてであった。

　これを受け，当時の懇談会では，我が国を巡る安全保障環境の下において，このような事態に有効に処するためには我が国は何をなすべきか，これまでの政府の憲法解釈を含む法解釈でかかる政策が実行できるか否か，いかなる制約があるか，またその法的問題を解決して我が国の安全を確保するにはいかなる方策があり得るか等について真摯に議論を行い，2008 年 6 月に報告書を提出した。報告書では，「4つの類型」に関する具体的な問題を取り上げ，これまでの政府の解釈をそのまま踏襲することでは，今日の安全保障環境の下で生起する重要な問題に適切に対処することは困難となってきており，自衛隊法等の現行法上認められている個別的自衛権や警察権の行使等では対処し得ない場合があり，集団的自衛権の行使及び集団安全保障措置への参加を認めるよう，憲法解

釈を変更すべきであるなどの結論に至った。具体的には，4類型の各問題について以下のように提言を行った。
　(1) 公海における米艦の防護については，日米が共同で活動している際に米艦に危険が及んだ場合これを防護し得るようにすることは，同盟国相互の信頼関係の維持・強化のために不可欠である。個別的自衛権及び自己の防護や自衛隊法第95条に基づく武器等の防護により反射的効果として米艦の防護が可能であるというこれまでの憲法解釈及び現行法の規定では，自衛隊は極めて例外的な場合にしか米艦を防護できず，また，対艦ミサイル攻撃の現実にも対処することができない。よって，このような場合に備えて，集団的自衛権の行使を認めておく必要がある。
　(2) 米国に向かうかもしれない弾道ミサイルの迎撃についても，従来の自衛権概念や国内手続を前提としていては十分に実効的な対応ができない。米国に向かう弾道ミサイルを我が国が撃ち落す能力を有するにもかかわらず撃ち落さないことは，我が国の安全保障の基盤たる日米同盟を根幹から揺るがすことになるので，絶対に避けなければならない。この問題は，個別的自衛権や警察権によって対応するという従来の考え方では解決し得ない。よって，この場合も集団的自衛権の行使によらざるを得ない。
　(3) 国際連合（国連）平和維持活動（PKO）等の国際的な平和活動への参加は，憲法第9条で禁止されないと整理すべきであり，自己防護に加えて，同じ活動に参加している他国の部隊や要員への駆け付け警護及び任務遂行のための武器使用を認めることとすべきである。
　(4) 同じ国連PKO等に参加している他国の活動に対する後方支援については，これまでの「武力の行使との一体化論」をやめ，政策的妥当性の問題として検討すべきである。
　以上の提言には，我が国による集団的自衛権の行使及び国連の集団安全保障措置への参加を認めるよう，憲法解釈を変更することが含まれていたが，これらの解釈の変更は，政府が適切な形で新しい解釈を明らかにすることによって可能であり，憲法改正を必要とするものではないとした。
　我が国を取り巻く安全保障環境は，前回の報告書提出以降わずか数年の間に一層大きく変化した。北朝鮮におけるミサイル及び核開発や拡散の動きは止まらず，さらに，特筆すべきは，地球的規模のパワーシフトが顕著となり，我が国周辺の東シナ海や南シナ海の情勢も変化してきていることである。このような中で，国際社会における平和の維持と構築における我が国の安全保障政策の在り方をますます真剣に考えなくてはならない状況となっている。また，アジア太平洋地域の安定と繁栄の要である日米同盟の責任も，更に重みを増している。
　このような情勢の変化を踏まえて，安倍総理は，2013年2月，本懇談会を再開し，

資料①　「安全保障の法的基盤の再構築に関する懇談会」報告書

我が国の平和と安全を維持するために，日米安全保障体制の最も効果的な運用を含めて，我が国は何をなすべきか，過去4年半の変化を念頭に置き，また将来見通し得る安全保障環境の変化にも留意して，安全保障の法的基盤について再度検討するよう指示した。

その際，2008年の報告書の4類型に限られることなく，上記以外の行為についても，新たな環境の下で我が国が対応する必要性が生じることを確認しつつ，我が国の平和と安全を維持し，その存立を全うするために採るべき具体的行動，あるべき憲法解釈の背景となる考え方，あるべき憲法解釈の内容，国内法制の在り方についても検討を行うこととなった。

以上を踏まえ，本報告書においては，以下，Ⅰ．において，まず政府の憲法解釈の変遷を概観した後，憲法第9条の解釈に係る日本国憲法の根本原則は何であるかを明確にし，我が国を取り巻く安全保障環境にどのような変化があったのかを検討し，従来の憲法解釈や法制度では十分に対応することができないと考えられる具体的な事例を示す。その上で，Ⅱ．において，我が国の平和と安全を維持し地域及び国際社会の平和と安定を実現していく上であるべき憲法解釈を提示する。さらに，Ⅲ．においてこれを踏まえた国内法の整備等を進めるに当たって考えるべき主な要素について提言することとする。

## Ⅰ．憲法解釈の現状と問題点

<u>1．憲法解釈の変遷と根本原則</u>

(1) 憲法解釈の変遷

あるべき憲法解釈について論じる前に，まず，憲法第9条を巡る憲法解釈は，国際情勢の変化の中で，戦後一貫していたわけではないということを見ていく必要がある。

1946年6月，当時の吉田茂内閣総理大臣は，新憲法を審議し制定した旧憲法下の帝国議会において，「自衛権ニ付テノ御尋ネデアリマス，戦争抛棄ニ関スル本案ノ規定ハ，直接ニハ自衛権ヲ否定ハシテ居リマセヌガ，第九条第二項ニ於テ一切ノ軍備ト国ノ交戦権ヲ認メナイ結果，自衛権ノ発動トシテノ戦争モ，又交戦権モ抛棄シタモノデアリマス」と述べた[1]（衆議院本会議（1946年6月26日））。また，同年吉田総理は，「國際聯

---

[1] なお，1954年5月6日の衆議院内閣委員会において，当該答弁で述べた考え方を今でも持っているのか，変えたのかとの質問に対し，吉田総理は，「御指摘になつた当時の私の言い表わし方はよく覚えておりませんが，趣意はいかにしても自衛の名において再軍備はしない，戦力を持つ軍隊は持たないということであるのであります。また自衛の名におい

合に日本が獨立國として加入致しました場合に於ては，一應此の憲章に依つて保護せられる」と述べており[2]，このような帝国議会における議論を見れば，日本国憲法が制定された当時，少なくとも観念的には我が国の安全を1年前の1945年に成立したばかりの国連の集団安全保障体制に委ねることを想定していたと考えられる。

　しかし，その後，このような考え方は大きく変化した。すなわち，冷戦の進行が始まり，国連は想定されたようには機能せず，1950年6月には朝鮮戦争が勃発し，1952年4月に我が国が主権を回復し，日本国とアメリカ合衆国との間の安全保障条約（旧・日米安全保障条約）を締結し，1954年7月に自衛隊が創設されたが，1954年12月，大村清一防衛庁長官は，「憲法は戦争を放棄したが，自衛のための抗争は放棄していない。（略）他国から武力攻撃があつた場合に，武力攻撃そのものを阻止することは，自己防衛そのものであつて，国際紛争を解決することとは本質が違う。従つて自国に対して武力攻撃が加えられた場合に，国土を防衛する手段として武力を行使することは，憲法に違反しない。（略）自衛隊のような自衛のための任務を有し，かつその目的のため必要相当な範囲の実力部隊を設けることは，何ら憲法に違反するものではない。」と答弁し，憲法解釈を大きく変えた（衆議院予算委員会（1954年12月22日））。

　また，最高裁判所は，1959年12月のいわゆる砂川事件大法廷判決において，「同条（引用注：憲法第9条）は，同条にいわゆる戦争を放棄し，いわゆる戦力の保持を禁止しているのであるが，しかしもちろんこれによりわが国が主権国として持つ固有の自衛

---

　　て国際紛争の具に戦力を使うということはないというのが，私の趣意であつたのであります。その趣意は今でもごうもかわつておりません。すなわち再軍備はいたさないということを言うゆえんはそこにあるのであります。再軍備をいたして国際紛争の具に供しない，あるいはまた戦力に至る再軍備はいたさないという趣旨は，いまなおかわつておりません。」と答弁している。
2　衆議院帝国憲法改正案委員会（1946年7月4日）における吉田内閣総理大臣答弁
　　「・・・又御尋ねの講和條約が出来，日本が獨立を回復した場合に，日本の獨立なるものを完全な状態に復せしめた場合に於て，武力なくして侵略國に向つて如何に之を日本自ら自己國家を防衛するか，此の御質問は洵に御尤もでありますが，併しながら國際平和國體が樹立せられて，さうして樹立後に於ては，所謂U・N・Oの目的が達せられた場合にはU・N・O加盟國は國際聯合憲章の規定の第四十三條に依りますれば，兵力を提供する義務を持ち，U・N・O自身が兵力を持つて世界の平和を害する侵略國に對しては，世界を擧げて此の侵略國を壓伏する抑壓すると云ふことになつて居ります，理想だけ申せば，或は是は理想に止まり，或は空文に屬するかも知れませぬが，兎に角國際平和を維持する目的を以て樹立せられたU・N・Oとしては，其の憲法とも云ふべき條章に於て，斯くの如く特別の兵力を持ち，特に其の國體が特殊の兵力を持ち，世界の平和を妨害する者，或は世界の平和を脅かす國に對しては制裁を加へることになつて居ります，此の憲章に依り，又國際聯合に日本が獨立國として加入致しました場合に於ては，一應此の憲章に依つて保護せられるもの，斯う私は解釋して居ります。」

資料① 「安全保障の法的基盤の再構築に関する懇談会」報告書

権は何ら否定されたものではなく、わが憲法の平和主義は決して無防備、無抵抗を定めたものではないのである。憲法前文にも明らかなように、われら日本国民は、平和を維持し、専制と隷従、圧迫と偏狭を地上から永遠に除去しようとつとめている国際社会において、名誉ある地位を占めることを願い、全世界の国民と共にひとしく恐怖と欠乏から免かれ、平和のうちに生存する権利を有することを確認するのである。しからば、わが国が、自国の平和と安全を維持しその存立を全うするために必要な自衛のための措置をとりうることは、国家固有の権能の行使として当然のことといわなければならない。」という法律判断を示したことは特筆すべきである[3]。この砂川事件大法廷判決は、憲法第9条によって自衛権は否定されておらず、我が国が自国の平和と安全を維持しその存立を全うするために必要な自衛のための措置を採り得ることは国家固有の権利の行使として当然であるとの判断を、司法府が初めて示したものとして大きな意義を持つものである。さらに、同判決が、我が国が持つ固有の自衛権について集団的自衛権と個別的自衛権とを区別して論じておらず、したがって集団的自衛権の行使を禁じていない点にも留意すべきである。

　一方、集団的自衛権の議論が出始めたのは、1960年の日米安全保障条約改定当時からである。当初は、同年3月の参議院予算委員会で当時の岸信介内閣総理大臣が、「特別に密接な関係にある国が武力攻撃をされた場合に、その国まで出かけて行ってその国を防衛するという意味における私は集団的自衛権は、日本の憲法上は、日本は持っていない」、「集団的自衛権という内容が最も典型的なものは、他国に行ってこれを守るということでございますけれども、それに尽きるものではないとわれわれは考えておるのであります。そういう意味において一切の集団的自衛権を持たない、こう憲法上持たないということは私は言い過ぎだと、かように考えております。」と答弁しているように、海外派兵の禁止という文脈で議論されていた[4]。それがやがて集団的自衛権一般の禁止

---

3　田中耕太郎最高裁判所長官は、砂川事件大法廷判決の補足意見において、「今日はもはや厳格な意味での自衛の観念は存在せず、自衛はすなわち「他衛」、他衛はすなわち自衛という関係があるのみである。従つて自国の防衛にしろ、他国の防衛への協力にしろ、各国はこれについて義務を負担しているものと認められるのである。およそ国内的問題として、各人が急迫不正の侵害に対し自他の権利を防衛することは、いわゆる「権利のための戦い」であり止義の要請といい得られる。これは法秩序全体を守ることを意味する。このことは国際関係においても同様である。（略）我々は、憲法の平和主義を、単なる一国家だけの観点でなく、それを超える立場すなわち世界法の次元に立つて、民主的な平和愛好諸国の法的確信に合致するように解釈しなければならない。自国の防衛を全然考慮しない態度はもちろん、これだけを考えて他の国々の防衛に熱意と関心とをもたない態度も、憲法前文にいわゆる「自国のことのみに専念」する国家的利己主義であつて、真の平和主義に忠実なものとはいえない。」と述べている。

*115*

へと進んでいった。

　政府は，憲法前文及び同第13条の双方に言及しつつ，自国の平和と安全を維持しその存立を全うするために必要な自衛の措置を採ることができることを明らかにする一方，そのような措置は必要最小限度の範囲にとどまるべきものであり，集団的自衛権の行使は憲法上許されないとの見解を示すに至った。すなわち，1972年10月に参議院決算委員会に提出した資料[5]において，「憲法は，第9条において，同条にいわゆる戦争を放棄し，いわゆる戦力の保持を禁止しているが，前文において『全世界の国民が・・・平和のうちに生存する権利を有する』ことを確認し，また，第13条において『生命，自由及び幸福追求に対する国民の権利については，・・・国政の上で，最大の尊重を必要とする』旨を定めていることからも，わが国がみずからの存立を全うし国民が平和のうちに生存することまでも放棄していないことは明らかであって，自国の平和と安全を維持しその存立を全うするために必要な自衛の措置をとることを禁じているとはとうてい解されない。」とした。続けて，同資料は，「しかしながら，だからといって，平和主義をその基本原則とする憲法が，右にいう自衛のための措置を無制限に認めているとは解されないのであって，それは，あくまで外国の武力攻撃によって国民の生命，自由及び幸福追求の権利が根底からくつがえされるという急迫，不正の事態に対処し，国民のこれらの権利を守るための止むを得ない措置としてはじめて容認されるものであるから，その措置は，右の事態を排除するためとられるべき必要最小限度の範囲にとどまるべきものである。」とし，さらに，「そうだとすれば，わが憲法の下で武力行使を行うことが許されるのは，わが国に対する急迫，不正の侵害に対処する場合に限られるのであって，したがって，他国に加えられた武力攻撃を阻止することをその内容とするいわゆる集団的自衛権の行使は，憲法上許されないといわざるを得ない。」として，集団的自衛権の行使は憲法上許されないとの見解を示した。

　同様に，政府は，1981年5月，質問主意書に対する答弁書において，「我が国が，国際法上，このような集団的自衛権を有していることは，主権国家である以上，当然であるが，憲法第九条の下において許容されている自衛権の行使は，我が国を防衛するため必要最小限度の範囲にとどまるべきものであると解しており，集団的自衛権を行使することは，その範囲を超えるものであつて，憲法上許されないと考えている。」との見解を示した[6]。加えて，同答弁書は，「集団的自衛権の行使が憲法上許されないことによつて不利益が生じるというようなものではない。」とした。集団的自衛権の行使は憲法上一切許されないという政府の憲法解釈は，今日に至るまで変更されていない。

4　参議院予算委員会（1960年3月31日）における岸信介内閣総理大臣答弁
5　「集団的自衛権と憲法との関係」（参議院決算委員会要求資料）（1972年10月14日）
6　稲葉誠一衆議院議員提出質問主意書に対する答弁書（1981年5月29日）

資料①　「安全保障の法的基盤の再構築に関する懇談会」報告書

そもそも，いかなる組織も，その基本的な使命達成のために，自らのアイデンティティを失うことのない範囲で，外界の変化に応じて自己変容を遂げていかなければならない。そうできない組織は，衰退せざるを得ないし，やがて滅亡に至るかもしれない。国家においても，それは同様である。国家の使命の最大のものは，国民の安全を守ることである。その目的のために，外界の変化に対応して，基本ルールの範囲の中で，自己変容を遂げなければならない。更に言えば，ある時点の特定の状況の下で示された憲法論が固定化され，安全保障環境の大きな変化にかかわらず，その憲法論の下で安全保障政策が硬直化するようでは，憲法論のゆえに国民の安全が害されることになりかねない。それは主権者たる国民を守るために国民自身が憲法を制定するという立憲主義の根幹に対する背理である。

軍事技術が急速に進歩し，また，周辺に強大な軍事力が存在する中，我が国を取り巻く安全保障環境がますます厳しさを増している中で，将来にわたる国際環境や軍事技術の変化を見通した上で，我が国が本当に必要最小限度の範囲として個別的自衛権だけで国民の生存を守り国家の存立を全うすることができるのか，という点についての論証はなされてこなかった点に留意が必要である。また，個別的自衛権と集団的自衛権を明確に切り分け，個別的自衛権のみが憲法上許容されるという文理解釈上の根拠は何も示されていない。この点については，「Ⅱ．あるべき憲法解釈」の章で再び取り上げる。

また，国連等が行う国際的な平和活動への参加については，1960年代には，内閣法制局は，我が国が正規の国連軍に対して武力行使を含む部隊を提供することは憲法上問題ないと判断していたが[7]，その後，たとえば稲葉誠一衆議院議員提出質問主意書に対

---

7　内閣法制局が1965年に作成した文書「いわゆる国連軍とわが憲法（昭和40年9月3日，法制局）」（注：1968年に外務省が作成した「国連協力法案関係文書」に収録された内閣法制局の考え方。その後秘密指定解除。）では，「いわゆる国連軍に部隊を供出することが憲法上容認されるためには，いわゆる国連軍の武力行動が，国連という超国家的政治組織による超国家的作用として，国連社会内部の国際の平和及び安全の維持のためになされる武力の行使であるのでなければならない。したがって，個々の具体的事案につきこの点を明らかにするには，次の3点に照らして審査する必要がある。(1) 当該いわゆる国連軍による武力の行使が国連自体の意志に基づいて遂行されるものであるか。武力の行使が国連自体の意志により遂行されるためには，当然その機関である総会又は安保理事会の決議が必要とされるが，これらの機関の決議がみずから武力の行使を遂行するというのではなく，加盟国に対しそれぞれその意志により武力を行使すべきことを勧奨するという内容のものであるならば，そのような勧奨に応じてなされる武力の行使は，当該加盟国自体の武力の行使であって，国連のそれであるとはいえない。(2) 武力の行使が国連みずからがするものであることの実をそなえているか。この点について積極に解されるためには，いわゆる国連軍が，国連又はその機関に任命され，かつ，その指揮下にある指揮官によって指揮され，その経費が，直接には，国連の負担である場合のように，国連の統制の下に置かれて

する答弁書（1980年10月28日）において，「・・・いわゆる「国連軍」（引用注：国連がその「平和維持活動」として編成したいわゆる「国連軍」）は，個々の事例によりその目的・任務が異なるので，それへの参加の可否を一律に論ずることはできないが，当該「国連軍」の目的・任務が武力行使を伴うものであれば，自衛隊がこれに参加することは憲法上許されないと考えている」とされ，また，1988年5月14日の衆議院安全保障委員会において秋山収内閣法制局第一部長が「もとより集団的安全保障あるいはPKOにかかわりますいろいろな行動のうち，憲法第9条によって禁じられている武力の行使または武力による威嚇に当たる行為につきましては，我が国としてこれを行うことが許されない」と答弁しているとおり，政府は，武力の行使につながる可能性のある行為は憲法第9条違反であるとしてきた[8]。一方で，いわゆる「正規の国連軍」参加の合憲性についてはこれを憲法第9条違反とは判断せず「研究中」（衆議院予算委員会（1990年10月19日）における工藤敦夫内閣法制局長官答弁），「特別協定が決まらなければ，そのあたりの確定的な評価ができない」（衆議院予算委員会（1998年3月18日）

いるのでなければならない。(3) 当該いわゆる国連軍による武力の行使は，国連加盟国の間又は国連加盟国内部に生じた事態が国連社会の平和と安全に対する障害となる場合において，その障害を除去することを目的としているものであるか。以上の3点について積極に解される場合には，そのいわゆる国連軍の一部を構成するものとして部隊を保持し，供出することは，その供出自体が任意のものであるとしても，政策上の当否の問題は別として，憲法9条を含むわが憲法の否認するところではないといってよい。」として，内閣法制局は，我が国が正規の国連軍に対して武力行使を伴う部隊を提供することは憲法上問題ないと判断していた。

8　衆議院安全保障委員会（1988年5月14日）における秋山収内閣法制局第一部長答弁
　「ただいまのお尋ねは，国連憲章第七章，あるいは国連憲章に基づきまして実際上発達してきたPKO活動などにつきまして，我が国が参加する場合の憲法九条の問題はいかがかという御質問でございますけれども，国際法上，集団的安全保障と申しますのは，これは国連憲章上の措置でございまして，武力の行使を一般的に禁止する一方，紛争を平和的に解決すべきことを定めまして，これに反して，平和に対する脅威とか平和の破壊あるいは侵略行為が発生したような場合，国際社会が一致協力してこの行為を行った者に対し適切な措置をとることにより平和を回復しようという概念でございます。それで，我が国は，憲法の平和主義，国際協調主義の理念を踏まえまして国連に加盟し，国連憲章にはこのような集団的安全保障の枠組み，あるいは実態上確立されてまいりましたPKOの活動が行われているところでございます。
　したがいまして，我が国としまして，最高法規であります憲法に反しない範囲で，憲法九十八条第二項に従いまして国連憲章上の責務を果たしていくということになりますが，その場合，もとより集団的安全保障あるいはPKOにかかわりますいろいろな行動のうち，憲法九条によって禁じられている武力の行使または武力による威嚇に当たる行為につきましては，我が国としてこれを行うことが許されないというふうに考えているわけでございます。」

資料① 「安全保障の法的基盤の再構築に関する懇談会」報告書

における大森政輔内閣法制局長官答弁）としている⁹。

(2) 憲法第9条の解釈に係る憲法の根本原則

次に，上記（1）で述べたこれまでの憲法解釈の変遷の経緯を認識した上で，下記2.で述べる我が国を取り巻く安全保障環境の変化を想起しつつ，憲法第9条の解釈を考えるに当たって，最も重要な拠り所とすべき憲法の根本原則を確認する。

(ア) 基本的人権の根幹としての平和的生存権及び生命・自由・幸福追求権

上述の1972年の政府の見解にあるように，日本国憲法前文は，「われらは，平和を維持し，専制と隷従，圧迫と偏狭を地上から永遠に除去しようと努めてゐる国際社会において，名誉ある地位を占めたいと思ふ。われらは，全世界の国民が，ひとしく恐怖と欠乏から免かれ，平和のうちに生存する権利を有することを確認する。」として平和的生存権を確認し，また，同第13条は，「生命，自由及び幸福追求に対する国民の権利については，公共の福祉に反しない限り，立法その他の国政の上で，最大の尊重を必要とする。」として国民の生命，自由及び幸福追求の権利について定めている。これらは他の基本的人権の根幹と言うべき権利である。これらを守るためには，我が国が侵略されず独立を維持していることが前提条件であり，外からの攻撃や脅迫を排除する適切な自衛力の保持と行使が不可欠である。つまり，自衛力の保持と行使は，憲法に内在する論理の帰結でもある。

(イ) 国民主権

また，日本国憲法前文は国民主権を「人類普遍の原理」とし「これに反する一切の憲

---

9　①衆議院予算委員会（1990年10月19日）における工藤敦夫内閣法制局長官答弁
　　「国連憲章に基づきます，いわゆる正規のと俗称言われておりますが，そういう国連軍へ我が国がどのように関与するか，その仕方あるいは参加の態様といったものにつきましては，現在まだ研究中でございまして，結果を明確に申し上げるわけにはまだ参っておらない，かような段階にございます。」
　　②衆議院予算委員会（1998年3月18日）における大森政輔内閣法制局長官答弁
　　「現在の国連憲章第四十二条，四十三条に規定されております国連軍につきましては，従前から私どもが申し上げておりますように，憲法九条の解釈，運用の積み重ねから推論いたしますと，我が国がこれに参加することには憲法上の疑義があるというふうに考えているわけでございます。（略）要するに，国連軍への参加というのは，我が国の主権行為が基点になることは間違いございません。ただ，その上で，その参加をした我が国の組織が国連軍の中でどう位置づけられ，それに対する指揮の形態がどうなるのか，あるいは撤収の要件あるいは手続がどう定められるのかということが，その参加した我が国の組織の行動がなお我が国の武力の行使に当たるかどうかという評価にやはり決定的な影響を及ぼす。したがいまして，特別協定が決まらなければ，そのあたりの確定的な評価ができない，こういうことでございます。」

法・・・を排除する」と規定している。「国民主権原理」は、「基本的人権」と同様、いかなる手段によっても否定できないいわば根本原則として理解されている。「国民主権原理」の実現には主権者たる国民の生存の確保が前提である。そのためには、我が国の平和と安全が維持されその存立が確保されていなければならない。平和は国民の希求するところである。同時に、主権者である国民の生存、国家の存立を危機に陥れることはそのような憲法上の観点からしてもあってはならない。国権の行使を行う政府の憲法解釈が国民と国家の安全を危機に陥れるようなことがあってはならない。

(ウ) 国際協調主義

さらに、日本国憲法は、前文で「われらは、いづれの国家も、自国のことのみに専念して他国を無視してはならないのであつて、政治道徳の法則は、普遍的なものであり、この法則に従ふことは、自国の主権を維持し、他国と対等関係に立たうとする各国の責務であると信ずる。」と謳い、国際協調主義を掲げている。なお、憲法第98条は「日本国が締結した条約及び確立された国際法規は、これを誠実に遵守することを必要とする。」と述べて国際法規の誠実な遵守を定めている。このような憲法の国際協調主義の精神から、国際的な活動への参加は、我が国が最も積極的に取り組むべき分野と言わねばならない。

(エ) 平和主義

平和主義は日本国憲法の根本原則の一つであり、今後ともこれを堅持していかなければならない。後述するとおり、日本国憲法の平和主義は、沿革的に、侵略戦争を違法化した戦争抛棄に關する條約（不戦条約）(1928年)や国際連合憲章(1945年)等、20世紀前半以降の国際法思潮と密接な関係がある。憲法前文の「日本国民は、（略）政府の行為によつて再び戦争の惨禍が起ることのないやうにすることを決意し、」という文言に体現されているとおり、我が国自身の不戦の誓いを原点とする憲法の平和主義は、侵略戦争と国際紛争解決のための武力行使を永久に放棄することを定めた憲法第9条の規定によって具体化されている。他方、憲法前文が「平和を維持し、専制と隷従、圧迫と偏狭を地上から永遠に除去しようと努めてゐる国際社会において、名誉ある地位を占めたいと思ふ。われらは、全世界の国民が、ひとしく恐怖と欠乏から免かれ、平和のうちに生存する権利を有することを確認する。」と定めるとともに、「われらは、いづれの国家も、自国のことのみに専念して他国を無視してはならない」と定め、国際協調主義を謳っていることからも、我が国の平和主義は、同じく日本国憲法の根本原則である国際協調主義を前提として解されるべきである。すなわち、日本国憲法の平和主義は、自国本位の立場ではなく、国際的次元に立って解釈すべきであり、それは、自ら平和を乱さないという消極的なものではなく、平和を実現するために積極的行動を採るべきことを要請しているものと言える。政府は、2013年12月17日に閣議決定された「国家安

資料① 「安全保障の法的基盤の再構築に関する懇談会」報告書

全保障戦略」において，我が国が，国際協調主義に基づく積極的平和主義の立場から，我が国の安全及びアジア太平洋地域の平和と安定を実現しつつ，国際社会の平和と安定及び繁栄の確保にこれまで以上に積極的に寄与していくことを掲げているが，日本国憲法の平和主義は，この「国際協調主義に基づく積極的平和主義」の基礎にあるものであると言える。

<u>2. 我が国を取り巻く安全保障環境の変化</u>

　我が国を取り巻く安全保障環境は，一層厳しさを増している。このような傾向は，2008年の報告書の時に比べ，一層顕著となっている。

　第1は，技術の進歩と脅威やリスクの性質の変化である。今日では，技術の進歩やグローバリゼーションの進展により，大量破壊兵器及びその運搬手段は拡散・高度化・小型化しており，また，国境を越える脅威が増大し，国際テロの広がりが懸念されている。例えば北朝鮮は，度重なる国連安全保障理事会による非難・制裁決議を無視して，既に日本全土を覆う弾道ミサイルを配備し，米国に到達する弾道ミサイルを開発中である。北朝鮮は，また，核実験を三度実施しており，核弾頭の小型化に努めているほか，生物・化学兵器を保有していると見られる。また現在，様々な主体によるサイバー攻撃が社会全体にとって大きな脅威・リスクとなっている。その対象は国家，企業，個人を超えて重層化・融合化が進み，国際社会の一致した迅速な対応が求められる。すなわち，世界のどの地域で発生する事象であっても，直ちに我が国の平和と安全に影響を及ぼし得るのである。したがって，従来のように国境の内側と外側を明確に区別することは難しくなっている。また，宇宙についても，その利用が民生・軍事双方に広がっていることから，その安定的利用を図るためには，平素からの監視とルール設定を含め，米国との協力を始めとする国際協力の一層の強化が求められている。

　第2は，国家間のパワーバランスの変化である。このパワーバランスの変化の担い手は，中国，インド，冷戦後復活したロシア等国力が増大している国であり，国際政治の力学にも大きな影響を与えている。特にアジア太平洋地域においては緊張が高まっており，領土等を巡る不安定要素も存在する。中国の影響力の増大は明らかであり，公表国防費の名目上の規模は，過去10年間で約4倍，過去26年間で約40倍の規模となっており，国防費の高い伸びを背景に，近代的戦闘機や新型弾道ミサイルを含む最新兵器の導入とその量的拡大が顕著である。中国の国防費に関しては引き続き不透明な部分が多いが，2014年度公式発表予算額でも12兆円以上であり，我が国の3倍近くに達している。この趨勢が続けば，一層強大な中国軍が登場する。また，領有権に関する独自の主張に基づく力による一方的な現状変更の試みも看取されている。以上のような状況を踏まえれば，これに伴うリスクの増大が見られ，地域の平和と安定を確保するために我が

国がより大きな役割を果たすことが必要となっている。

　第3の変化は，日米関係の深化と拡大である。1990年代以降は，弾道ミサイルや国際テロを始めとした多様な事態に対処するための運用面での協力が一層重要になってきており，これまでの安全保障・防衛協力関係は大幅に拡大している。その具体的な表れとして，装備や情報を含めた様々なリソースの共有が進んでおり，今後ともその傾向が進むことが予想される。2013年10月に開催された日米安全保障協議委員会（「2＋2」）において，「日米防衛協力のための指針（ガイドライン）」の見直しを行うことで合意され，日米間の具体的な防衛協力における役割分担を含めた安全保障・防衛協力の強化について議論していくこととなっている。日米同盟なくして，我が国が単独で上記第1及び第2のような状況の変化に対応してその安全を全うし得ないことは自明であるとともに，同時に半世紀以上前の終戦直後とは異なり，我が国が一方的に米国の庇護を期待するのではなく，日米両国や関係国が協力して地域の平和と安全に貢献しなければならない時代になっている。同盟の活力を維持し，更に深化させるためには，より公平な負担を実現すべく不断の努力を続けていくことが必要になっているのである。このように，安全保障の全ての面での日米同盟の強化が不可欠であるが，これに加え，地域の平和と安定を確保するために重要な役割を果たすアジア太平洋地域内外のパートナーとの信頼・協力関係も必要となっている。

　第4の変化は，地域における多国間安全保障協力等の枠組みの動きである。1967年に設立されたASEAN（東南アジア諸国連合）に加え，冷戦の終結や共通の安全保障課題の拡大に伴い，経済分野におけるAPEC（アジア太平洋経済協力，1989年）や外交分野におけるARF（ASEAN地域フォーラム，1994年）にとどまらず，EAS（東アジア首脳会議，2005年）の成立・拡大やADMMプラス（拡大ASEAN国防相会議，2010年）の創設など，政治・安全保障・防衛分野においても様々な協力の枠組みが重層的に発展してきている。我が国としては，こうした状況を踏まえ，より積極的に各種協力活動に幅広く参加し，指導的な役割を果たすことができるような制度的・財政的・人的基盤を整備することが求められる。

　第5の変化は，アフガニスタンやイラクの復興支援，南スーダンの国づくり，また，シーレーンを脅かすアデン湾における海賊対処のように，国際社会全体が対応しなければならないような深刻な事案の発生が増えていることである。また，国連PKOを例にとれば，停戦監視といった任務が中心であったいわゆる伝統型から，より多様な任務を持つように変化するなど，近年，軍事力が求められる運用場面がより多様化し，復興支援，人道支援，海賊対処等に広がるとともに，世界のどの地域で発生する事象であっても，より迅速かつ切れ目なく総合的な視点からのアプローチが必要となっている。こうした国連を中心とした紛争対処，平和構築や復興支援の重要性はますます増大しており，

資料①　「安全保障の法的基盤の再構築に関する懇談会」報告書

国際社会の協力が一層求められている。

　最後に，第6の変化は，自衛隊の国際社会における活動である。1991年のペルシャ湾における機雷掃海以降今日まで，自衛隊は直近の現在活動中の南スーダンにおける活動を含めて33件の国際的な活動に参加し，実績を積んできた。その中には，1992年のカンボジアにおける国連PKO，1993年のモザンビークにおける国連PKO，1994年のザイール共和国（当時）東部におけるルワンダ難民救援のための人道的な国際救援活動，2001年の米国同時多発テロ事件後の「不朽の自由作戦」に従事する艦船に対するインド洋における補給支援活動，2003年から2009年に至るイラク人道復興支援活動等が含まれる。海外における大規模災害に際しても，近年，自衛隊は，その機能や能力を活かした国際緊急援助活動を積極的に行ってきており，最近の例を挙げれば，2013年11月にフィリピンを横断した台風により同国で発生した被害に関し，1,200人規模の自衛隊員が，被災民の診療，ワクチン接種，防疫活動，物資の空輸，被災民の空輸等の活動を実施した。2007年には国際緊急援助活動を含む国際平和協力活動が自衛隊の「本来任務」と位置付けられた。自衛隊の実績と能力は，国内外から高く評価されており，復興支援，人道支援，教育，能力構築，計画策定等様々な分野で，今後一層の役割を担うことが必要である。

　以上をまとめれば，我が国の外交・安全保障・防衛を巡る状況は大きく変化しており，最近の戦略環境の変化はその規模と速度において過去と比べても顕著なものがあり，予測が困難な事態も増えている。これまでは，少なからぬ分野において，いわば事態の発生に応じて，憲法解釈の整理や新たな個別政策の展開を逐次図ってきたことは事実であるが，変化の規模と速度に鑑みれば，我が国の平和と安全を維持し，地域及び国際社会の平和と安定を実現していく上では，従来の憲法解釈では十分に対応することができない状況に立ち至っている。

## 3．我が国として採るべき具体的行動の事例

　2008年の報告書では，4類型（①公海における米艦の防護，②米国に向かうかもしれない弾道ミサイルの迎撃，③国際的な平和活動における武器使用，④同じ国連PKO等に参加している他国の活動に対する後方支援）のそれぞれに関し，懇談会の提言を提示した。本懇談会では，これに加え，上述のような我が国を取り巻く安全保障環境の変化に鑑みれば，例えば以下のような事例において我が国が対応を迫られる場合があり得るが，従来の憲法解釈や法制度では十分に対応することができず，こうした事例に際して我が国が具体的な行動を採ることを可能とするあるべき憲法解釈や法制度を考える必要があるという問題意識が共有された。なお，以下の事例は上述の4類型と同様に飽くまで次ページ以下で述べる憲法解釈や法制度の整理の必要性を明らかにするための具体例

として挙げたものであり，これらの事例のみを合憲・可能とすべきとの趣旨ではない。
①事例1：我が国の近隣で有事が発生した際の船舶の検査，米艦等への攻撃排除等
――我が国の近隣で，ある国に対する武力攻撃が発生し，米国が集団的自衛権を行使してこの国を支援している状況で，海上自衛隊護衛艦の近傍を攻撃国に対し重要な武器を供給するために航行している船舶がある場合，たとえ被攻撃国及び米国から要請があろうとも，我が国は，我が国への武力攻撃が発生しない限り，この船舶に対して強制的な停船・立入検査や必要な場合の我が国への回航を実施できない。現行の憲法解釈ではこれらの活動が「武力の行使」に当たり得るとされるためである。しかし，このような事案が放置されれば，紛争が拡大し，やがては我が国自身に火の粉が降りかかり，我が国の安全に影響を与えかつ国民の生命・財産が直接脅かされることになる。
――また，被攻撃国を支援する米国その他の国々の艦船等が攻撃されているときには，これを排除するよう我が国が協力する必要がある。この点に関連して，現行の「周辺事態に際して我が国の平和及び安全を確保するための措置に関する法律」（周辺事態安全確保法）では，自衛隊による後方地域支援又は後方地域捜索救助活動は，後方地域，すなわち「我が国領域並びに現に戦闘行為が行われておらず，かつ，そこで実施される活動の期間を通じて戦闘行為が行われることがないと認められる我が国周辺の公海及びその上空の範囲」でしか実施できず[10]，また，弾薬を含む武器の提供や戦闘作戦行動のために発進準備中の航空機に対する給油及び整備については当時は米軍からのニーズがなかったとして含まれていない等，米国に対する支援も限定的であり，また，そもそも米国以外の国に対する支援は規定されておらず，不可能である。
――そもそも「抑止」を十分に機能させ，我が国有事の可能性を可能な限り低くするた

---

10 周辺事態に際して我が国の平和及び安全を確保するための措置に関する法律（平成十一年五月二十八日法律第六十号）

「第三条 この法律において，次の各号に掲げる用語の意義は，それぞれ当該各号に定めるところによる。
一 後方地域支援 周辺事態に際して日米安保条約の目的の達成に寄与する活動を行っているアメリカ合衆国の軍隊（以下「合衆国軍隊」という。）に対する物品及び役務の提供，便宜の供与その他の支援措置であって，後方地域において我が国が実施するものをいう。
二 後方地域捜索救助活動 周辺事態において行われた戦闘行為（国際的な武力紛争の一環として行われる人を殺傷し又は物を破壊する行為をいう。以下同じ。）によって遭難した戦闘参加者について，その捜索又は救助を行う活動（救助した者の輸送を含む。）であって，後方地域において我が国が実施するものをいう。
三 後方地域 我が国領域並びに現に戦闘行為が行われておらず，かつ，そこで実施される活動の期間を通じて戦闘行為が行われることがないと認められる我が国周辺の公海（海洋法に関する国際連合条約に規定する排他的経済水域を含む。以下同じ。）及びその上空の範囲をいう。」

資料① 「安全保障の法的基盤の再構築に関する懇談会」報告書

めには、法的基盤をしかるべく整備する必要がある。

②事例2：米国が武力攻撃を受けた場合の対米支援

――米国も外部からの侵害に無傷ではあり得ない。例えば、2001年の米国同時多発テロ事件では、民間航空機がハイジャックされ、米国の経済、軍事を象徴する建物に相次いで突入する自爆テロが行われ、日本人を含む約三千人の犠牲者が出た[11]。仮に米国が弾道ミサイルによる奇襲といった武力攻撃を受け、その後、攻撃国に対して他の同盟国と共に自衛権を行使している状況において、現行の憲法解釈では、我が国が直接攻撃されたわけではないので我が国ができることに大きな制約がある。

――我が国を攻撃しようと考える国は、米国が日米安全保障条約上の義務に基づき反撃する可能性が高いと考えるからこそ思いとどまる面が大きい。その米国が攻撃を受けているのに、必要な場合にも我が国が十分に対応できないということであれば、米国の同盟国、日本に対する信頼は失われ、日米同盟に甚大な影響が及ぶおそれがある。日米同盟が揺らげば我が国の存立自体に影響を与えることになる。

――我が国は、我が国近傍の国家から米国が弾道ミサイルによる奇襲といった武力攻撃を受けた場合、米国防衛のための米軍の軍事行動に自衛隊が参加することはおろか、例えば、事例1で述べたように、攻撃国に武器を供給するために航行している船舶の強制的な停船・立入検査や必要な場合の我が国への回航でさえも、現行の憲法解釈では「武力の行使」に当たり得るとして実施できない。船舶の検査等は、陸上の戦闘のような活動とは明らかに異なる一方で、攻撃国への武器の移転を阻む洋上における重要な活動であり、こうしたことを実施できるようにすべきである。また、場合によっては米国以外の国々とも連携する必要があり、こうした国々をも支援することができるようにすべきである。

③事例3：我が国の船舶の航行に重大な影響を及ぼす海域（海峡等）における機雷の除去

――湾岸戦争に際してイラクは、ペルシャ湾に多数の機雷を敷設し、当該機雷は世界の原油の主要な輸送経路の一つである同湾における我が国のタンカーを含む船舶の航行の重大な障害となった。今後、我が国が輸入する原油の大部分が通過する重要な海峡等で

---

11 2001年の米国同時多発テロ事件を受けて、英国、カナダ、ドイツ、オランダ、豪州、ニュージーランド、フランス及びポーランドが、個別的及び集団的自衛権に基づく措置を採る旨の書簡を国連安保理に対して送付した。また、北大西洋条約機構は、創設後初めて、加盟国が武力攻撃を受けた時に発動される「5条事態」を発動した。他方で、学説上は、米国同時多発テロ事件は国家による攻撃ではなかったため、同事件は基本的には米国内で完結した刑事事件にとどまり、これに対する各国の措置は自衛権の行使ではなく法執行活動であったとする見方もある。

武力攻撃が発生し，攻撃国が敷設した機雷で海上交通路が封鎖されれば，我が国への原油供給の大部分が止まる。これが放置されれば，我が国の経済及び国民生活に死活的な影響があり，我が国の存立に影響を与えることになる。

──武力紛争の状況に応じて各国が共同して掃海活動を行うことになるであろうが，現行の憲法解釈では，我が国は停戦協定が正式に署名される等により機雷が「遺棄機雷」と評価されるようになるまで掃海活動に参加できない。そのような現状は改める必要がある。

④事例4：イラクのクウェート侵攻のような国際秩序の維持に重大な影響を及ぼす武力攻撃が発生した際の国連の決定に基づく活動への参加

──イラクのクウェート侵攻のような国際秩序の維持に重大な影響を及ぼす武力攻撃が発生し，国際正義が蹂躙（じゅうりん）され国際秩序が不安定になれば，我が国の平和と安全に無関係ではあり得ない。例えばテロが蔓延（まん）し，我が国を含む国際社会全体へ無差別な攻撃が行われるおそれがあり，我が国の安全，国民の生命・財産に甚大な被害を与えることになる。

──我が国は，国連安全保障理事会常任理事国が一国も拒否権を行使せず，軍事的措置を容認する国連安全保障理事会決議が採択された場合ですら，現行の憲法解釈では，支援国の海軍艦船の防護といった措置が採れないし，また，支援活動についても，後方地域における，しかも限られた範囲のものしかできない。加えて，現状では国内法の担保もないので，その都度特別措置法等のような立法も必要である。

──国際の平和と安全の維持・回復のための国連安全保障理事会の措置に協力することは，国際連合憲章に明記された国連加盟国の責務である。国際社会全体の秩序を守るために必要な貢献をしなければ，それは，自らのよって立つ安全の土台を掘り崩すことになる。

⑤事例5：我が国領海で潜没航行する外国潜水艦が退去の要求に応じず徘徊を継続する場合の対応

──2004年11月に，先島群島周辺の我が国領海内を潜没航行している中国原子力潜水艦を海上自衛隊のP-3Cが確認した。また，2013年5月には，領海への侵入はなかったものの，接続水域内を航行する潜没潜水艦を海上自衛隊のP-3Cが相次いで確認した。現行法上，我が国に対する「武力攻撃」（＝一般に組織的・計画的な武力の行使）がなければ，防衛出動に伴う武力の行使はできない。潜没航行する外国潜水艦が我が国領海に侵入してきた場合，自衛隊は警察権に基づく海上警備行動等によって退去要求等を行うことができる（2004年のケース）が，その潜水艦が執拗に徘徊を継続するような場合に，その事態が「武力攻撃事態」と認定されなければ，現行の海上警備行動等の権限では自衛隊が実力を行使してその潜水艦を強制的に退去させることは認められていない。

資料① 「安全保障の法的基盤の再構築に関する懇談会」報告書

このような現状を放置してはならない。
⑥事例6：海上保安庁等が速やかに対処することが困難な海域や離島等において，船舶や民間人に対し武装集団が不法行為を行う場合の対応
——このような場合，海上における事案については，当該事案が自衛隊法第82条にいう「海上における人命若しくは財産の保護又は治安の維持のため特別の必要がある場合」に該当すると判断される場合は，内閣総理大臣の承認を得て防衛大臣が命令することによって，自衛隊部隊が海上警備行動を採ることができる。また，陸上における事案については，当該事案が自衛隊法第78条にいう「一般の警察力をもつては，治安を維持することができないと認められる場合」に該当すると判断される場合は，内閣総理大臣が命令することによって，自衛隊部隊が治安出動することができる。さらに，防衛大臣は，事態が緊迫し，防衛出動命令が予想される場合には，内閣総理大臣の承認を得て，自衛隊の部隊等にあらかじめ展開させることが見込まれる地域内において防御施設を構築する措置を命ずることができる。
——しかし，このような海上警備行動や治安出動，防御施設構築の措置等の発令手続を経る間に，仮にも対応の時機を逸するようなことが生じるのは避けなければならないが，部隊が適時に展開する上での手続的な敷居が高いため，より迅速な対応を可能とするための手当てが必要である。
——事例5及び6のような場合を含め，武力攻撃に至らない侵害を含む各種の事態に応じた対応を可能とすべく，どのような実力の行使が可能か，国際法の基準に照らし検討する必要がある。
——現在の法制度では，防衛出動との間に権限の隙間が生じ得ることから，結果として相手を抑止できなくなるおそれがある。


## Ⅱ．あるべき憲法解釈

　上記Ⅰ．で述べた認識を踏まえ，本懇談会は，あるべき憲法解釈として，以下を提言する。

1　憲法第9条第1項及び第2項

(1) 憲法第9条は，「日本国民は，正義と秩序を基調とする国際平和を誠実に希求し，国権の発動たる戦争と，武力による威嚇又は武力の行使は，国際紛争を解決する手段としては，永久にこれを放棄する。前項の目的を達成するため，陸海空軍その他の戦力は，これを保持しない。国の交戦権は，これを認めない。」と規定しており，自衛権や集団安全保障については何ら言及していない。しかしながら，我が国が主権を回復した

1952年4月に発効した日本国との平和条約（サン・フランシスコ平和条約）においても，我が国が個別的又は集団的自衛の固有の権利を有することや集団安全保障措置への参加は認められており[12]，また，我が国が1956年9月に国連に加盟した際も，国際連合憲章に規定される国連の集団安全保障措置や，加盟国に個別的又は集団的自衛の固有の権利を認める規定（第51条）[13]について何ら留保は付さなかった。

憲法第9条第1項が我が国による武力による威嚇又は武力の行使を例外なく禁止していると解釈するのは，不戦条約や国際連合憲章（1945年）等の国際法の歴史的発展及び憲法制定の経緯から見ても，適切ではない。1946年に公布された日本国憲法は，20世紀前半の平和主義，戦争違法化に関する国際法思潮から大きな影響を受けている。我が国憲法第9条の規定は，20世紀に確固たる潮流となった国際平和主義の影響を深く受けているのであり，国際社会の思潮と孤絶しているわけではない。不戦条約は，「国際紛争解決ノ為」に戦争に訴えることを非とし，「国家ノ政策ノ手段トシテノ戦争」を放棄することを規定することで，締約国間の侵略戦争の放棄を約束した。この戦争違法化の流れを汲んで作成された国際連合憲章は，日本国憲法公布の1年前に採択されたものである。国際連合憲章は，加盟国の国際関係における「武力の行使」を原則として禁止したが，国連の集団安全保障措置としての軍事的措置及び個別的又は集団的自衛の固有の権利（第51条）の行使としての「武力の行使」を実施することは例外的に許可している。また，日本国憲法の起草経緯を見れば，憲法第9条の起点となったマッカーサ

---

12 日本国との平和条約（1951年9月8日サン・フランシスコ市で署名。1952年4月28日発効。）

第五条（c）連合国としては，日本国が主権国として国際連合憲章第五十一条に掲げる個別的又は集団的自衛の固有の権利を有すること及び日本国が集団的安全保障取極を自発的に締結することができることを承認する。

また，例えば「日本国とソヴィエト社会主義共和国連邦との共同宣言」（1956年10月19日モスクワで署名。1956年12月12日発効。），旧・日米安全保障条約（1951年9月8日サン・フランシスコ市で署名。1952年4月28日発効。），日米安全保障条約（1960年1月19日ワシントンで署名。1960年6月23日発効。）にも集団的自衛権について同趣旨の言及がある。

13 国際連合憲章（1945年6月26日サン・フランシスコ市で署名。1945年10月24日発効。）

第五十一条 この憲章のいかなる規定も，国際連合加盟国に対して武力攻撃が発生した場合には，安全保障理事会が国際の平和及び安全の維持に必要な措置をとるまでの間，個別的又は集団的自衛の固有の権利を害するものではない。この自衛権の行使に当つて加盟国がとつた措置は，直ちに安全保障理事会に報告しなければならない。また，この措置は，安全保障理事会が国際の平和及び安全の維持又は回復のために必要と認める行動をいつでもとるこの憲章に基く権能及び責任に対しては，いかなる影響も及ぼすものではない。

資料① 「安全保障の法的基盤の再構築に関する懇談会」報告書

一三原則（1946年2月3日）の第二原則[14]は，日本は自らの紛争を解決するための手段としての戦争を放棄する（Japan renounces it as an instrumentality for settling its disputes）となっている。政府も1946年の時点で既に吉田総理が新憲法草案に関し，先述のとおり「戦争抛棄ニ関スル本案ノ規定ハ，直接ニハ自衛権ヲ否定ハシテ居リマセヌ（略）」と述べていた（衆議院本会議（1946年6月26日））のであり，また，自衛隊創設時の国会答弁においては「戦争と武力の威嚇・武力の行使が放棄されるのは『国際紛争を解決する手段としては』ということである。」「他国から武力攻撃があつた場合に，武力攻撃そのものを阻止することは，自己防衛そのものであつて，国際紛争を解決することとは本質が違う。従つて自国に対して武力攻撃が加えられた場合に，国土を防衛する手段として武力を行使することは，憲法に違反しない。」と述べていたのである（前掲の大村清一防衛庁長官答弁）。

これらの経緯を踏まえれば，憲法第9条第1項の規定（「日本国民は，正義と秩序を基調とする国際平和を誠実に希求し，国権の発動たる戦争と，武力による威嚇又は武力の行使は，国際紛争を解決する手段としては，永久にこれを放棄する」）は，我が国が当事国である国際紛争の解決のために武力による威嚇又は武力の行使を行うことを禁止したものと解すべきであり，自衛のための武力の行使は禁じられておらず，また国連PKO等や集団安全保障措置への参加といった国際法上合法的な活動への憲法上の制約はないと解すべきである。

なお，国連PKO等における武器使用を，第9条第1項を理由に制限することは，国連の活動への参加に制約を課している点と，下記5. で述べるとおり「武器の使用」を「武力の行使」と混同している点で，二重に適切でない解釈であることを指摘しておきたい。

(2) 憲法第9条第2項は，第1項において，武力による威嚇や武力の行使を「国際紛争

---

[14] 「国家の主権的権利としての戦争を廃棄する。日本は，紛争解決のための手段としての戦争及び自己の安全を保持するための手段としてのそれをも放棄する。日本はその防衛と保護を，いまや世界を動かしつつある崇高な理想にゆだねる。いかなる日本陸海空軍も決して許されないし，いかなる交戦者の権利も日本軍には決して与えられない。（War as a sovereign right of the nation is abolished. Japan renounces it as an instrumentality for settling its disputes and even for preserving its own security. It relies upon the higher ideals which are now stirring the world for its defense and its protection. No Japanese Army, Navy or Air Force will ever be authorized and no rights of belligerency will ever be conferred upon any Japanese force.)」。なお，2月13日の総司令部案では，「自己の安全を保持するための手段としての」戦争についても放棄するという文言が削除された。

を解決する手段」として放棄すると定めたことを受け，「前項の目的を達するため」に戦力を保持しないと定めたものである。したがって，我が国が当事国である国際紛争を解決するための武力による威嚇又は武力の行使に用いる戦力の保持は禁止されているが，それ以外の，すなわち，個別的又は集団的を問わず自衛のための実力の保持やいわゆる国際貢献のための実力の保持は禁止されていないと解すべきである。これら（1）及び（2）と同様の考え方は前回2008年6月の報告書でもとられていた。

(3) 上述の前回報告書の立場，特に（2）で述べた個別的又は集団的を問わず自衛のための実力の保持や，いわゆる国際貢献のための実力の保持は合憲であるという考え方は，憲法第9条の起草過程において，第2項冒頭に「前項の目的を達するため」という文言が後から挿入された（いわゆる「芦田修正」[15]）との経緯に着目した解釈であるが，政府はこれまでこのような解釈をとってこなかった。再度政府の解釈を振り返れば，前述のとおり，政府は，1946年の制憲議会の際に吉田総理答弁において自衛戦争も放棄したと明言していたにもかかわらず，1954年以来，国家・国民を守るために必要最小限度の自衛力の保持は主権国家の固有の権利であるという解釈を打ち出した。この解釈は最高裁判所でも否定されていない。しかし，その後の国会答弁において，政府は憲法上認められる必要最小限度の自衛権の中に個別的自衛権は入るが，集団的自衛権は入らないという解釈を打ち出し，今もってこれに縛られている。集団的自衛権の概念が固まっていなかった当初の国会論議の中で，その概念の中核とされた海外派兵の自制という文脈で打ち出された集団的自衛権不行使の議論は，やがて集団的自衛権一般の不行使の議論として固まっていくが，その際どうして我が国の国家及び国民の安全を守るために必要最小限の自衛権の行使は個別的自衛権の行使に限られるのか，逆に言えばなぜ個別的自衛権だけで我が国の国家及び国民の安全を確保できるのかという死活的に重要な論点についての論証は，上記Ⅰ.1.（1）の憲法解釈の変遷で述べたとおり，ほとんどなされてこなかった。すなわち，政府は「外国の武力攻撃によって国民の生命・自由及び幸福追求の権利が根底からくつがえされるという急迫，不正の事態に対処し，国民のこれらの権利を守るための止むを得ない措置としてはじめて容認されるものであるから，そ

---

15 同案は1946年7月に帝国憲法改正案委員小委員会に提出された。同案を提出した芦田均帝国憲法改正案委員小委員会委員長は，1957年12月，憲法調査会において，「『前項の目的を達するため』という辞句を挿入することによつて原案では無条件に戦力を保有しないとあつたものが一定の条件の下に武力を持たないことになります。日本は無条件に武力を捨てるのではないことは明白であります。（略）そうするとこの修正によつて原案は本質的に影響されるのであつて，したがつて，この修正があつても第九条の内容に変化がないという議論は明らかに誤りであります。」と述べた。

資料① 「安全保障の法的基盤の再構築に関する懇談会」報告書

の措置は，右の事態を排除するためとられるべき必要最小限度の範囲にとどまるべきものである。」(1972年10月に参議院決算委員会に提出した政府の見解)として，集団的自衛権の不行使には何の不都合もないと断じ，集団的自衛権を行使できなくても独力で我が国の国家及び国民の安全を本当に確保できるのか，ということについて詳細な論証を怠ってきた。

国家は他の信頼できる国家と連携し，助け合うことによって，よりよく安全を守り得るのである。集団的自衛権の行使を可能とすることは，他の信頼できる国家との関係を強固にし，抑止力を高めることによって紛争の可能性を未然に減らすものである。また，仮に一国が個別的自衛権だけで安全を守ろうとすれば，巨大な軍事力を持たざるを得ず，大規模な軍拡競争を招来する可能性がある。したがって，集団的自衛権は全体として軍備のレベルを低く抑えることを可能とするものである。一国のみで自国を守ろうとすることは，国際社会の現実に鑑みればむしろ危険な孤立主義にほかならない。

そもそも国際連合憲章中の集団的自衛権の規定は，1945年の国際連合憲章起草の際に国連安全保障理事会の議決手続に拒否権が導入されることになった結果，国連安全保障理事会の機能に危惧が抱かれるようになり，そのため個別的自衛権のみでは生存を全うできないと考えた中南米のチャプルテペック協定参加国が提唱して認められたものであるという起草経緯を改めて想起する必要がある。

国際連合憲章では，第2条4により国際関係における武力の行使が禁じられているが，第51条に従って個別的又は集団的自衛のために武力を行使する権利は妨げられない。これは，同条に明記されているとおり，自衛権が国家が当然に有している固有の権利(「自然権」(droit naturel))であるからである[16]。また，今日，集団的自衛権は慣習国際法上の権利であるとされており，この点については国際司法裁判所もその判決中で明確に示している(1986年6月「ニカラグア軍事・準軍事活動事件〔本案〕」国際司法裁判所判決)[17]。国際社会における諸国間の国力差及び国連安全保障理事会における拒否

---

[16] 我が国が憲法上の手続に従って批准し，我が国について1956年12月18日に効力発生した国際連合憲章第51条(注13)の仏語正文は，《aucune disposition de la présente Charte ne porte atteinte au droit naturel de légitime défense, individuelle ou collective》と言っている。英語では「inherent right」であり，それを日本語では「固有の権利」と訳したが，国家，人類がもともと有する権利を意味する「固有の権利」と自然権(droit naturel)とは同義語であることは，仏文の正文と対照すれば明白である。中国語正文は「自然権利」である。

[17] 1986年6月「ニカラグア軍事・準軍事活動事件〔本案〕」国際司法裁判所判決パラ193「本裁判所は，自衛権，特に集団的自衛権の内容に関する見解を表明しなければならない。第一に，この権利の存在に関しては，本裁判所は，国際連合憲章第51条の文言において，武力攻撃が発生した場合には，いずれの国家もが有する固有の権利(又は『自然

権の存在やその機能・手法を考えれば，国連の集団安全保障体制が十分に機能するまでの間，中小国は自己に対する攻撃を独力で排除することだけを念頭に置いていたら自衛は全うできないのであって，自国が攻撃された場合のみならず，他国が攻撃された場合にも同様にあたかも自国が攻撃されているとみなして，集団で自衛権が行使できることになっているのである。今日の安全保障環境を考えるとき，集団的自衛権の方が当然に個別的自衛権より危険だという見方は，抑止という安全保障上の基本観念を無視し，また，国際連合憲章の起草過程を無視したものと言わざるを得ないのである。以上を踏まえれば，上述した政府のこれまでの見解である，「(自衛のための) 措置は，必要最小限度の範囲にとどまるべき」という解釈に立ったとしても，その「必要最小限度」の中に個別的自衛権は含まれるが集団的自衛権は含まれないとしてきた政府の憲法解釈は，「必要最小限度」について抽象的な法理だけで形式的に線を引こうとした点で適当ではない。事実として，今日の日本の安全が個別的自衛権の行使だけで確保されるとは考え難い。したがって，「必要最小限度」の中に集団的自衛権の行使も含まれると解釈して，集団的自衛権の行使を認めるべきである。

(4) なお，上記 (3) のような解釈を採る場合には，憲法第 9 条第 2 項にいう「戦力」及び「交戦権」については，次のように考えるべきである。

「戦力」については，自衛権行使を合憲と踏み切った主権回復直後の自衛隊創設後に至る憲法解釈変遷の際に「近代戦争遂行能力」[18]と定義されたこともあったが，その後は，自衛のための必要最小限度の実力を超えるものとされ，1972 年 11 月，吉國一郎内閣法制局長官は，「昭和 29 年 12 月以来は，憲法第 9 条第 2 項の戦力といたしまして，(略) 近代戦争遂行能力という言い方をやめております。」と明言した。現在では「自衛のための必要最小限度の実力」の具体的な限度は防衛力整備を巡る国会論議の中で国民の支持を得つつ考査されるべきものとされている[19]。客観的な国際情勢に照らして，憲法が許容する武力の行使に必要な実力の保持が許容されるという考え方は，今後も踏襲

---

　権』) は集団的自衛及び個別的自衛の双方に及ぶものであることを認める。こうして，憲章自体が慣習国際法の中での集団的自衛権の存在を証明している。」
18　衆議院外務委員会 (1952 年 1 月 30 日) における木村篤太郎国務大臣答弁
　「戦力と申しますのは，いわゆる戦争を遂行し得る有力なる兵力，こう解すべきだと思います。」
19　伊藤英成衆議院議員提出質問主意書に対する答弁書 (2003 年 7 月 15 日)
　「憲法第九条の下で保持することが許容される「自衛のための必要最小限度の実力」の具体的な限度については，本来，そのときどきの国際情勢や科学技術等の諸条件によって左右される相対的な面を有することは否定し得ず，結局は，毎年度の予算等の審議を通じて，国民の代表である国会において判断されるほかないと考える。」

資料① 「安全保障の法的基盤の再構築に関する懇談会」報告書

されるべきものと考える。

「交戦権」については，自衛のための武力の行使は憲法の禁ずる交戦権とは「別の観念のもの」であるとの答弁がなされてきた[20]。国策遂行手段としての戦争が国際連合憲章により jus ad bellum（戦争に訴えること自体を規律する規範）の問題として一般的に禁止されている状況の中で，個別的及び集団的自衛権の行使や国連の集団安全保障措置等のように国際連合憲章を含む国際法に合致し，かつ，憲法の許容する武力の行使は，憲法第9条の禁止する交戦権の行使とは「別の観念のもの」と引き続き観念すべきものである。ただし，合法な武力行使であっても jus in bello（戦時における戦闘の手段・方法を規律する規範）の問題として国際人道法規上の規制を受けることは当然である。

## 2. 憲法上認められる自衛権

(1) 個別的自衛権の行使に関する見解として，政府は，従来，憲法第9条の下において認められる自衛権の発動としての武力の行使については，①我が国に対する急迫不正の侵害があること，②これを排除するために他の適当な手段がないこと，③必要最小限度の実力行使にとどまるべきこと，という3要件に該当する場合に限られるとしている。このように，この3要件を満たす限り行使に制限はないが，その実際の行使に当たっては，その必要性と均衡性を慎重かつ迅速に判断して，決定しなければならない（武力攻撃に至らない侵害への対応については後述する。）。

(2) 集団的自衛権とは，国際法上，一般に，自国と密接な関係にある外国に対する武力攻撃を，自国が直接攻撃されていない場合にも，実力をもって阻止する権利と解されている。また，集団的自衛権の行使は，武力攻撃の発生（注：着手も含まれる[21]。），被攻

---

[20] 森清衆議院議員提出質問主意書に対する答弁書（1985年9月27日）
「我が国は，国際法上自衛権を有しており，我が国を防衛するため必要最小限度の実力を行使することが当然に認められているのであつて，その行使として相手国兵力の殺傷及び破壊等を行うことは，交戦権の行使として相手国兵力の殺傷及び破壊等を行うこととは別の観念のものである」

[21] ①自衛隊法
「（防衛出動）第七十六条 内閣総理大臣は，我が国に対する外部からの武力攻撃（以下「武力攻撃」という。）が発生した事態又は武力攻撃が発生する明白な危険が切迫していると認められるに至つた事態に際して，我が国を防衛するため必要があると認める場合には，自衛隊の全部又は一部の出動を命ずることができる。」
②参議院武力攻撃事態への対処に関する特別委員会（2003年5月28日）における宮﨑礼壹法制局長官答弁
「政府は従来から，我が国が自衛権を行使する場合の要件であります我が国に対する武力攻撃が発生したときといいますのは，他国が我が国に対して武力攻撃に着手したときを

撃国の要請又は同意という要件が満たされている場合に，必要性，均衡性という要件を満たしつつ行うことが求められる。

　我が国においては，この集団的自衛権について，我が国と密接な関係にある外国に対して武力攻撃が行われ，その事態が我が国の安全に重大な影響を及ぼす可能性があるときには，我が国が直接攻撃されていない場合でも，その国の明示の要請又は同意を得て，必要最小限の実力を行使してこの攻撃の排除に参加し，国際の平和及び安全の維持・回復に貢献することができることとすべきである。そのような場合に該当するかについては，我が国への直接攻撃に結びつく蓋然性が高いか，日米同盟の信頼が著しく傷つきその抑止力が大きく損なわれ得るか，国際秩序そのものが大きく揺らぎ得るか，国民の生命や権利が著しく害されるか，その他我が国へ深刻な影響が及び得るかといった諸点を政府が総合的に勘案しつつ責任を持って判断すべきである。また，我が国が集団的自衛権を行使するに当たり第三国の領域を通過する場合には，我が国の方針として，その国の同意を得るものとすべきである。さらに，集団的自衛権を行使するに当たっては，個別的自衛権を行使する場合と同様に，事前又は事後に国会の承認を得る必要があるものとすべきである。

　集団的自衛権は権利であって，義務ではないので，行使し得る場合であっても，我が国が行使することにどれだけ意味があるのか等を総合的に判断して，政策の判断の結果，行使しないことがあるのは当然である。我が国による集団的自衛権の行使については，内閣総理大臣の主導の下，国家安全保障会議の議を経るべきであり，内閣として閣議決定により意思決定する必要がある。なお，集団的自衛権の行使を認めれば，果てしなく米国の戦争に巻き込まれるという議論が一部にあるが，そもそも集団的自衛権の行使は義務ではなく権利であるので，その行使は飽くまでも我が国が主体的に判断すべき問題である。この関連で，個別的又は集団的自衛権を行使する自衛隊部隊の活動の場所について，憲法解釈上，地理的な限定を設けることは適切でない。「地球の裏側」まで行くのか云々という議論があるが，不毛な抽象論にすぎず，ある事態が我が国の安全に重大な影響を及ぼす可能性があるか，かつ我が国の行動にどれだけの効果があるかといった点を総合的に勘案し，個別具体的な事例に則して主体的に判断すべきである。なお，繰り返しになるが，集団的自衛権は権利であって義務ではなく，先に述べたような政策的判断の結果として，行使しないこともちろんある点に留意が必要である。

---

　　もって足り，我が国における被害が現実に生ずるということを要するものではないというふうに解しております。他国から発射されました弾道ミサイルが我が国を標的として飛来すると判断されます場合に当該弾道ミサイルを迎撃するということは，個別的自衛権の行使として許されるものと考えております。」

(3) 本来は集団的自衛権の行使の対象となるべき事例について、個別的自衛権や警察権を我が国独自の考え方で「拡張」して説明することは、国際法違反のおそれがある。例えば、公海上で日米の艦船が共同行動をしている際に、自衛艦が攻撃されていないにもかかわらず個別的自衛権の行使として米艦を防護した場合には、国際連合憲章第51条に基づき我が国がとった措置につき国連安全保障理事会に報告する義務が生じるが、「我が国に対して武力攻撃が発生した」という事実がないにもかかわらず個別的自衛権の行使として報告すれば、国際連合憲章違反との批判を受けるおそれがある。また、各国が独自に個別的自衛権の「拡張」を主張すれば、国際法に基づかない各国独自の「正義」が横行することとなり、これは実質的にも危険な考えである。

(4) 情報通信技術の発展に伴い、今やサイバー空間は人々の生活に必要不可欠なものとなっている。サイバー空間は、インターネットの発達により形成された仮想空間であり、安全保障上も陸・海・空・宇宙に続く新しい領域であると言えるが、その法的側面については議論が続いているところである。ひとたびサイバー攻撃が行われれば、政府機関から企業に至る社会の隅々にまで深刻な影響を及ぼすこととなり、この問題の重要性が認識されるに至っている。現実にも、近年、諸国の政府機関や軍隊などに対するサイバー攻撃が多発しており、各国政府による取組や国際的な議論が行われているところである。

日進月歩の技術進歩を背景とするサイバー攻撃は、攻撃の予測や攻撃者の特定が困難であったり、攻撃の手法が多様であるといった特徴を有しており、従来の典型的な武力攻撃と異なる点も少なくない。そのため、サイバー攻撃の法的位置付けについて一概に述べるのは困難である。これまでのところ、サイバー攻撃が「武力攻撃」に該当しないと位置付けられている事例が多いように見受けられる。他方、一定の場合には、サイバー攻撃が、「我が国に対する急迫不正の侵害があること」という要件を含め、自衛権発動の三要件を満たす場合もあると考えられる。いずれにしても、どのような場合がそれに該当するかという点や、外部からのサイバー攻撃に対処するための制度的な枠組みの必要性等について、国際社会における議論にも留意しつつ、引き続き、検討が必要である。

3. 軍事的措置を伴う国連の集団安全保障措置への参加

軍事的措置を伴う国連の集団安全保障措置への参加については、上記I．で述べたとおり、これまでの政府の憲法解釈では、正規の国連軍については研究中としながらも（前掲脚注7及び9参照）、いわゆる国連多国籍軍の場合は、武力の行使につながる可能性のある行為として、憲法第9条違反のおそれがあるとされてきた。しかしながら、上

記Ⅱ．1．(1)で述べたとおり，憲法第9条が国連の集団安全保障措置への我が国の参加までも禁じていると解釈することは適当ではなく，国連の集団安全保障措置は，我が国が当事国である国際紛争を解決する手段としての武力の行使に当たらず，憲法上の制約はないと解釈すべきである。国連安全保障理事会決議等による集団安全保障措置への参加は，国際社会における責務[22]でもあり，憲法が国際協調主義を根本原則とし，憲法第98条が国際法規の誠実な遵守を定めていることからも，我が国として主体的な判断を行うことを前提に，積極的に貢献すべきである。近年我が国は，武力の行使以外の後方支援等の領域においては，国際社会の秩序を維持するための活動への貢献の幅を着実に広げてきている。先に述べたとおり，2001年9月に米国で同時多発テロ事件が発生したことを受け，同年11月には「平成十三年九月十一日のアメリカ合衆国において発生したテロリストによる攻撃等に対応して行われる国際連合憲章の目的達成のための諸外国の活動に対して我が国が実施する措置及び関連する国際連合決議等に基づく人道的措置に関する特別措置法」（テロ対策特別措置法）を制定して，インド洋に自衛艦を派遣し補給支援活動を行った。また，2003年には，「イラクにおける人道復興支援活動及び安全確保支援活動の実施に関する特別措置法」（イラク人道復興支援特別措置法）により，戦後初めて多国籍軍が占領行政を行っている他国領域の陸上において自衛隊が人道復興支援活動に従事した。

国際連合憲章第7章が定める国連の集団安全保障措置には，軍事的措置と非軍事的措置があるが，非軍事的措置を規定した国際連合憲章第41条に基づく経済制裁への参加については，我が国はこれまでも，関連の国連安全保障理事会決議に基づく北朝鮮の核関連，その他の大量破壊兵器関連及び弾道ミサイル関連計画に関与する者に対して資産凍結等の措置を講ずる等，積極的に協力を行ってきている。憲法前文で国際協調主義を掲げ，国連への協力を安全保障政策の柱の一つとしてきた我が国が，同じ国際社会の秩序を守るための国連安全保障理事会決議等に基づく国連の集団安全保障措置であるにもかかわらず，軍事力を用いた強制措置を伴う場合については一切の協力を行うことができないという現状は改める必要がある。

このように国連等が行う国際的な平和活動については憲法上制約がないとするとしても，国際連合憲章が本来予定した，国連軍の創設を含む形での集団安全保障体制が実現しておらず，また，国連安全保障理事会決議に基づく平和活動にも種々の段階があり，その原因，国連の参加の態様も個々の事例に応じて多様であるので，平和活動への参加

---

[22] 国際連合憲章第2条5
「すべての加盟国は，国際連合がこの憲章に従つてとるいかなる行動についても国際連合にあらゆる援助を与え，且つ，国際連合の防止行動又は強制行動の対象となつているいかなる国に対しても援助の供与を慎まなければならない。」

資料① 「安全保障の法的基盤の再構築に関する懇談会」報告書

に関しては，個々の場合について，政策上我が国が参加することにどれだけ意味があるのか等を総合的に検討して，慎重に判断すべきことは当然である。

なお，言うまでもなく，軍事力を用いた強制措置を伴う国連の集団安全保障措置に参加するに当たっては，事前又は事後に国会の承認を得るものとすべきである。

4．いわゆる「武力の行使との一体化」論

2008年の報告書でも言及したとおり，「武力の行使との一体化」というのは我が国特有の概念である。特に90年代，湾岸戦争のころから，にわかに声高に議論され，精緻化が進んだ。それ以前に「武力の行使との一体化」の問題が国会で答弁されたことはあまりない[23]。しかし，この議論は，国際法上も国内法上も実定法上に明文の根拠を持た

---

23　①参議院予算委員会（1959年3月19日）における林修三内閣法制局長官答弁
　「・・・今安保条約の改定の交渉をやっております場合において，日本の態度は，いわゆる日本の負うべき義務は，日本の憲法の範囲内においてやるということでございますから，日本の憲法上負い得ないものをこの条約の中に盛り込むはずはないわけであります。ただいま仰せられました補給業務ということの内容は，先ほど総理が仰せられた通り実ははっきりしないのでございますが，経済的に燃料を売るとか，貸すとか，あるいは病院を提供するとかということは軍事行動とは認められませんし，そういうものは朝鮮事変の際にも日本はやっておるわけであります。こういうことは日本の憲法上禁止されないということは当然だと思います。しかし極東の平和と安全のために出動する米軍と一体をなすような行動をして補給業務をすることは，これは憲法上違法ではないかと思います。そういうところは条約上もちろんはっきりさしていくべきだと思います。」
②参議院外務委員会（1982年4月20日）における角田礼次郎内閣法制局長官答弁
　「…武力行使以外でも憲法上できないものがあるかどうかという直接の御質問に対しては，これはいまの段階で武力行使というものをもう少し具体的になってきた場合に詰めなければならない問題じゃないかと私は思っております。」「一体をなすような行動をして補給業務をやるというふうに書いてありますが，これはその補給という観念の方から見るのじゃなくて，それ自体が武力行使の内容をなすような直接それにくっついていると，そういうようなものはむしろ武力行使としてとらえられる，そして憲法に反するというような意味で林元長官が言われたのだと，そういう意味では私が先ほど来申し上げていることと基本的には違いはないように思います。」
③衆議院国際連合平和協力に関する特別委員会（1990年10月29日）における柳井俊二外務省条約局長答弁
　「実際に生起いたします武力紛争というのは大変千差万別であると思います。したがいまして，この問題は結局その具体的な紛争に即してケース・バイ・ケースに判断せざるを得ない問題であると思います。非常に典型的な例として従来挙げられておりますのは，例えば地上で戦闘が行われておりまして，それに空挺部隊から弾薬を補給するというようなものにつきましては，その空挺部隊から弾薬を落とすというような活動それ自体は補給かもしれませんが，しかし，そのような場合には武力行使と一体となるとみなされるのでは

ず，最高裁判所による司法判断が行われたこともなく，国会の議論に応じて範囲が拡張され，安全保障上の実務に大きな支障を来たしてきた。

　それ自体は武力の行使に当たらない我が国の補給，輸送，医療等の後方支援でも「他国の武力の行使と一体化」する場合には憲法第9条の禁ずる武力の行使とみなされるという考え方は，元来日米安全保障条約の脈絡で議論されたものである（前掲脚注23①の林修三内閣法制局長官答弁参照）。このような考え方を論理的に突き詰める場合には，例えば政府は現在行われている日米同盟下の米軍に対する施設・区域の提供は米国の武力行使と一体化しないとしているが，現実に極東有事の際日米安全保障条約第6条の下で米軍が戦闘作戦行動のために我が国国内の基地を使用し始めれば，我が国の基地使用許可は，米軍の「武力の行使と一体化」するので，日米安全保障条約そのものが違憲であるというような不合理な結論になりかねない。

　このほか，国際連合平和協力法案（廃案），国際連合平和維持活動等に対する協力に関する法律（PKO法）案，周辺事態安全確保法案，テロ対策特別措置法案及びイラク人道復興支援特別措置法案の国会審議の際にもしばしば問題になったように，「武力の行使との一体化」論は，後方支援がいかなる場合に他国による武力の行使と一体化するとみなすのか，その判断を誰が行うのか，「戦闘地域」と「非戦闘地域」の区分は何か等，そもそも事態が刻々と変わる活動の現場において，観念的には一見精緻に見える議論をもって「武力の行使との一体化」論を適用すること自体，非現実的であり極めて困難である。例えば，ミサイル等軍事技術が急速に発達した現下の状況では，どこが「非戦闘地域」かを定性的に定義することは現実的でなくなっている。

　「武力の行使との一体化」の論理のゆえに，例えば，日米間で想定した事態の検討にも支障があり得るとすれば，我が国の安全を確保していくための備えが十分とは言えな

---

ないかというふうに考えておりますが，ただ，初めに申し上げましたように，実際の武力紛争というのは大変千差万別で，いろいろな状況があると思います。したがいまして，そのような状況に即してケース・バイ・ケースに判断する必要があるというふうに考えております。」

④衆議院国際連合平和協力に関する特別委員会（1990年10月29日）における工藤敦夫内閣法制局長官答弁

「・・・例えば現に戦闘が行われているというふうなところでそういう前線へ武器弾薬を供給するようなこと，輸送するようなこと，あるいはそういった現に戦闘が行われているような医療部隊のところにいわば組み込まれるような形でと申しますか，そういうふうな形でまさに医療活動をするような場合，こういうふうなのは・・・問題があろうということでございますし，逆にそういう戦闘行為のところから一線を画されるようなところで，そういうところまで医薬品や食料品を輸送するようなこと，こういうふうなことは当然今のような憲法九条の判断基準からして問題はなかろう，こういうことでございます。したがいまして，両端はある程度申し上げられる，こういうことだと思います。」

資料① 「安全保障の法的基盤の再構築に関する懇談会」報告書

い。この問題は，日米安全保障条約の運用のみならず国際的な平和活動への参加の双方にまたがる問題である。「武力の行使との一体化」論は，憲法上の制約を意識して，新たな活動について慎重を期すために厳しく考えたことから出てきた議論である。したがって，国際平和協力活動の経験を積んだ今日においては，いわゆる「武力の行使との一体化」論はその役割を終えたものであり，このような考えはもはやとらず，政策的妥当性の問題として位置付けるべきである。実際にどのような状況下でどのような後方支援を行うかは，内閣として慎重に検討して意思決定すべきものであることは言うまでもない。

### 5. 国連PKO等への協力と武器使用

(1) 我が国は，1992年6月のPKO法制定以来，PKO法に基づき，延べ約一万人（2014年3月末時点）の要員を国連PKO等[24]に派遣し，着実に実績と経験を積み上げ，国民の支持と国際社会からの高い評価を得てきている。国連PKO等への協力は，我が国が国際社会の平和と安定に責任を果たすための最も有効な手段の一つであり，今後も国連PKO等への要員派遣を積極的に実施していくべきである。

他方，これまで，我が国の国連PKO等に対する協力は，当事者間の停戦合意を支える平和維持活動を中心とするPKO法制定当時の国連PKO等の実態を踏まえつつ，当時の国内世論にも配慮して抑制的に構築された制度に従って，いわゆるPKO参加5原則の下，運用上も慎重に行われてきた[25]。国連は「主たる紛争当事者」の同意を基本原則として国連PKOミッションを設立しているのに対し，現行PKO法の下では，「全ての」紛争当事者の受入れ同意が必要だとして運用してきた。また，停戦合意についても，国連では，停戦合意がない場合でも事実上の停戦状態を前提として国連PKOミッションを設立しているが，我が国では，紛争当事者間の停戦合意を要件としている。このような状況は，全ての「紛争当事者」の特定が容易であり，紛争当事者間の明確な停戦合意の確認が容易であった国家間紛争から，「紛争当事者」を特定することが困難な場合もある内戦型又は複合型へと紛争が質的に変化し，国連PKO等の役割・態様も多様化

---

[24] PKO法に基づき，国連等による国連平和維持活動，人道的な国際救援活動，国際的な選挙監視活動の3つの活動に対する協力を実施。

[25] 国連では，当事者の同意（注：主たる紛争当事者），不偏性，自衛及び任務の防衛以外の実力の不行使の3つがPKOの基本原則とされている（「国連平和維持活動 原則と指針（キャップストーン・ドクトリン）」(2008年1月18日)。これに対し，我が国のPKO参加には，現行PKO法上，いわゆるPKO参加5原則（①停戦合意が存在すること，②受入国を含む紛争当事者の受入れ同意が存在すること，③中立性が保たれていること，④上記要件が満たされなくなった場合には派遣の撤収ができること，⑤武器の使用は必要最小限度とすること）が法的要件とされている。

し，国際連合憲章第 7 章下の一定の強制力を付与された「強化された PKO」も増えてきている今日の実態にそぐわない。

このような国連 PKO の実態との相違並びに国連 PKO の任務及び活動主体の多様化を踏まえた上で，我が国のより積極的な国際平和協力を可能とするためには何が必要かとの観点から，いわゆる PKO 参加 5 原則についても見直しを視野に入れ，検討する必要がある。

(2) 国連 PKO の活動の性格は，「武力の行使」のような強制措置ではないが，紛争当事者間の停戦の合意を維持し，また，領域国の新しい国づくりを助けるため，国連の権威の下で各国が協力する活動である。このような活動における駆け付け警護や妨害排除に際しての武器使用は，そもそも「武力の行使」に当たらず，憲法上の制約はないと解釈すべきである。

一方，政府は，これまで，国連 PKO 等におけるいわゆる駆け付け警護や妨害排除のための武器の使用に関しては，いわば自己保存のための自然権の権利に当たるものとは言えず，現行の憲法解釈の下では，相手方が「国家又は国家に準ずる組織」である場合には，憲法で禁じられた「武力の行使」に当たるおそれがあるので認められないとしてきた[26]。たとえば 2003 年 5 月 15 日の参議院外交防衛委員会において宮﨑礼壹内閣法制局第一部長が「自衛隊の部隊の所在地からかなり離れた場所に所在します他国の部隊なり隊員さんの下に駆け付けて武器使用するという場合は，我が国の自衛官自身の生命又は身体の危険が存在しない場合の武器使用だという前提だというお尋ねだと思います。(略) このような場合に駆け付けて武器を使用するということは，言わば自己保存のための自然権的権利というべきものだという説明はできないわけでございます。(略) その駆け付けて応援しようとした対象の事態，あるいはお尋ねの攻撃をしているその主体というものが国又は国に準ずる者である場合もあり得るわけでございまして，そうでありますと，(略) それは国際紛争を解決する手段としての武力の行使ということに及ぶことが，及びかねないということになるわけでございまして，そうでありますと，憲法九条の禁じます武力の行使に当たるおそれがあるというふうに考えてきたわけでございます。」と答弁している。

しかしながら，2008 年の報告書でも指摘したとおり，そもそも PKO は武力紛争の終

---

26 いわゆる駆け付け警護や妨害排除のための武器の使用は，相手方が単なる犯罪集団であることが明白な場合等，これに対する武器使用が国際紛争を解決する手段としての「武力の行使」に当たるおそれがないということを前提にすることが可能な場合には，憲法上当該武器使用が許容される余地がないとは言えないとされている（参議院外交防衛委員会（2003 年 5 月 15 日）における宮﨑礼壹内閣法制局第一部長答弁）。

資料①　「安全保障の法的基盤の再構築に関する懇談会」報告書

了を前提に行う活動（あるいは武力紛争の開始・再発前にこれを予防するための活動）であり，国連PKOの国際基準で認められた武器使用が国際連合憲章で禁止された国際関係における「武力の行使」に当たると解釈している国はどこにもなく，自衛隊が国連PKO等の一員として，駆け付け警護や妨害排除のために国際基準に従って行う武器使用は，相手方が単なる犯罪集団であるか「国家又は国家に準ずる組織」であるかどうかにかかわらず，憲法第9条の禁ずる武力の行使には当たらないと解すべきである。さらに，近年の複合型国連PKO等においては，国内紛争や脆弱国家への対応として，治安維持や文民の保護等の業務が重要となっており，具体的検討に当たっては，駆け付け警護や妨害排除のための武器使用を可能にするとともに，法制度上，こうした業務も実施できるようにすべきである。

　重要なことは，このような武器使用は，国連においては明確に国際連合憲章第2条4により禁止されている国際関係における「武力の行使」とは異なる概念であると観念されていることである。国連PKOは，不偏性を持ち，主たる紛争当事者の同意を得て行われる活動であり，その任務は武力の行使が発生するのを防ぐための予防的活動か，武力行使が収まった後の平和維持や人道・復興支援である。その意味で，国連PKOは国際連合憲章が加盟国に対して禁じている国際関係における「武力の行使」を行う活動ではない。国連PKOは国連決議の下に組織されるいわゆる多国籍軍のような大規模な軍事活動を伴い得る平和執行とは峻別されるものである。また，国際連合憲章第7章下の一定の強制力を付与された「強化されたPKO」も，その実態は国連PKOの範疇を出ず，平和執行とは峻別されているものである[27]。

<u>6. 在外自国民の保護・救出等</u>

　2013年1月の在アルジェリア邦人に対するテロ事件を受けて，政府は，同年11月，外国における様々な緊急事態に際してより適切に対応できるよう，自衛隊による在外邦人等輸送（自衛隊法第84条の3）について，輸送対象者を拡大し，車両による輸送を可能とすること等を内容とする自衛隊法の改正を行った。しかし，この職務に従事する自衛官の武器使用の権限については，いわゆる自己保存型[28]のままとし，救出活動や

---

[27]　「国連平和維持活動　原則と指針（キャップストーン・ドクトリン）」（2008年1月18日）によれば「現場では時に似ているように見えることもあるが，強力な平和維持（robust peacekeeping）は，憲章第7章の下で規定されている平和執行と混同されるべきではない。強力な平和維持は，安全保障理事会の許可及び受入国及び（又は）主たる紛争当事者の同意を得て，戦術レベルでの実力の行使を伴う。これに対し，平和執行は主たる当事者の同意を必要とせず，かつ安全保障理事会の許可がない限り憲章第2条4によって通常は加盟国に禁じられている戦略又は国際レベルでの軍事力の行使を伴い得る。」とされている。

妨害排除のための武器使用を認めるには至らなかった。現状の解釈のままでは，必要な武器使用権限が確保されないため，現場に自国民救出のために自衛隊が駆け付けることはできない。

　国際法上，在外自国民の保護・救出は，領域国の同意がある場合には，領域国の同意に基づく活動として許容される。在外自国民の保護・救出の一環としての救出活動や妨害排除に際しての武器使用についても，領域国の同意がある場合には，そもそも「武力の行使」に当たらず，当該領域国の治安活動を補完・代替するものにすぎないものであって，憲法上の制約はないと解釈すべきである。

　なお，領域国の同意がない場合にも，在外自国民の保護・救出は，国際法上，所在地国が外国人に対する侵害を排除する意思又は能力を持たず，かつ当該外国人の身体，生命に対する重大かつ急迫な侵害があり，ほかに救済の手段がない場合には，自衛権の行使として許容される場合がある[29]。憲法上認められる自衛権の発動としての「武力の行使」を巡る国会の議論においては，在外自国民の保護・救出のための自衛権の行使が否定されているように見受けられる[30]が，多くの日本人が海外で活躍，2013年1月の

---

28　輸送の職務に従事する自衛官は，その職務を行うに際し，「自己若しくは自己と共に当該輸送の職務に従事する隊員又は輸送対象者その他その職務を行うに伴い自己の管理下に入つた者の生命又は身体の防護のためにやむを得ない必要があると認める相当の理由がある場合には，その事態に応じ合理的に必要と判断される限度で武器を使用することができる。」とされている。

29　衆議院安全保障特別委員会（1991年3月13日）における小松一郎外務省条約局法規課長答弁
　「自国領域内におります外国人を保護するということは所在地国の国際法上の義務でございます。しかし，その所在地国が外国人に対する侵害を排除する意思または能力を持たず，かつ当該外国人の身体，生命に対する重大かつ急迫な侵害があり，ほかに救済の手段がない場合には，当該外国人を保護，救出するためにその本国が必要最小限度の武力を行使することも，国際法上の議論に限って申し上げれば自衛権の行使として認められる場合がございます。しかしその際にも，自国民に対する侵害が所在地国の領土，主権の侵害をも正当化し得るほどの真に重大な場合に限られ，また自国民の保護，救出の目的に沿った必要最小限度の武力行使でなければならない，これが従来申し上げているところでございます。」

30　衆議院安全保障特別委員会（1991年3月13日）における大森政輔内閣法制局第一部長答弁
　「お尋ねの場合，すなわち外国において日本人の生命，身体，財産または日本政府の機関が危殆に瀕しているという場合に，ただいま申し上げました三つの要件を果たして満たすのであろうか，特に第一要件である我が国に対する急迫不正の侵害があることという要件を満たすのであろうかということを考えてみますと，これも断定的なお答えをすることができない場合ではあろうと思いますが，一般的には直ちにこれらの要件に該当するとは

アルジェリアでのテロ事件のような事態が生じる可能性がある中で，憲法が在外自国民の生命，身体，財産等の保護を制限していると解することは適切でなく，国際法上許容される範囲の在外自国民の保護・救出を可能とすべきである。国民の生命・身体を保護することは国家の責務でもある[31]。

## 7. 国際治安協力

　在外自国民の保護・救出以外の活動であっても，領域国の同意に基づいて，同国の警察当局等の機関がその任務の一環として行うべき治安の回復及び維持のための活動の一部を補完的に行っているものと観念される活動や，普遍的な管轄権に基づいて海賊等に対処する活動，すなわち国際的な治安協力については，国際法上は，国連の集団安全保障措置ではなく，国際連合憲章第2条4で禁止されている国際関係における「武力の行使」にも当たらない。このような活動についても，そもそも「武力の行使」に当たらず，憲法上の制約はないと解釈すべきである。そのような事例は，国連決議によって求められることもあれば，領域国の同意や要請の下で行われることもあれば，公海上のような国際公域における自発的な秩序維持の場合もある。端的な例として，アデン湾の海賊対処をこの観点から位置付けることも可能である。これには「アタランタ」作戦を開始したEU諸国，NATO諸国のほか，日本，中国，イラン，韓国等が参加している。国連は安全保障理事会決議第1816号等によって加盟国の協力を要請している。日本は2009年から自衛隊と海上保安庁が協力して参加している。

　このような治安協力は，国際連合憲章第2条4の禁ずる国際関係における「武力の行使」ではなく，武器の使用を伴う治安活動であるので，基本的に憲法問題は生じず，活動根拠の付与は法律レベルにより行うことができる。政府も国会において，「海賊行為の処罰及び海賊行為への対処に関する法律」案の審議の中で，自衛隊を派遣するに際し，「国や国に準ずる者と申しますか，国等が国等の行為として行われるものは，その定義上海賊行為からは除外されております。したがいまして，御懸念のような，憲法第九条によって禁じられた『武力の行使』に及ぶということはないものと考えております。」と答弁している（2009年6月4日参議院外交防衛委員会における横畠裕介内閣法制局

---

　　考えられないのではなかろうか。したがって該当しない限りは自衛隊を外国に派遣するということは憲法上認められないという結論になるということでございます。」
31　なお，各国憲法には，国家が在外国民を保護する義務を負うことや，国外に滞在している期間，国民は国家により保護を受ける権利を有することを定めている憲法もある（大韓民国憲法（1987年）第2条第2項「国家は，法律の定めるところにより，在外国民を保護する義務を負う」，ポーランド憲法（1997年）第36条「ポーランド市民は，国外に滞在している期間，ポーランド国家による保護を受ける権利を有する」）。

第 2 部長答弁)。

## 8. 武力攻撃に至らない侵害への対応

　一般国際法上，自衛権を行使するための要件は，国家又は国民に対する「急迫不正の侵害」があること等とされているが，我が国の国会答弁においては，「我が国に対する急迫不正の侵害」があった場合は，「武力攻撃」，すなわち，「一般に，我が国に対する組織的計画的な武力の行使」があった場合として極めて限定的に説明されている。また，自衛隊法等の現行国内法上，自衛権の発動としての武力を行使できる「防衛出動」は，「武力攻撃」，すなわち我が国に対する組織的計画的な武力の行使を前提としている。このことから，「武力攻撃」に至らない侵害への対応は，自衛権の行使ではなく，警察比例の原則に従う「警察権」の行使にとどまることとなる。しかし，事態発生に際し「組織的計画的な武力の行使」かどうか判別がつかない場合において，突発的な状況が生起したり，急激に事態が推移することも否定できない。「組織的計画的な武力の行使」かどうか判別がつかない侵害であっても，そのような侵害を排除する自衛隊の必要最小限度の行動は憲法上容認されるべきである。かかる自衛隊の行動は，その事態，態様により，国際法上は，自衛権に包含される活動として区分される場合もあれば，国際法の許容する法執行活動等として区分されることもあり得るが，いずれにせよ，国際法上合法な行為である限り許容されるべきである[32]。

　警察権の行使である自衛隊の行動類型としては，治安出動，警護出動，海上警備行動などがあり，また武器等防護という武器使用権限もあるが，治安出動のほか，警察権の

---

32　①なお，個々の侵害行為が単独では「武力攻撃」に当たらない場合でも，そうした侵害が「集積」している場合は，これを「武力攻撃」とみなすことができ，自衛権を行使することが国際法上可能であるとの考え方も否定はされない。
　②衆議院安全保障特別委員会（1986 年 5 月 19 日）における小和田外務省条約局長答弁
　「一般国際法上の理論として申し上げれば，そういう緊迫した，急迫した不正な侵害があるかどうかということの中には，事態が継続して同じようなことがどんどん次から次へと起こっておる，そういう状態がまだやんでおらない，そういう中においてその措置をとめるためにどうしてもやらなければならないということで自衛権を行使することが正当化されるということは，一般論としてはあり得るということは国際法上確立していることであるというふうに言ってよろしいと思います。
　　ただ，今度の場合につきまして，（略）そういう一連の状況が続発している中において急迫した危険がアメリカに迫っておって，それを妨げるために直ちに措置をとらなければならないという状況があったのかどうかというような判断になってまいりますと，我が国はこの事件の直接の当事者ではございませんから，そういう状況の一々の詳細について承知しているわけではない。したがって，我が国としては確定的な判断をすることは差し控える，こういうことを申し上げているわけでございます。」

行使としての自衛隊の行動による対処に当たり，事態認定や命令を出すための手続を経る間に，状況によっては対処に事実上の間隙が生じ得る可能性があり，結果として事態の収拾が困難となったり，相手を抑止できなくなったりするおそれがある。また，対処に先立って自衛隊部隊を行動させるためには，治安出動下令前の情報収集（自衛隊法第79条の2）や防御施設構築措置（同法第77条の2）等の規定によるが，それぞれ「治安出動命令が発せられること及び不法行為が行われることの予測」と「防衛出動命令が発せられることの予測」を下令要件とし，実際の下令までの手続面で高い敷居が存在する。したがって，現行の自衛隊法の規定では，平素の段階からそれぞれの行動や防衛出動に至る間において権限上の，あるいは時間的な隙間が生じ得る可能性があり，結果として事態収拾が困難となるおそれがある。自衛隊法に切れ目のない対応を講ずるための包括的な措置を講ずる必要がある。

　問題となる事例としては次のようなものがある。例えば，我が国領海で潜没航行する外国潜水艦が退去の要求に応じず徘徊を継続する場合への対応に際しては，一義的には海上警備行動による対応となるが，現行の国内法上は「武力攻撃事態」と認定されない段階では，「武力の行使」はもとより，それに至らない武器の使用による当該潜水艦の強制退去は困難である。したがって，軍艦又は政府公船である外国船舶を停止させるための武器使用がどの程度認められるかについて，国際法の基準に照らし，警察官職務執行法の範囲にとらわれず，国内法における検討を進めていく必要がある。

　また，国境の離島等に対して特殊部隊等の不意急襲的な上陸があった場合，仮に警察権の行使により対応する場合においても，自衛隊には平素からの同権限が認められているわけではなく，ましてや「武力攻撃事態」と認定されない段階では，防衛出動下での対応はできない。一旦離島が攻撃を受ければ，その攻撃の排除には相当の規模の部隊と期間が必要となる。同様に，原子力発電所等の重要施設の防護を例にとってみても，テロリスト・武装工作員等による警察力を超える襲撃・破壊行動が生起した場合は，治安出動の下令を待って初めて自衛隊が対応することにならざるを得ない。警察力を超える襲撃・破壊行動による我が方の犠牲を最小限に抑えるためには，早い段階から速やかに自衛隊に十分な活動をさせることが有効だが，治安出動の発令手続を経る間に，仮にも対応の時機を失するようなこととなれば，テロ，サボタージュ行為が拡大するなどして，その影響は甚大なものとなる可能性がある。

　上記の例にもみられるように，武力攻撃に至らない侵害への対応について，現代の国際社会では，その必要性が高まってきており，各種の事態に応じた均衡のとれた実力の行使も含む切れ目のない対応を可能とする法制度について，国際法上許容される範囲で，その中で充実させていく必要がある。また，法整備にとどまらず，それに基づく自衛隊の運用や訓練も整備していかなければならない。

なお，武力攻撃に至らない侵害に対して措置を採る権利を「マイナー自衛権」と呼ぶ向きもあるが，この言葉は国際法上必ずしも確立したものではなく，また，国際連合憲章第 51 条の自衛権の観念を拡張させているとの批判を内外から招きかねないので，使用しないことが望ましい。

## Ⅲ．国内法制の在り方

以上述べたような新たな考え方が実際に意味を持つためには，それに応じた国内法の整備等を行うことが不可欠になる。ここではその際に考えるべき主な要素につき述べたい。

国内法の整備に当たっては，まず，集団的自衛権の行使，軍事的措置を伴う国連の集団安全保障措置への参加，一層積極的な国連 PKO への貢献を憲法に従って可能とするように整備しなければならない。また，いかなる事態においても切れ目のない対応が確保されることと合わせ，文民統制の確保を含めた手続面での適正さが十分に確保されると同時に，事態の態様に応じ手続に軽重を設け，特に行動を迅速に命令すべき事態にも十分に対応できるようにする必要がある。

このため，自衛隊の行動を定めている自衛隊法や事態対処に係る基本事項を定めた「武力攻撃事態等における我が国の平和と独立並びに国及び国民の安全の確保に関する法律」（武力攻撃事態対処法）及び関連の法制である周辺事態安全確保法，「周辺事態に際して実施する船舶検査活動に関する法律」（船舶検査活動法），「武力攻撃事態における捕虜等の取扱いに関する法律」（捕虜取扱法），PKO 法等について，自衛隊の活動等に係る各種特別措置法の規定振りや，現在の安全保障環境の実態，国連における標準に倣った所要に合わせ，広く検討しなければならない。

自衛隊法については，任務や行動，権限等の整備が考えられる。自衛隊法は，安全保障環境の変化に伴う様々な事態に対応するため，そのたびに制度の見直しが図られてきたところではあるが，手続面での適正さを確保しつつ，これまで以上により迅速かつ十分な対応を可能とするための制度的な余地がないか再検討する必要がある。また，行動が命ぜられていない時点でも，現場の自衛官がどのような対応をすることが認められるかという観点からの検討も必要である。国連 PKO 等への参加に際して新たにどのような任務が付与されるべきかとともに，これを安全かつ確実に遂行するため，従来の「いわば自己保存のための自然権的権利」等としての武器使用権限をどのように見直すかについても，先進民主国家の軍や国連 PKO ミッション等において一般に行われているようなケースを踏まえて，他国の ROE（rules of engagement）に相当する「部隊行動基準」の整備により，文民統制の確保を図りつつ，国際法上許容される「部隊防護（unit self-defense)³³」や任務遂行のための武器使用に係る権限を包括的に付与することができないか，検討を行う必要がある。

　PKO法も「主たる」紛争当事者間の合意に基づく活動の実施，停戦合意要件の見直し，国連PKOの武器使用基準に基づく武器の使用といった国連における標準に倣った所要の改正を行うべきである。周辺事態安全確保法についても，周辺事態に際して米軍はもとより米軍以外の他国軍も対処することが十分に考えられることから，後方地域における対米軍支援に限定することなく，このような他国軍をも対象として，より広い地域において必要な支援を提供できるよう検討する必要がある。また，米国と豪州としか締結していないACSA（物品役務相互提供協定）をその他の国とも締結するなど，必要な国際約束の締結についても併せて検討の対象とすべきである。

## IV．おわりに

　日本国憲法は，前文で「平和的生存権」を確認し，第13条で「生命，自由及び幸福追求に対する国民の権利」を定めているが，これらの権利は他の基本的人権の根幹と言うべきものであり，これらを守るためには，主権者である国民の生存の確保，そして主権者である国民を守る国家の存立が前提条件である。また，憲法は，国際協調主義を掲げている。平和は国民の希求するところであり，国際協調主義を前提とした日本国憲法の平和主義は，今後ともこれを堅持していくべきである。その際，主権者である国民の生存，国家の存立を危機に陥れることは，そのような憲法上の観点からしてもあってはならない。

　我が国を取り巻く安全保障環境は，技術の進歩や国境を超える脅威の拡大，国家間のパワーバランスの変化等によって，より一層厳しさを増している。また，日米同盟の深化や地域の安全保障協力枠組みの広がり，国際社会全体による対応が必要な事例の増大により，我が国が幅広い分野で一層の役割を担うことが必要となっている。このように，安全保障環境が顕著な規模と速度で変化している中で，我が国は，我が国の平和と安全を維持し，地域・国際社会の平和と安定を実現していく上で，従来の憲法解釈では十分対応できない状況に立ち至っている。

　憲法第9条の解釈は長年にわたる議論の積み重ねによって確立したものであって，その変更は許されず，変更する必要があるならば，憲法改正による必要があるという意見もある。しかし，本懇談会による憲法解釈の整理は，憲法の規定の文理解釈として導き出されるものである。すなわち，憲法第9条は，第1項で，我が国が当事国である国際

---

33　部隊司令官の判断で，部隊等への外部からの侵害に対し防衛のための措置をとることが世界で広く認められている。

紛争の解決のために武力による威嚇又は武力の行使を行うことを禁止したものと解すべきであり，自衛のための武力の行使は禁じられておらず，国際法上合法な活動への憲法上の制約はないと解すべきである。同条第2項は，「前項の目的を達成するため」戦力を保持しないと定めたものと解すべきであり，自衛やいわゆる国際貢献のための実力の保持は禁止されていないと解すべきである。「（自衛のための）措置は，必要最小限度の範囲にとどまるべき」であるというこれまでの政府の憲法解釈に立ったとしても，「必要最小限度」の中に個別的自衛権は含まれるが集団的自衛権は含まれないとしてきた政府の憲法解釈は，「必要最小限度」について抽象的な法理だけで形式的に線を引こうとした点で適当ではなく，「必要最小限度」の中に集団的自衛権の行使も含まれると解すべきである。

個別的自衛権の行使に関する見解としては，自衛権発動の3要件を満たす限り行使に制限はないが，その実際の行使に当たっては，その必要性と均衡性を慎重かつ迅速に判断して，決定しなければならない。集団的自衛権については，我が国と密接な関係にある外国に対して武力攻撃が行われ，その事態が我が国の安全に重大な影響を及ぼす可能性があるときには，我が国が直接攻撃されていない場合でも，その国の明示の要請又は同意を得て，必要最小限の実力を行使してこの攻撃の排除に参加し，国際の平和及び安全の維持・回復に貢献することができることとすべきである。そのような場合に該当するかについては，我が国への直接攻撃に結びつく蓋然性が高いか，日米同盟の信頼が著しく傷つきその抑止力が大きく損なわれ得るか，国際秩序そのものが大きく揺らぎ得るか，国民の生命や権利が著しく害されるか，その他我が国への深刻な影響が及び得るかといった諸点を政府が総合的に勘案しつつ，責任を持って判断すべきである。実際の行使に当たって第三国の領域を通過する場合には，我が国の方針としてその国の同意を得るものとすべきである。集団的自衛権を実際に行使するには，事前又は事後の国会承認を必要とすべきである。行使については，内閣総理大臣の主導の下，国家安全保障会議の議を経るべきであり，内閣として閣議決定により意思決定する必要があるが，集団的自衛権は権利であって義務ではないため，政策的判断の結果，行使しないことがあるのは当然である。

軍事的措置を伴う国連の集団安全保障措置への参加については，我が国が当事国である国際紛争を解決する手段としての「武力の行使」には当たらず，憲法上の制約はないと解すべきである。参加に関しては，個々の場合について総合的に検討して，慎重に判断すべきことは当然であり，軍事力を用いた強制措置を伴う国連の集団安全保障措置への参加に当たっては，事前又は事後に国会の承認を得るものとすべきである。

いわゆる「武力の行使との一体化」論は，安全保障上の実務に大きな支障となってきており，このような考えはもはやとらず，政策的妥当性の問題と位置付けるべきである。

資料①　「安全保障の法的基盤の再構築に関する懇談会」報告書

国連 PKO 等や在外自国民の保護・救出，国際的な治安協力については，憲法第 9 条の禁ずる「武力の行使」には当たらず，このような活動における駆け付け警護や妨害排除に際しての武器使用に憲法上の制約はないと解すべきである。

このほか，武力攻撃に至らない侵害への対応については，「組織的計画的な武力の行使」かどうか判別がつかない侵害であっても，そのような侵害を排除する自衛隊の必要最小限度の国際法上合法な行動は憲法上容認されるべきである。また，自衛隊の行動については，平素の段階からそれぞれの行動や防衛出動に至る間において，権限上の，あるいは時間的な隙間が生じ得る可能性があることから，切れ目のない対応を講ずるための包括的な措置を講ずる必要がある。以上述べたような考え方が実際に意味を持つためには，それに応じた国内法の整備等を行うことが不可欠である。

遡ってみれば，そもそも憲法には個別的自衛権や集団的自衛権についての明文の規定はなく，個別的自衛権の行使についても，我が国政府は憲法改正ではなく憲法解釈を整理することによって，認められるとした経緯がある。

こうした経緯に鑑みれば，必要最小限度の範囲の自衛権の行使には個別的自衛権に加えて集団的自衛権の行使が認められるという判断も，政府が適切な形で新しい解釈を明らかにすることによって可能であり，憲法改正が必要だという指摘は当たらない。また，国連の集団安全保障措置等への我が国の参加についても同様に，政府が適切な形で新しい解釈を明らかにすることによって可能である。

以上が，「安全保障の法的基盤の再構築に関する懇談会」としての提言である。政府が安全保障の法的基盤の再構築に関して，この提言をどのように踏まえ，どのような具体的な措置を採るのか，それは政府の判断に委ねられるのは言うまでもないが，懇談会としては，政府が本報告書を真剣に検討し，しかるべき立法措置に進まれることを強く期待するものである。

資料②

## 国の存立を全うし，国民を守るための切れ目のない安全保障法制の整備について

> 平成26年7月1日
> 国家安全保障会議決定
> 閣 議 決 定

　我が国は，戦後一貫して日本国憲法の下で平和国家として歩んできた。専守防衛に徹し，他国に脅威を与えるような軍事大国とはならず，非核三原則を守るとの基本方針を堅持しつつ，国民の営々とした努力により経済大国として栄え，安定して豊かな国民生活を築いてきた。また，我が国は，平和国家としての立場から，国際連合憲章を遵守しながら，国際社会や国際連合を始めとする国際機関と連携し，それらの活動に積極的に寄与している。こうした我が国の平和国家としての歩みは，国際社会において高い評価と尊敬を勝ち得てきており，これをより確固たるものにしなければならない。

　一方，日本国憲法の施行から67年となる今日までの間に，我が国を取り巻く安全保障環境は根本的に変容するとともに，更に変化し続け，我が国は複雑かつ重大な国家安全保障上の課題に直面している。国際連合憲章が理想として掲げたいわゆる正規の「国連軍」は実現のめどが立っていないことに加え，冷戦終結後の四半世紀だけをとっても，グローバルなパワーバランスの変化，技術革新の急速な進展，大量破壊兵器や弾道ミサイルの開発及び拡散，国際テロなどの脅威により，アジア太平洋地域において問題や緊張が生み出されるとともに，脅威が世界のどの地域において発生しても，我が国の安全保障に直接的な影響を及ぼし得る状況になっている。さらに，近年では，海洋，宇宙空間，サイバー空間に対する自由なアクセス及びその活用を妨げるリスクが拡散し深刻化している。もはや，どの国も一国のみで平和を守ることはできず，国際社会もまた，我が国がその国力にふさわしい形で一層積極的な役割を果たすことを期待している。

　政府の最も重要な責務は，我が国の平和と安全を維持し，その存立を全うするとともに，国民の命を守ることである。我が国を取り巻く安全保障環境の変化に対応し，政府としての責務を果たすためには，まず，十分な体制をもって力強い外交を推進すること

資料② 国の存立を全うし，国民を守るための切れ目のない安全保障法制の整備について

により，安定しかつ見通しがつきやすい国際環境を創出し，脅威の出現を未然に防ぐとともに，国際法にのっとって行動し，法の支配を重視することにより，紛争の平和的な解決を図らなければならない。

さらに，我が国自身の防衛力を適切に整備，維持，運用し，同盟国である米国との相互協力を強化するとともに，域内外のパートナーとの信頼及び協力関係を深めることが重要である。特に，我が国の安全及びアジア太平洋地域の平和と安定のために，日米安全保障体制の実効性を一層高め，日米同盟の抑止力を向上させることにより，武力紛争を未然に回避し，我が国に脅威が及ぶことを防止することが必要不可欠である。その上で，いかなる事態においても国民の命と平和な暮らしを断固として守り抜くとともに，国際協調主義に基づく「積極的平和主義」の下，国際社会の平和と安定にこれまで以上に積極的に貢献するためには，切れ目のない対応を可能とする国内法制を整備しなければならない。

5月15日に「安全保障の法的基盤の再構築に関する懇談会」から報告書が提出され，同日に安倍内閣総理大臣が記者会見で表明した基本的方向性に基づき，これまで与党において協議を重ね，政府としても検討を進めてきた。今般，与党協議の結果に基づき，政府として，以下の基本方針に従って，国民の命と平和な暮らしを守り抜くために必要な国内法制を速やかに整備することとする。

## 1 武力攻撃に至らない侵害への対処

（1）我が国を取り巻く安全保障環境が厳しさを増していることを考慮すれば，純然たる平時でも有事でもない事態が生じやすく，これにより更に重大な事態に至りかねないリスクを有している。こうした武力攻撃に至らない侵害に際し，警察機関と自衛隊を含む関係機関が基本的な役割分担を前提として，より緊密に協力し，いかなる不法行為に対しても切れ目のない十分な対応を確保するための態勢を整備することが一層重要な課題となっている。

（2）具体的には，こうした様々な不法行為に対処するため，警察や海上保安庁などの関係機関が，それぞれの任務と権限に応じて緊密に協力して対応するとの基本方針の下，各々の対応能力を向上させ，情報共有を含む連携を強化し，具体的な対応要領の検討や整備を行い，命令発出手続を迅速化するとともに，各種の演習や訓練を充実させるなど，各般の分野における必要な取組を一層強化することとする。

(3) このうち，手続の迅速化については，離島の周辺地域等において外部から武力攻撃に至らない侵害が発生し，近傍に警察力が存在しない場合や警察機関が直ちに対応できない場合（武装集団の所持する武器等のために対応できない場合を含む。）の対応において，治安出動や海上における警備行動を発令するための関連規定の適用関係についてあらかじめ十分に検討し，関係機関において共通の認識を確立しておくとともに，手続を経ている間に，不法行為による被害が拡大することがないよう，状況に応じた早期の下令や手続の迅速化のための方策について具体的に検討することとする。

(4) さらに，我が国の防衛に資する活動に現に従事する米軍部隊に対して攻撃が発生し，それが状況によっては武力攻撃にまで拡大していくような事態においても，自衛隊と米軍が緊密に連携して切れ目のない対応をすることが，我が国の安全の確保にとっても重要である。自衛隊と米軍部隊が連携して行う平素からの各種活動に際して，米軍部隊に対して武力攻撃に至らない侵害が発生した場合を想定し，自衛隊法第95条による武器等防護のための「武器の使用」の考え方を参考にしつつ，自衛隊と連携して我が国の防衛に資する活動（共同訓練を含む。）に現に従事している米軍部隊の武器等であれば，米国の要請又は同意があることを前提に，当該武器等を防護するための自衛隊法第95条によるものと同様の極めて受動的かつ限定的な必要最小限の「武器の使用」を自衛隊が行うことができるよう，法整備をすることとする。

## 2　国際社会の平和と安定への一層の貢献

(1) いわゆる後方支援と「武力の行使との一体化」

ア　いわゆる後方支援と言われる支援活動それ自体は，「武力の行使」に当たらない活動である。例えば，国際の平和及び安全が脅かされ，国際社会が国際連合安全保障理事会決議に基づいて一致団結して対応するようなときに，我が国が当該決議に基づき正当な「武力の行使」を行う他国軍隊に対してこうした支援活動を行うことが必要な場合がある。一方，憲法第9条との関係で，我が国による支援活動については，他国の「武力の行使と一体化」することにより，我が国自身が憲法の下で認められない「武力の行使」を行ったとの法的評価を受けることがないよう，これまでの法律においては，活動の地域を「後方地域」や，いわゆる「非戦闘地域」に限定するなどの法律上の枠組みを設定し，「武力の行使との一体

資料② 国の存立を全うし，国民を守るための切れ目のない安全保障法制の整備について

化」の問題が生じないようにしてきた。

イ　こうした法律上の枠組みの下でも，自衛隊は，各種の支援活動を着実に積み重ね，我が国に対する期待と信頼は高まっている。安全保障環境が更に大きく変化する中で，国際協調主義に基づく「積極的平和主義」の立場から，国際社会の平和と安定のために，自衛隊が幅広い支援活動で十分に役割を果たすことができるようにすることが必要である。また，このような活動をこれまで以上に支障なくできるようにすることは，我が国の平和及び安全の確保の観点からも極めて重要である。

ウ　政府としては，いわゆる「武力の行使との一体化」論それ自体は前提とした上で，その議論の積み重ねを踏まえつつ，これまでの自衛隊の活動の実経験，国際連合の集団安全保障措置の実態等を勘案して，従来の「後方地域」あるいはいわゆる「非戦闘地域」といった自衛隊が活動する範囲をおよそ一体化の問題が生じない地域に一律に区切る枠組みではなく，他国が「現に戦闘行為を行っている現場」ではない場所で実施する補給，輸送などの我が国の支援活動については，当該他国の「武力の行使と一体化」するものではないという認識を基本とした以下の考え方に立って，我が国の安全の確保や国際社会の平和と安定のために活動する他国軍隊に対して，必要な支援活動を実施できるようにするための法整備を進めることとする。

　　（ア）我が国の支援対象となる他国軍隊が「現に戦闘行為を行っている現場」では，支援活動は実施しない。

　　（イ）仮に，状況変化により，我が国が支援活動を実施している場所が「現に戦闘行為を行っている現場」となる場合には，直ちにそこで実施している支援活動を休止又は中断する。

(2) 国際的な平和協力活動に伴う武器使用

ア　我が国は，これまで必要な法整備を行い，過去20年以上にわたり，国際的な平和協力活動を実施してきた。その中で，いわゆる「駆け付け警護」に伴う武器使用や「任務遂行のための武器使用」については，これを「国家又は国家に準ずる組織」に対して行った場合には，憲法第9条が禁ずる「武力の行使」に該当す

るおそれがあることから，国際的な平和協力活動に従事する自衛官の武器使用権限はいわゆる自己保存型と武器等防護に限定してきた。

イ　我が国としては，国際協調主義に基づく「積極的平和主義」の立場から，国際社会の平和と安定のために一層取り組んでいく必要があり，そのために，国際連合平和維持活動（PKO）などの国際的な平和協力活動に十分かつ積極的に参加できることが重要である。また，自国領域内に所在する外国人の保護は，国際法上，当該領域国の義務であるが，多くの日本人が海外で活躍し，テロなどの緊急事態に巻き込まれる可能性がある中で，当該領域国の受入れ同意がある場合には，武器使用を伴う在外邦人の救出についても対応できるようにする必要がある。

ウ　以上を踏まえ，我が国として，「国家又は国家に準ずる組織」が敵対するものとして登場しないことを確保した上で，国際連合平和維持活動などの「武力の行使」を伴わない国際的な平和協力活動におけるいわゆる「駆け付け警護」に伴う武器使用及び「任務遂行のための武器使用」のほか，領域国の同意に基づく邦人救出などの「武力の行使」を伴わない警察的な活動ができるよう，以下の考え方を基本として，法整備を進めることとする。

（ア）国際連合平和維持活動等については，PKO参加5原則の枠組みの下で，「当該活動が行われる地域の属する国の同意」及び「紛争当事者の当該活動が行われることについての同意」が必要とされており，受入れ同意をしている紛争当事者以外の「国家に準ずる組織」が敵対するものとして登場することは基本的にないと考えられる。このことは，過去20年以上にわたる我が国の国際連合平和維持活動等の経験からも裏付けられる。近年の国際連合平和維持活動において重要な任務と位置付けられている住民保護などの治安の維持を任務とする場合を含め，任務の遂行に際して，自己保存及び武器等防護を超える武器使用が見込まれる場合には，特に，その活動の性格上，紛争当事者の受入れ同意が安定的に維持されていることが必要である。

（イ）自衛隊の部隊が，領域国政府の同意に基づき，当該領域国における邦人救出などの「武力の行使」を伴わない警察的な活動を行う場合には，領域国政府の同意が及ぶ範囲，すなわち，その領域において権力が維持されている範囲で活動することは当然であり，これは，その範囲においては「国家に準ずる組織」は存在していないということを意味する。

資料② 国の存立を全うし，国民を守るための切れ目のない安全保障法制の整備について

(ウ) 受入れ同意が安定的に維持されているかや領域国政府の同意が及ぶ範囲等については，国家安全保障会議における審議等に基づき，内閣として判断する。

(エ) なお，これらの活動における武器使用については，警察比例の原則に類似した厳格な比例原則が働くという内在的制約がある。

## 3 憲法第9条の下で許容される自衛の措置

(1) 我が国を取り巻く安全保障環境の変化に対応し，いかなる事態においても国民の命と平和な暮らしを守り抜くためには，これまでの憲法解釈のままでは必ずしも十分な対応ができないおそれがあることから，いかなる解釈が適切か検討してきた。その際，政府の憲法解釈には論理的整合性と法的安定性が求められる。したがって，従来の政府見解における憲法第9条の解釈の基本的な論理の枠内で，国民の命と平和な暮らしを守り抜くための論理的な帰結を導く必要がある。

(2) 憲法第9条はその文言からすると，国際関係における「武力の行使」を一切禁じているように見えるが，憲法前文で確認している「国民の平和的生存権」や憲法第13条が「生命，自由及び幸福追求に対する国民の権利」は国政の上で最大の尊重を必要とする旨定めている趣旨を踏まえて考えると，憲法第9条が，我が国が自国の平和と安全を維持し，その存立を全うするために必要な自衛の措置を採ることを禁じているとは到底解されない。一方，この自衛の措置は，あくまで外国の武力攻撃によって国民の生命，自由及び幸福追求の権利が根底から覆されるという急迫，不正の事態に対処し，国民のこれらの権利を守るためのやむを得ない措置として初めて容認されるものであり，そのための必要最小限度の「武力の行使」は許容される。これが，憲法第9条の下で例外的に許容される「武力の行使」について，従来から政府が一貫して表明してきた見解の根幹，いわば基本的な論理であり，昭和47年10月14日に参議院決算委員会に対し政府から提出された資料「集団的自衛権と憲法との関係」に明確に示されているところである。

　この基本的な論理は，憲法第9条の下では今後とも維持されなければならない。

(3) これまで政府は，この基本的な論理の下，「武力の行使」が許容されるのは，我が国に対する武力攻撃が発生した場合に限られると考えてきた。しかし，冒頭で述べたように，パワーバランスの変化や技術革新の急速な進展，大量破壊兵器などの

脅威等により我が国を取り巻く安全保障環境が根本的に変容し，変化し続けている状況を踏まえれば，今後他国に対して発生する武力攻撃であったとしても，その目的，規模，態様等によっては，我が国の存立を脅かすことも現実に起こり得る。

　我が国としては，紛争が生じた場合にはこれを平和的に解決するために最大限の外交努力を尽くすとともに，これまでの憲法解釈に基づいて整備されてきた既存の国内法令による対応や当該憲法解釈の枠内で可能な法整備などあらゆる必要な対応を採ることは当然であるが，それでもなお我が国の存立を全うし，国民を守るために万全を期す必要がある。

　こうした問題意識の下に，現在の安全保障環境に照らして慎重に検討した結果，我が国に対する武力攻撃が発生した場合のみならず，我が国と密接な関係にある他国に対する武力攻撃が発生し，これにより我が国の存立が脅かされ，国民の生命，自由及び幸福追求の権利が根底から覆される明白な危険がある場合において，これを排除し，我が国の存立を全うし，国民を守るために他に適当な手段がないときに，必要最小限度の実力を行使することは，従来の政府見解の基本的な論理に基づく自衛のための措置として，憲法上許容されると考えるべきであると判断するに至った。

(4)　我が国による「武力の行使」が国際法を遵守して行われることは当然であるが，国際法上の根拠と憲法解釈は区別して理解する必要がある。憲法上許容される上記の「武力の行使」は，国際法上は，集団的自衛権が根拠となる場合がある。この「武力の行使」には，他国に対する武力攻撃が発生した場合を契機とするものが含まれるが，憲法上は，あくまでも我が国の存立を全うし，国民を守るため，すなわち，我が国を防衛するためのやむを得ない自衛の措置として初めて許容されるものである。

(5)　また，憲法上「武力の行使」が許容されるとしても，それが国民の命と平和な暮らしを守るためのものである以上，民主的統制の確保が求められることは当然である。政府としては，我が国ではなく他国に対して武力攻撃が発生した場合に，憲法上許容される「武力の行使」を行うために自衛隊に出動を命ずるに際しては，現行法令に規定する防衛出動に関する手続と同様，原則として事前に国会の承認を求めることを法案に明記することとする。

## 4　今後の国内法整備の進め方

これらの活動を自衛隊が実施するに当たっては，国家安全保障会議における審議等に

資料② 国の存立を全うし，国民を守るための切れ目のない安全保障法制の整備について

基づき，内閣として決定を行うこととする。こうした手続を含めて，実際に自衛隊が活動を実施できるようにするためには，根拠となる国内法が必要となる。政府として，以上述べた基本方針の下，国民の命と平和な暮らしを守り抜くために，あらゆる事態に切れ目のない対応を可能とする法案の作成作業を開始することとし，十分な検討を行い，準備ができ次第，国会に提出し，国会における御審議を頂くこととする。

(以　上)

資料③

## 集団的自衛権と憲法との関係について（昭和47年政府見解）

> 昭和47年10月14日
> 参議院決算委員会提出資料

　国際法上、国家は、いわゆる集団的自衛権、すなわち、自国と密接な関係にある外国に対する武力攻撃を、自国が直接攻撃されていないにかかわらず、実力をもって阻止することが正当化されるという地位を有しているものとされており、国際連合憲章第51条、日本国との平和条約第5条(c)、日本国とアメリカ合衆国との間の相互協力及び安全保障条約前文並びに日本国とソビエト社会主義共和国連邦との共同宣言3第2段の規定は、この国際法の原則を宣明したものと思われる。そして、わが国が国際法上右の集団的自衛権を有していることは、主権国家である以上、当然といわなければならない。

　ところで、政府は、従来から一貫して、わが国は国際法上いわゆる集団的自衛権を有しているとしても、国権の発動としてこれを行使することは、憲法の容認する自衛の措置の限界をこえるものであって許されないとの立場にたっているが、これは次のような考え方に基づくものである。

　憲法は、第9条において、同条にいわゆる戦争を放棄し、いわゆる戦力の保持を禁止しているが、前文において「全世界の国民が……平和のうちに生存する権利を有する」ことを確認し、また、第13条において「生命、自由及び幸福追求に対する国民の権利については、……国政の上で、最大の尊重を必要とする」旨を定めていることからも、わが国がみずからの存立を全うし国民が平和のうちに生存することまでも放棄していないことは明らかであって、自国の平和と安全を維持しその存立を全うするために必要な自衛の措置をとることを禁じているとはとうてい解されない。しかしながら、だからといって、平和主義をその基本原則とする憲法が、右にいう自衛のための措置を無制限に認めているとは解されないのであって、それは、あくまで外国の武力攻撃によって国民の生命、自由及び幸福追求の権利が根底からくつがえされるという急迫、不正の事態に対処し、国民のこれらの権利を守るための止むを得ない措置としてはじめて容認されるものであるから、その措置は、右の事態を排除するためとられるべき必要最小限度の範囲にとどまるべきものである。そうだとすれば、わが憲法の下で武力行使を行うことが許されるのは、わが国に対する急迫、不正の侵害に対処する場合に限られるのであって、

資料③　集団的自衛権と憲法との関係について

したがって，他国に加えられた武力攻撃を阻止することをその内容とするいわゆる集団的自衛権の行使は，憲法上許されないといわざるを得ない。

資料④

## 砂川事件最高裁判決

〔昭和 34 年 12 月 16 日
　最 高 裁 大 法 廷 判 決
　刑集 13 巻 13 号 3225 頁〕

　　　　　○主　　　文

　原判決を破棄する。
　本件を東京地方裁判所に差し戻す。

　　　　　○理　　　由

　東京地方検察庁検事正野村佐太男の上告趣意について。
　原判決は要するに，アメリカ合衆国軍隊の駐留が，憲法九条二項前段の戦力を保持しない旨の規定に違反し許すべからざるものであるということを前提として，日本国とアメリカ合衆国との間の安全保障条約三条に基く行政協定に伴う刑事特別法二条が，憲法三一条に違反し無効であるというのである。
一．先ず憲法九条二項前段の規定の意義につき判断する。そもそも憲法九条は，わが国が敗戦の結果，ポツダム宣言を受諾したことに伴い，日本国民が過去におけるわが国の誤つて犯すに至つた軍国主義的行動を反省し，政府の行為によつて再び戦争の惨禍が起ることのないようにすることを決意し，深く恒久の平和を念願して制定したものであつて，前文および九八条二項の国際協調の精神と相まつて，わが憲法の特色である平和主義を具体化した規定である。すなわち，九条一項においては「日本国民は，正義と秩序を基調とする国際平和を誠実に希求」することを宣言し，また「国権の発動たる戦争と，武力による威嚇又は武力の行使は，国際紛争を解決する手段としては，永久にこれを放棄する」と規定し，さらに同条二項においては，「前項の目的を達するため，陸海空軍その他の戦力はこれを保持しない。国の交戦権は，これを認めない」と規定した。かくのごとく，同条は，同条にいわゆる戦争を放棄し，いわゆる戦力の保持を禁止しているのであるが，しかしもちろんこれによりわが国が主権国として持つ固有の自衛権は何ら

資料④　砂川事件最高裁判決

否定されたものではなく，わが憲法の平和主義は決して無防備，無抵抗を定めたものではないのである。憲法前文にも明らかなように，われら日本国民は，平和を維持し，専制と隷従，圧迫と偏狭を地上から永遠に除去しようとつとめている国際社会において，名誉ある地位を占めることを願い，全世界の国民と共にひとしく恐怖と欠乏から免かれ，平和のうちに生存する権利を有することを確認するのである。しからば，わが国が，自国の平和と安全を維持しその存立を全うするために必要な自衛のための措置をとりうることは，国家固有の権能の行使として当然のことといわなければならない。すなわち，われら日本国民は，憲法九条二項により，同条項にいわゆる戦力は保持しないけれども，これによつて生ずるわが国の防衛力の不足は，これを憲法前文にいわゆる平和を愛好する諸国民の公正と信義に信頼することによつて補ない，もつてわれらの安全と生存を保持しようと決意したのである。そしてそれは，必ずしも原判決のいうように，国際連合の機関である安全保障理事会等の執る軍事的安全措置等に限定されたものではなく，わが国の平和と安全を維持するための安全保障であれば，その目的を達するにふさわしい方式又は手段である限り，国際情勢の実情に即応して適当と認められるものを選ぶことができることはもとよりであつて，憲法九条は，わが国がその平和と安全を維持するために他国に安全保障を求めることを，何ら禁ずるものではないのである。

　そこで，右のような憲法九条の趣旨に即して同条二項の法意を考えてみるに，同条項において戦力の不保持を規定したのは，わが国がいわゆる戦力を保持し，自らその主体となつてこれに指揮権，管理権を行使することにより，同条一項において永久に放棄することを定めたいわゆる侵略戦争を引き起こすがごときことのないようにするためであると解するを相当とする。従つて同条二項がいわゆる自衛のための戦力の保持をも禁じたものであるか否かは別として，同条項がその保持を禁止した戦力とは，わが国がその主体となつてこれに指揮権，管理権を行使し得る戦力をいうものであり，結局わが国自体の戦力を指し，外国の軍隊は，たとえそれがわが国に駐留するとしても，ここにいう戦力には該当しないと解すべきである。

二，次に，アメリカ合衆国軍隊の駐留が憲法九条，九八条二項および前文の趣旨に反するかどうかであるが，その判断には，右駐留が本件日米安全保障条約に基くものである関係上，結局右条約の内容が憲法の前記条章に反するかどうかの判断が前提とならざるを得ない。

　しかるに，右安全保障条約は，日本国との平和条約（昭和二七年四月二八日条約五号）と同日に締結せられた，これと密接不可分の関係にある条約である。すなわち，平和条約六条（a）項但書には「この規定は，一又は二以上の連合国を一方とし，日本国を他方として双方の間に締結された若しくは締結される二国間若しくは多数国間の協定に基く，又はその結果としての外国軍隊の日本国の領域における駐とん又は駐留を妨げ

るものではない。」とあつて，日本国の領域における外国軍隊の駐留を認めており，本件安全保障条約は，右規定によつて認められた外国軍隊であるアメリカ合衆国軍隊の駐留に関して，日米間に締結せられた条約であり，平和条約の右条項は，当時の国際連合加盟国六〇箇国中四〇数箇国の多数国家がこれに賛成調印している。そして，右安全保障条約の目的とするところは，その前文によれば，平和条約の発効時において，わが国固有の自衛権を行使する有効な手段を持たない実状に鑑み，無責任な軍国主義の危険に対処する必要上，平和条約がわが国に主権国として集団的安全保障取極を締結する権利を有することを承認し，さらに，国際連合憲章がすべての国が個別的および集団的自衛の固有の権利を有することを承認しているのに基き，わが国の防衛のための暫定措置として，武力攻撃を阻止するため，わが国はアメリカ合衆国がわが国内およびその附近にその軍隊を配備する権利を許容する等，わが国の安全と防衛を確保するに必要な事項を定めるにあることは明瞭である。それ故，右安全保障条約は，その内容において，主権国としてのわが国の平和と安全，ひいてはわが国存立の基礎に極めて重大な関係を有するものというべきであるが，また，その成立に当つては，時の内閣は憲法の条章に基き，米国と数次に亘る交渉の末，わが国の重大政策として適式に締結し，その後，それが憲法に適合するか否かの討議をも含めて衆参両院において慎重に審議せられた上，適法妥当なものとして国会の承認を経たものであることも公知の事実である。

　ところで，本件安全保障条約は，前述のごとく，主権国としてのわが国の存立の基礎に極めて重大な関係をもつ高度の政治性を有するものというべきであつて，その内容が違憲なりや否やの法的判断は，その条約を締結した内閣およびこれを承認した国会の高度の政治的ないし自由裁量的判断と表裏をなす点がすくなくない。それ故，右違憲なりや否やの法的判断は，純司法的機能をその使命とする司法裁判所の審査には，原則としてなじまない性質のものであり，従つて，一見極めて明白に違憲無効であると認められない限りは，裁判所の司法審査権の範囲外のものであつて，それは第一次的には，右条約の締結権を有する内閣およびこれに対して承認権を有する国会の判断に従うべく，終局的には，主権を有する国民の政治的批判に委ねられるべきものであると解するを相当とする。そして，このことは，本件安全保障条約またはこれに基く政府の行為の違憲なりや否やが，本件のように前提問題となつている場合であると否とにかかわらないのである。

三，よつて，進んで本件アメリカ合衆国軍隊の駐留に関する安全保障条約およびその三条に基く行政協定の規定の示すところをみると，右駐留軍隊は外国軍隊であつて，わが国自体の戦力でないことはもちろん，これに対する指揮権，管理権は，すべてアメリカ合衆国に存し，わが国がその主体となつてあたかも自国の軍隊に対すると同様の指揮権，管理権を有するものでないことが明らかである。またこの軍隊は，前述のような同条約

資料④　砂川事件最高裁判決

　の前文に示された趣旨において駐留するものであり，同条約一条の示すように極東における国際の平和と安全の維持に寄与し，ならびに一または二以上の外部の国による教唆または干渉によつて引き起こされたわが国における大規模の内乱および騒じようを鎮圧するため，わが国政府の明示の要請に応じて与えられる援助を含めて，外部からの武力攻撃に対する日本国の安全に寄与するために使用することとなつており，その目的は，専らわが国およびわが国を含めた極東の平和と安全を維持し，再び戦争の惨禍が起らないようにすることに存し，わが国がその駐留を許容したのは，わが国の防衛力の不足を，平和を愛好する諸国民の公正と信義に信頼して補なおうとしたものに外ならないことが窺えるのである。

　果してしからば，かようなアメリカ合衆国軍隊の駐留は，憲法九条，九八条二項および前文の趣旨に適合こそすれ，これらの条章に反して違憲無効であることが一見極めて明白であるとは，到底認められない。そしてこのことは，憲法九条二項が，自衛のための戦力の保持をも許さない趣旨のものであると否とにかかわらないのである。（なお，行政協定は特に国会の承認を経ていないが，政府は昭和二七年二月二八日その調印を了し，同年三月上旬頃衆議院外務委員会に行政協定およびその締結の際の議事録を提出し，その後，同委員会および衆議院法務委員会等において，種々質疑応答がなされている。そして行政協定自体につき国会の承認を経べきものであるとの議論もあつたが，政府は，行政協定の根拠規定を含む安全保障条約が国会の承認を経ている以上，これと別に特に行政協定につき国会の承認を経る必要はないといい，国会においては，参議院本会議において，昭和二七年三月二五日に行政協定が憲法七三条による条約であるから，同条の規定によつて国会の承認を経べきものである旨の決議案が否決され，また，衆議院本会議において，同年同月二六日に行政協定は安全保障条約三条により政府に委任された米軍の配備規律の範囲を越え，その内容は憲法七三条による国会の承認を経べきものである旨の決議案が否決されたのである。しからば，以上の事実に徴し，米軍の配備を規律する条件を規定した行政協定は，既に国会の承認を経た安全保障条約三条の委任の範囲内のものであると認められ，これにつき特に国会の承認を経なかつたからといつて，違憲無効であるとは認められない。）

　しからば，原判決が，アメリカ合衆国軍隊の駐留が憲法九条二項前段に違反し許すべからざるものと判断したのは，裁判所の司法審査権の範囲を逸脱し同条項および憲法前文の解釈を誤つたものであり，従つて，これを前提として本件刑事特別法二条を違憲無効としたことも失当であつて，この点に関する論旨は結局理由あるに帰し，原判決はその他の論旨につき判断するまでもなく，破棄を免れない。

　よつて刑訴四一〇条一項本文，四〇五条一号，四一三条本文に従い，主文のとおり判決する。

この判決は，裁判官田中耕太郎，同島保，同藤田八郎，同入江俊郎，同垂水克己，同河村大助，同石坂修一の補足意見および裁判官小谷勝重，同奥野健一，同高橋潔の意見があるほか，裁判官全員一致の意見によるものである。
　裁判官田中耕太郎の補足意見は次のとおりである。
　私は本判決の主文および理由をともに支持するものであるが，理由を次の二点について補足したい。
一，本判決理由が問題としていない点について述べる。元来本件の法律問題はきわめて単純かつ明瞭である。事案は刑事特別法によつて立入を禁止されている施設内に，被告人等が正当の理由なく立ち入つたということだけである。原審裁判所は本件事実に対して単に同法二条を適用するだけで十分であつた。しかるに原判決は同法二条を日米安全保障条約によるアメリカ合衆国軍隊の駐留の合憲性の問題と関連せしめ，駐留を憲法九条二項に違反するものとし，刑事特別法二条を違憲と判断した。かくして原判決は本件の解決に不必要な問題にまで遡り，論議を無用に紛糾せしめるにいたつた。
　私は，かりに駐留が違憲であつたにしても，刑事特別法二条自体がそれにかかわりなく存在の意義を有し，有効であると考える。つまり駐留が合憲か違憲かについて争いがあるにしても，そしてそれが違憲であるとしても，とにかく駐留という事実が現に存在する以上は，その事実を尊重し，これに適当な保護の途を講ずることは，立法政策上十分是認できるところである。
　およそある事実が存在する場合に，その事実が違法なものであつても，一応その事実を承認する前提に立つて法関係を局部的に処理する法技術的な原則が存在することは，法学上十分肯定し得るところである。違法な事実を将来に向つて排除することは別問題として，既定事実を尊重し法的安定性を保つのが法の建前である。それによつて，ある事実の違法性の影響が無限に波及することから生ずる不当な結果や法秩序の混乱を回避することができるのである。かような場合は多々存するが，その最も簡単な事例として，たとえ不法に入国した外国人であつても，国内に在留するかぎり，その者の生命，自由，財産等は保障されなければならないことを挙げることができる。いわんや本件駐留が違憲不法なものでないにおいておや。
　本件において，もし駐留軍隊が国内に現存するという既定事実を考慮に入れるならば，国際慣行や国際礼譲を援用するまでもなく，この事実に立脚する刑事特別法二条には十分な合理的理由が存在する。原判決のふれているところの，軽犯罪法一条三二号や住居侵入罪との法定刑の権衡のごとき，結局立法政策上の問題に帰着する。
　要するに，日米安全保障条約にもとづくアメリカ合衆国軍隊の駐留の合憲性の問題は，本来かような事件の解決の前提問題として判断すべき性質のものではない。この問題と，刑事特別法二条の効力との間には全く関連がない。原判決がそこに関連があるかのよう

に考えて，駐留を違憲とし，従つて同法二条を違憲無効なものと判断したことは失当であり，原判決はこの一点だけで以て破棄を免れない。
二，原判決は一に指摘したような誤つた論理的過程に従つて，アメリカ合衆国軍隊の駐留の合憲性に関連して，憲法九条，自衛，日米安全保障条約，平和主義等の諸重要問題に立ち入つた。それ故これらの点に関して本判決理由が当裁判所の見解を示したのは，けだし止むを得ない次第である。私は本判決理由をわが憲法の国際協調主義の観点から若干補足する意味において，以下自分の見解を述べることとする。

およそ国家がその存立のために自衛権をもっていることは，一般に承認されているところである。自衛は国家の最も本源的な任務と機能の一つである。しからば自衛の目的を効果的に達成するために，如何なる方策を講ずべきであろうか。その方策として国家は自国の防衛力の充実を期する以外に，例えば国際連合のような国際的組織体による安全保障，さらに友好諸国との安全保障のための条約の締結等が考え得られる。そして防衛力の規模および充実の程度やいかなる方策を選ぶべきかの判断は，これ一つにその時々の世界情勢その他の事情を考慮に入れた，政府の裁量にかかる純然たる政治的性質の問題である。法的に認め得ることは，国家が国民に対する義務として自衛のために何等かの必要適切な措置を講じ得，かつ講じなければならないという大原則だけである。

さらに一国の自衛は国際社会における道義的義務でもある。今や諸国民の間の相互連帯の関係は，一国民の危急存亡が必然的に他の諸国民のそれに直接に影響を及ぼす程度に拡大深化されている。従つて一国の自衛も個別的にすなわちその国のみの立場から考察すべきでない。一国が侵略に対して自国を守ることは，同時に他国を守ることになり，他国の防衛に協力することは自国を守る所以でもある。換言すれば，今日はもはや厳格な意味での自衛の観念は存在せず，自衛はすなわち「他衛」，他衛はすなわち自衛という関係があるのみである。従つて自国の防衛にしろ，他国の防衛への協力にしろ，各国はこれについて義務を負担しているものと認められるのである。

およそ国内的問題として，各人が急迫不正の侵害に対し自他の権利を防衛することは，いわゆる「権利のための戦い」であり正義の要請といい得られる。これは法秩序全体を守ることを意味する。このことは国際関係においても同様である。防衛の義務はとくに条約をまつて生ずるものではなく，また履行を強制し得る性質のものでもない。しかしこれは諸国民の間に存在する相互依存　連帯関係の基礎である自然的，世界的な道徳秩序すなわち国際協同体の理念から生ずるものである。このことは憲法前文の国際協調主義の精神からも認め得られる。そして政府がこの精神に副うような措置を講ずることも，政府がその責任を以てする政治的な裁量行為の範囲に属するのである。

本件において問題となつている日米両国間の安全保障条約も，かような立場からしてのみ理解できる。本条約の趣旨は憲法九条の平和主義的精神と相容れないものというこ

とはできない。同条の精神は要するに侵略戦争の禁止に存する。それは外部からの侵略の事実によつて，わが国の意思とは無関係に当然戦争状態が生じた場合に，止むを得ず防衛の途に出ることおよびそれに備えるために心要有効な方途を講じておくことを禁止したものではない。

　いわゆる正当原因による戦争，一国の死活にかかわる，その生命権をおびやかされる場合の正当防衛の性質を有する戦争の合法性は，古来一般的に承認されているところである。そして日米安全保障条約の締結の意図が，「力の空白状態」によつてわが国に対する侵略を誘発しないための日本の防衛の必要および，世界全体の平和と不可分である極東の平和と安全の維持の必要に出たものである以上，この条約の結果としてアメリカ合衆国軍隊が国内に駐留しても，同条の規定に反するものとはいえない。従つてその「駐留」が同条二項の戦力の「保持」の概念にふくまれるかどうかは――我々はふくまれないと解する――むしろ本質に関係のない事柄に属するのである。もし原判決の論理を是認するならば，アメリカ合衆国軍隊がわが国内に駐留しないで国外に待機している場合でも，戦力の「保持」となり，これを認めるような条約を同様に違憲であるといわざるを得なくなるであろう。

　我々は，その解釈について争いが存する憲法九条二項をふくめて，同条全体を，一方前文に宣明されたところの，恒久平和と国際協調の理念からして，他方国際社会の現状ならびに将来の動向を洞察して解釈しなければならない。字句に拘泥しないところの，すなわち立法者が当初持つていた心理的意思でなく，その合理的意思にもとづくところの目的論的解釈方法は，あらゆる法の解釈に共通な原理として一般的に認められているところである。そしてこのことはとくに憲法の解釈に関して強調されなければならない。

　憲法九条の平和主義の精神は，憲法前文の理念と相まつて不動である。それは侵略戦争と国際紛争解決のための武力行使を永久に放棄する。しかしこれによつてわが国が平和と安全のための国際協同体に対する義務を当然免除されたものと誤解してはならない。我々として，憲法前文に反省的に述べられているところの，自国本位の立場を去つて普遍的な政治道徳に従う立場をとらないかぎり，すなわち国際的次元に立脚して考えないかぎり，憲法九条を矛盾なく正しく解釈することはできないのである。

　かような観点に立てば，国家の保有する自衛に必要な力は，その形式的な法的ステータスは格別として，実質的には，自国の防衛とともに，諸国家を包容する国際協同体内の平和と安全の維持の手段たる性格を獲得するにいたる。現在の過渡期において，なお侵略の脅威が全然解消したと認めず，国際協同体内の平和と安全の維持について協同体自体の力のみに依存できないと認める見解があるにしても，これを全然否定することはできない。そうとすれば従来の「力の均衡」を全面的に清算することは現状の下ではできない。しかし将来においてもし平和の確実性が増大するならば，それに従つて，力の

均衡の必要は漸減し，軍備縮少が漸進的に実現されて行くであろう。しかるときに現在の過渡期において平和を愛好する各国が自衛のために保有しまた利用する力は，国際的性格のものに徐々に変質してくるのである。かような性格をもっている力は，憲法九条二項の禁止しているところの戦力とその性質を同じうするものではない。

　要するに我々は，憲法の平和主義を，単なる一国家だけの観点からでなく，それを超える立場すなわち世界法的次元に立つて，民主的な平和愛好諸国の法的確信に合致するように解釈しなければならない。自国の防衛を全然考慮しない態度はもちろん，これだけを考えて他の国々の防衛に熱意と関心とをもたない態度も，憲法前文にいわゆる「自国のことのみに専念」する国家的利己主義であつて，真の平和主義に忠実なものとはいえない。

　我々は「国際平和を誠実に希求」するが，その平和は「正義と秩序を基調」とするものでなければならぬこと憲法九条が冒頭に宣明するごとくである。平和は正義と秩序の実現すなわち「法の支配」と不可分である。真の自衛のための努力は正義の要請であるとともに，国際平和に対する義務として各国民に課せられているのである。

　以上の理由からして，私は本判決理由が，アメリカ合衆国軍隊の駐留を憲法九条二項前段に違反し許すべからざるものと判断した原判決を，同条項および憲法前文の解釈を誤つたものと認めたことは正当であると考える。

　裁判官島保の補足意見は次のとおりである。

　日本国憲法九条はわが国の自衛権そのものを否定するものではないこと，同条二項にいう戦力とは，わが国の指揮管理下にある戦力を意味し，かかる状況にない外国軍隊の戦力をいうものでないと解すべきことについては，多数意見に同調するものである。

　憲法九条二項を以上の趣旨に解する以上，わが国がその指揮管理下に戦力を保有すること以外のいかなる手段方法によつてわが国の存立をまつとうすべきかということ（従つて，わが国の指揮管理下に立たない外国の軍隊に依存してその自衛をまつとうすべきかということ）については，わが憲法は，直接これを規定することなく，政治部門の裁量決定に委ねる趣旨と解さざるを得ない。もとより，わが憲法の基本精神が平和主義・国際協調主義にある以上，政治部門がこのことを決定するに当つては，できるかぎりこの精神に忠実でなければならないことは当然であり，この意味において，平和主義・国際協調主義の精神が政治部門の政策決定の基本方針ないし裁量決定の基準となるものと解さねばならない。従つて，この点に関する政治部門の裁量権には一定の限界があり，明白に平和主義・国際協調主義の精神を裏切るような決定は許されないものと解すべきであるが，その反面において，いやしくも，政治部門の政策決定が裁量権の限界を超えるものではないと認められる以上，本来政治に関与すべきでない裁判所が，右政策決定の当否に立ち入つてこれを問議すべきでないことは当然である。

そこで、本件の問題は、わが国の政治部門が安全保障条約（以下安保条約という。）を締結してアメリカ合衆国軍隊をわが国に駐留させることによりわが国の存立をまつとうしようと決定したことが、平和主義・国際協調主義の精神に明白に反し、裁量権の限界を超えるものと認められるかどうかということにある。この観点から考えてみるに、この条約は、軍国主義がまだ世界から駆逐されていないのにわが国が武装を解除され、固有の自衛権を行使する有効な手段をもたなくなつたので、その防衛のため暫定措置を講ずる必要があるとの見地に立つて締結されたものであり、同条約は、国際連合軍による日本区域における安全保障措置が効力を生じた時にその効力を失うものであることは、その明文上明らかである。これによつてみれば、わが国の政治部門は、国際社会になお侵略戦争の危険があるとの認識を基礎として、世界の平和と安全を維持するための機構である国際連合がなお理想的機能を発揮し得ない国際情勢にかんがみ、わが憲法の平和主義・国際協調主義の精神にできるかぎり添いつつわが国の存立をまつとうする手段として、さし当り、安保条約を締結して合衆国軍隊を駐留させることが最も適切な方法であるとの決定に到達したものであることは明らかである。されば、右決定の基礎となつた世界情勢の判断をもつて、明白に誤りであると断定し得ない以上、この判断を基礎としてなされた政治部門の決定が明白に平和主義・国際協調主義の精神に反し裁量権の限界を超えるものと断定し得ないことも当然である。もとより、世界情勢の認識については、右と異なる判断もあり得ないわけではなく、右と異なる政治的判断を基礎として、わが国にいずれの外国軍隊をも駐留させないことがかえつてわが国の平和と安全を維持する所以であると説くことは、一の政策論として、必ずしも不可能ではないであろう。しかし、われわれは、世界情勢についての互に相異なる二つの判断のうちいずれか一方が明白に誤りであると断定すべき根拠を発見し得ないし、現下の世界情勢の下で、何人も、わが国にいずれの外国の軍隊をも駐留させないことによつてわが国の平和と安全を保持し得ることを疑を容れないまでに明確に論証することは不可能であろう。問題は、現下の世界情勢の下で、できるかぎり平和主義・国際協調主義の精神に添いつつわが国の平和と安全とをまつとうする方法として、いずれの外国の軍隊をもわが国に駐留させない方式と、安保条約を締結して合衆国軍隊を駐留させる方式と、いずれの方式がいつそう有効適切であるかということにあり、われわれは、後の方式が前の方式に比して明確に不適切なものであると断定すべき手掛を発見し得ない以上、わが国の政治部門が後の方式を決定したことをもつて、裁量権の限界を超えるものと断定することは許されないものといわねばならない。しかも、この点の決定は、わが国の運命に関する重大な政治的決断を含むものであり、内閣が成規の手続により条約としてこれを締結し、国会の承認を得、さらに数次の選挙を通じて大多数の国民の支持を得ているところである。してみれば、政治部門の右決定は、憲法によつて委された裁量権の範囲内における最終決

定として尊重さるべきことは当然であり、本来政治に関与すべきでない裁判所がかかる政策決定の当否に立ち入つてこれを審査することは、わが憲法の期待しないところと解さざるを得ない。以上の理由により、わが政治部門が安保条約を締結して合衆国軍隊を駐留させたことが違憲といい得ない以上、これが違憲であることを前提として本件刑事特別法二条の規定が無効であると判断した原判決は失当であり、破棄を免れない。

裁判官藤田八郎、同入江俊郎の補足意見は次のとおりである。

われわれは多数意見に同調するものであるけれども、左に補足意見として多数意見に同調する所以を明らかにする。

一、日本国憲法は、立法、行政、司法の三権の分立を確立し、司法権はすべて裁判所の行うところとした（七六条一項）。また、裁判所法は、裁判所は一切の法律上の争訟を裁判するものと規定し（三条一項）、民事、刑事のみならず行政事件についても、事項を限定せず概括的に司法裁判所の管轄に属するものとせられ、さらに、憲法は、一切の法律、命令、規則又は処分が憲法に適合するかしないかを審査決定する権限を裁判所に与えた（八一条）。これらの結果、国の立法、行政の行為は、それが法律上の争訟となるかぎり、違憲審査を含めて、すべて裁判所の裁判権に服することとなつたのである。これがいわゆる司法権の優位として、司法権に、立法、行政に優越する権力をみとめるものとせられ、日本国憲法の一特徴とされるところである。

しかしながら、司法権の優位にも限度がある。憲法の三権分立の構想において、その根幹を為すものは三権の確たる分立と共に、三権相互のチェック（check）とバランス（balance）であつて、司法権優位といつても、憲法は決して司法権の万能をみとめたものでないことに深く留意しなければならない。たとえば、直接国家統治の基本に関する高度に政治性のある国家行為は、たとえ、法律上の争訟となる場合においても、従つてこれに対する有効無効の法律判断が法律上可能である場合であつても、かかる国家行為は裁判所の審査権の外にあり、その判断は主権者たる国民に対して政治的責任を負うところの政府、国会等の政治部門の判断に委され、最終的には国民の政治判断に委ねられているものといわなければならない。この司法権に対する制約は、結局三権分立の原理に由来し、当該国家行為の高度の政治性、裁判所の司法機関としての性格、裁判に必然的に随伴する手続上の制約等にかんがみ、特定の明文による規定はないけれども、司法権の憲法上の本質に内在する制約と理解すべきである。

そして、このことは、その沿革、理論上の根拠、これが対象となる行為の範囲等については、区々たる免れないけれども、ひろく欧米諸国において、すなわち、フランスにおいてはアクト・ド・グーベルヌマン（acte de gouvernement）、イギリスにおいてはアクト・オブ・ステート（act of state）又はマター・オブ・ステート（matter of state）、アメリカ合衆国においてはポリチカル・クエスチヨン（political question）と

して古くから判例上みとめられ，戦後西独においてはボン憲法一九条に関連し，レギールングスアクト（Regie-rungsakt）又はホーハイツアクト（Hoheitsakt）として学説上是認せられるところである。わが国においても，日本国憲法施行後，多くの公法学者によつて統治行為なる観念の下にみとめられるに至つたことは周知のとおりである。

二，本件において原判決は「日本国とアメリカ合衆国との間の安全保障条約第三条に基く行政協定に伴う刑事特別法」二条は違憲無効の法律であるとして，これが適用を求める検察官の請求を斥けて被告人等に無罪の言渡をしたのであるが，原判決が刑事特別法二条を無効とする理由を原判文について検討すれば，同法同条は，わが国に駐留するアメリカ合衆国軍隊の施設又は区域内の平穏に関する法益を保護するために設けられた規定であるが，わが国が「合衆国軍隊の駐留を許容していることは，憲法九条二項前段によつて禁止されている陸海空軍その他の戦力の保持に該当するもの」であつて「わが国に駐留する合衆国軍隊は憲法上その存在を許すべからざるもの」であるから，その施設又は区域内の平穏に関する法益保護のため特に設けられた刑事特別法二条は究極するところ憲法三一条に違反することとなり無効であるというに帰する。すなわち，原判決はわが国に合衆国軍隊の駐留を許容する行為が憲法違反であることを前提として，刑事特別法二条を無効としているものであることはあきらかである。そして，わが国が合衆国軍隊の駐留を許容する行為として，その基幹を為すものは，「日本国とアメリカ合衆国との間の安全保障条約」であつて，合衆国軍隊の駐留は右条約の履行として為されているのであるから，当審において原判決の当否を審査するにあたつては，まず右安全保障条約自体が憲法に違反するかどうかの点を審査しなければならないものであることは，多数意見の説示するとおりである。

三，日米安全保障条約は，日本国と連合国との間に昭和二六年九月八日調印された「日本国との平和条約」（昭和二七年条約第五号）と同日に署名され，平和条約第六条（a）但書の規定に基いて，平和条約発効後におけるわが国の安全のための措置として，アメリカ合衆国との間に締結されたものであつて，平和条約と不可分の関係に立つものである。そして，この保障条項は，いわゆる対日講和七原則の第四「安全保障」に由来するものであり，武装解除後防衛力をもたぬわが国の真空状態を，いかにしてその安全を保障するかに関して，かねて，アメリカ合衆国政府が来るべき平和条約の一要綱として各連合国と折衝したところにもとづくものであつて，実質的には平和条約の一内容を為すものといつても必ずしも過言ではないのである。

　平和条約は日本国と連合国との間の戦争状態を終了せしめ，日本国の完全な主権を回復し，日本国をして今後独立国として世界各国の間に伍して国際社会において名誉ある地位を占めることを得しめる，わが国にとつて，国の興廃にも関するきわめて重要な条約であることはいうまでもないところであつて，かくの如き条約こそ，国家統治の根本

資料④　砂川事件最高裁判決

に触れた最も高度の政治性を有する条約であるといわなければならない。そして，わが国は敗戦国であり，当時なお，被占領の状態にあり，独立の国家間の条約のごとく，自由対等の立場において，平和条約を締結し得る場合でなかつたこともこの条約の性格を検討するにあたつてはとくに考慮すべき事柄である。変転きわまりなき複雑な国際情勢下において，かかる条約の折衝にあたることは多分に高度の政治的考慮を要するものであることはもとより，いうまでもないところであろう。以上の意味において，平和条約ならびにこれと一体不可分の関係にある日米安全保障条約は，その政治性はきわめて高度であるといわなければならない。

四，われわれは日本国憲法の下においても，司法権の本質に由来する司法権の限界としていわゆる統治行為の観念を是認すべきものと考えるのであるが，統治行為の観念については，これをみとめるべき範囲に関し，諸種の問題はあるとしても，いやしくも統治行為なる観念をみとめる以上，本件日米安全保障条約のごときものこそこれに該当するものと考えざるを得ないのである。もとより政府がかかる条約を締結し，国会がかかる条約を承認するにあたつては，その自らの責任においてこれが合憲性を審査判断すべき国法上の義務あることは勿論であるが，裁判所としては，かくのごとき国家行為については，原則として，これら政治部門の判断を容認すべきであつて，換言すれば，かかる条約の違憲性のごときは裁判所の審査権の埓外にありと結論せざるを得ないのである。そして，このことは本件におけるがごとく，安全保障条約の有効無効が，直接訴訟の対象として判断をもとめられているのでなく，本件適用法条たる刑事特別法二条の有効無効を判断するにつきその前提問題として取り上げられている場合であつてもその理由は同じであつて，ひとしく裁判所の審査の外にあり，その結果，裁判所としては右条約は合憲有効であるとの前提に立つて審査をすすめるほかはないのである。（われわれは安全保障条約は条約なるが故に裁判所の審査権の外にあるというのではない。条約は憲法と並んで，若しくはこれに優位する国の最高法規であるから違憲審査の対象にならないとか，或は条約はすべて国際的性質を有するものであるから，一国の裁判所の審査権に服さないとかいう説はわれわれの左袒しないところである。条約も，その国内法的効力は原則として裁判所の審査に服するものと考えるのであるが，本件安全保障条約のごとき，前述のごとく最も政治性の高いもの，いわゆる統治行為に属する条約は，統治行為なるの故をもつて，その国内法的効力もまた裁判所の審査権の外にあると考えるものである。）

なお，最後に考えるべき問題がある。統治行為は右に述べたごとく裁判所の審査権の外にあるとしても，問題となる行為がいわゆる統治行為の範疇に属するかどうかは，もとより裁判所の判断によつて決すべきであるのみならず，当該行為が統治行為の範疇に属するものとせられた場合においても，若しその行為が実は実体上不存在であるとか，

*171*

またはその行為があきらかに憲法の条章に違反するがごとき，一見明白にその違憲性が顕著なる場合には，（かくのごときことは実際問題としては，ほとんど考えられないことであろうけれども）例外として，裁判所によつて，その不存在，若しくは違憲を宣明することができるということである。かくのごとき場合にも，尚かつ裁判所の審査を除外すべき何等の合理的理由はないからである。多数意見が本件安全保障条約については原則として裁判所に審査権なしとしながら，以上の限度において，同条約について，右のごとき意味における違憲の点のない旨を判示したのはこの考え方によるものであると理解する。

五，しかるに，原判決は如上説示のごとき裁判所の審査権の範囲を超えて，本件安全保障条約について，その条項に立入つて違憲性を審査し，ひいて同条約にもとづく合衆国軍隊の駐留を違憲なりと断定し，その前提に立つて刑事特別法二条の無効を判示したのは，いわゆる統治行為に対する裁判所の審査権の限界に関する解釈をあやまつたことによるものであつて，原判決はこの点において破棄を免れないものである。

（行政協定の承認について。

「日本国とアメリカ合衆国との間の安全保障条約第三条に基く行政協定」が性質上条約であつて憲法七三条三号但書により国会の承認を必要とするものであることは論を待たないところである。そして，これが承認は，事前にせよ事後にせよ，国会において，協定の内容について十分に検討した上でなさるべきことは，まさに憲法の要請するところであると信ずる。――アメリカ合衆国上院が本件安全保障条約を承認するにあたつて，特に右行政協定の内容を検討した上で条約の承認をしたことは，もつて範とすべきであろう。――しかしながら，この行政協定の承認に関しては，政府は行政協定の根拠規定たる安全保障条約が国会の承認を経ている以上，これと別に行政協定につき国会の承認を経る必要はないといい，国会においては参議院においても，衆議院においても，行政協定は特に国会の承認を経べきものであるとする決議案を否決したことは多数意見の説明するとおりであり，殊に本件において問題とされているのはアメリカ合衆国軍隊駐留の施設，区域に関するものであるが，この事項に関するかぎり行政協定は安全保障条約三条に対する国会の承認によつて包括的に承認されているとの解釈もあながち不当とはいえないのであつて，裁判所としては国会の承認というがごとき国会の行為に関しては，政府および国会の右見解を容認することが結局，三権分立の趣旨に沿う所以であると思料する。）

　以上の理由によりわれわれは多数意見に同調するものである。

　裁判官垂水克己の補足意見は次のとおりである。

一，争点と本判決理由の構成　原判決は次のような趣旨のことをいう「わが国が日米安全保障条約（その国内法的部面）により米軍の駐留を許容していることは憲法九条二項

前段の禁止する戦力の保持に当たる。だから駐留米軍は右憲法の条項上存在を許されないものである。ほかならぬ憲法がその存在を許さないものであるということこそ，駐留米軍の施設または区域内の平穏に関する法益が一般国民の同種法益以上の厚い保護を受けるべき合理的理由がないとされるべき唯一の，しかし何よりも有力な根拠である。すなわち，原判示の刑事特別法二条は駐留米軍を保護するため軽犯罪法一条三二号所定の一般の場合よりも特に重い刑をもつて臨むものであるから，結局，右特別法二条は何の合理的理由もないのに駐留米軍を特に厚く保護するものであり，「何人も「適正な」（垂水註，この三字に注意）手続によらなければ刑罰を科せられない」ことを趣旨とする憲法三一条に違反し無効なものである。被告人らが起訴状記載通りの行為をした事実は証拠により認められるが，これに対しては違憲無効な刑事特別法二条は適用すべき限りでない。彼等の行為は起訴状に明示された訴因としては犯罪を構成しない。」と。

これに対し，上告趣意はいう「右刑事特別法二条は駐留米軍の施設，地域内の平穏に関する法益を一般のそれよりも厚く保護すべき数個の合理的理由があるから憲法三一条に違反しない（第一点）。米軍の駐留を許容する日米安全保障条約も憲法九条二項前段に違反しない（第二点）。のみならず，元来，同条約（その国内法的部面）についても，またこれに関する政府の締約行為や国会各院の承認行為についても，それらが憲法に適合するか否かを判断することは，憲法上，司法裁判所の違憲審査権の限界外にある。原判決が同条約とこれに基く米軍の駐留を違憲とした判断は憲法の解釈を誤り裁判権の限界を越えた失当のものである（第三点）」と。

であるから，本判決において判断されるべき主要問題は，刑事特別法二条は原判示のような理由で憲法三一条に違反するといえるかどうかである。

では，先ず大前提である憲法三一条の趣旨如何。これについてはわが国に二つの説があると思う。第一説は大体次のような説である「同条の趣旨は，何人も国会を通過した法律（手続法）に定めた手続によらなければ，刑罰その他これに近似する刑事，民事もしくは行政上の不利益な裁判，処分，措置を受けない，のみならず，裁判所が刑罰手続等において準拠すべき裁判規範としての実体法（刑法等）も不適性，不正義な，すなわち，憲法の人間尊重，人権，自由尊重の基本的精神に背くことが明白なものであつてはならない，かような意味で明白に不適正な刑罰法規は憲法の他の条項に直接違反しなくても憲法三一条違反となる，というのである」と。（原判決はこのような説に属すると解される。）

第二説はいう「憲法三一条は単に刑罰その他これに近似する不利益措置は国会を通過した手続法によらなければ科せられない，というだけで，実体法（刑罰法規等）が第一説のいう意味で明白に不適正，不合理的なものでないことをまで必要とする趣旨ではない」と。

そこで，もし，本判決がこの第二説を採るなら，次のようにいえば足り，それでおしまいである。「憲法三一条は，決して実体的刑罰法規が明白に合理的理由を欠くものであつてはならないという趣旨を含むものではない。原判決が刑事特別法二条は合理的理由を欠くものと判断し，その故に同条を憲法三一条に違反する無効のものと断定したのは，その合理的理由を欠くとした法的理由の如何にかかわりなく憲法三一条の解釈を誤つたものである」と。
　ところが，本判決はこのような趣旨を判示していない。だからといつて，本判決は第一説の適正手続説に従つた趣旨の判示もしていない，と解される。ただ，第二説に従うなら，訴訟法上不必要な，否，むしろ，してはならない判断までしている（裁判所は法律に従つて裁判しなければならない）ということになるところから見て，第一説の見地に立つていると解される余地はあるかも知れないが，私の解釈では，本判決が第一説の見地に立つことを暗黙に判示していると見るのも早計だと思う。
　本判決は，私の解釈によると，次の趣旨に結論する。
　「わが国の平和と安全ひいてはわが国の存立の基礎に極めて重大な関係をもつ高度の政治性を有する条約については，一般の条約と異り，その内容が違憲なりや否やの法的判断は純司法的機能を使命とする司法裁判所の審査には原則として適しない性質のものであり，一見極めて明白に違憲無効であると認められない限りは（憲法八一条所定の）裁判所の審査権の範囲外のものであつて，それは第一次的には右条約の締結権を有する内閣およびこれに対して承認権を有する国会の判断に従うべきものである。昭和三二年七月八日当時砂川町所在立川飛行場内の土地を使用していた空軍を含む米国軍隊の駐留の基礎である日米安全保障条約およびその三条に基く行政協定は右のような高度の政治性を有する条約と解すべきであるから，その内容が違憲なりや否やの判断をすることは裁判所の審査権の範囲に属しない。（尤も右のような条約でも一見極めて明白に違憲無効と認められる場合には裁判所は違憲審査権を有するところ，右安全保障条約および行政協定は一見極めて明白に憲法九条二項前段に違反するものとは到底認められない。）原判決が同条約に基く米軍の駐留を憲法九条二項前段に違反し許すべかざるものと判断したのは，裁判所の審査権の範囲を逸脱し同条および憲法前文の解釈を誤まつたものであり，従つてこれを前提として本件刑事特別法二条を違憲と判断したことも失当である。（なお，右行政協定は，右特別法二条の関係においてこれをみても，右条約三条に基き米軍の配備を規律する条件を定めるもので，日米安全保障条約と同様の性質の条約であるから，しかる以上それが国会の承認を欠く違憲無効のものであるか否かの審査権も前同様の理由で裁判所には属しない）」と。
　本判決によれば，原審が刑事特別法二条を憲法三一条違反とした理由であるところの，右安全保障条約が憲法九条二項に違反するという判断は，裁判権の範囲を逸脱した憲法

上従つてまた訴訟法上許されない判断である。故にこの無権限判断の上に立つて刑事特別法二条を合理的理由を欠くものとした原判決は、(a) 前記第一説的見地からいえば、「無権限判断に基いて右特別法二条を憲法三一条違反と断じた違憲、違法（憲法八一条の違憲審査権の解釈の誤、刑事特別法二条の解釈方法の誤）があるもので、その憲法九条二項前段の解釈が実体的に正当か否かは問うべき限りでなく、この最後の点は、上告審といえども審査しえないところである」といわねばならない。(b) もし、第二説的見地からいえば、当審としては、「右特別法二条は合理的理由を欠くという理由からは憲法三一条違反とはいいえないから、原判決が右特別法二条は合理的理由を欠くから憲法三一条に違反すると結論したのは、その合理的理由を欠くとした判断が無権限のものか否か、その内容が如何なるものかを問うまでもなく憲法三一条の解釈を誤まつたものである」と判示して、それだけで原判決を破棄してよい筈である。

本判決は第一説、第二説いずれの見地に立つかを明らかにしないが、いずれの見地に立つにせよ原判示の理由からは右特別法二条が憲法三一条違反といえない点では一致するのであつて、この結論の理由においては反対意見はないと解される。

本判決が、日米安全保障条約については裁判所は違憲審査権なしといいながら、これが憲法九条二項前段に適合するか否かについて判断し、そのために、わが国が固有の自衛権を有することから説き起こして憲法の右条項の趣旨を判示し、平和目的のため自らを防衛する手段として、わが国が主体となつて指揮管理権を行使しえない外国部隊に頼る途を選んで締結した日米安全保障条約およびこれに基いてわが国内に米軍を駐留させることは、少くとも「一見極めて明白に」憲法の右条項に違反するといえないという実体的憲法判断をまでしたのは、いうまでもなく、かような性質の条約であつても裁判所に違憲審査権のある場合に当らないかどうかを審査するためであつたと解される。

本判決は、本件刑事特別法の基く行政協定が形式的に国会の承認を欠く違憲無効のものか否かの点についても裁判所に違憲審査権がないことを念のため判示した。この判示は傍論ではあつても、わが訴訟法上は差戻後の裁判所を拘束する規範となろう。

二，裁判所の違憲審査権　裁判所は、国内法としての一般条約を含む一般の法律、命令、規則又は処分が憲法に適合するかしないかを決定する権限を有する（憲法八一条）。これが原則である。しかしわが憲法の三権分立の理念、司法権の性質、行使の仕方、その効果に照らし、例外として、ある種の国会各院の行為または政府の行為で　裁判所によつてそれが違憲であると決定されるに適しないため裁判所の審査権の対象から除外されるべきものがある。私は欧米の憲法上「統治行為」「裁判所の審査に服しない高権行為」もしくは「政治問題」などと呼ばれるものについて知るところがないが、わが国には、統治行為の観念はこれを定義しまたは悉く列挙する方法で明らかにすることは困難であるとしつつもこの名の下に国会の行為または政府の行為のうちには裁判所の違憲審査の

対象とされるべきでないものが存するとの学説もあり，上告趣意第三点は明らかにこれを主張する。本判決は，この点を検討し，国内法としての日米安全保障条約（および同条約三条に基く行政協定）が「わが国の平和と安全ひいてはわが国の存立の基礎に極めて重大な関係をもつ高度の政治性を有するものであつて裁判所の違憲審査には適しない性質のものである」と判定し，その故に，両条約が違憲なりや否やを審査することは憲法八一条に定める裁判所の権限の範囲外のことであるとして司法権の一つの限界を示し，法律にも例外として裁判所の違憲審査に服しないものがあることを判示したのである。（本判決において，一般に条約とは，条約がその文言ないし趣旨どおり国法としての効力をも持つものとして公布されたものを指す。従つて一般国内法律と同じく憲法に違反するときは無効とされるのを原則とする。）この両条約の国際法上の効力を裁判所は否定できないが，すでに両条約についての政府の締約行為および国会の承認行為の違憲審査が司法権の限界外にある以上，これらに基いて出来上つた両条約の国内法的部面の違憲審査も権限外であるという訳である。裁判所の違憲審査権の限界を決定することも裁判所の権限であると考える。

　ところが，原判決は，「日米安全保障条約とこれに基く米軍の駐留が憲法九条二項前段に違反するから刑事特別法二条は憲法三一条に違反する」と判決したのに対し，本判決は，「原審が権限なくして同条約を違憲であるとした判断に基いては右特別法二条を憲法三一条違反と判断することは許されない。けだし，前記のような高度の政治性を持つ条約については，一般の条約その他一般の法律と異り，その内容が違憲か否かの判断は一見極めて明白に違憲無効と認められない限りは裁判所の審査権の範囲外のものであつて，それは内閣および国会の判断に従うほかないからである。これは国内法律でも裁判所が例外として違憲審査権を持たない場合である。右安全保障条約および行政協定の内容は憲法九条，九八条二項および前文の趣旨に適合しこそすれこれらの条章に反して違憲無効であることが一見極めて無効であるとは認められない。」という。

　思うに，条約内容が前記のような高度政治性のものであることが判つたら裁判所はその違憲審査権がないとの理由でそれが憲法九条二項に抵触するか否かについて判示せずその条約規定を遵守適用するほかないことを判示すれば足る筈である。思考の論理上条約内容を審査することによつてのみ，それが「違憲無効」，しかも「違憲無効であることが一見極めて明白だ」という判断が生まれるのだから，本判決は違憲か否かの実体的審査権があるかどうかの形式的審査（裁判所の権限審査）のためにその実体的審査をすることを認容するものの如くであるが，これは本件では必要でない判断であるとしても，判断しても差支ないであろう。（私は，判示のような高度政治性の法律についても，裁判所は，合憲か違憲かの実体的審査はしなければならず，する権限を持つのではないか，ただこの場合，かような高度政治性法律については，裁判所はこれを違憲と考えても，

資料④　砂川事件最高裁判決

違憲と考えたことを理由としてこれを無効としてその適用を拒否する権限を持たないという制限を受けるのではないか，違憲審査権というものはそういうものではないか，という疑問は検討に値すると考える。）

三，刑事特別法二条と憲法三一条　原判決のいうような理由では刑事特別法二条は憲法三一条に違反するとはいえない。というのが訴訟法上本判決の主たる理由である。裁判所が前記第一説（適正手続説）の見地に立つて判決するとしても，このような場合判決理由中に右特別法二条の持つ合理的理由を一々判示する必要はないと考える。けだし，幾千に上る法律の中の一規定について憲法の全条項や他のすべての法律の規定との関連においてその合理的理由の総てを示すことは至難の業である。それほど個々の法条とその集積である全法体系の趣旨は含蓄に富みかつ流動的でもある。が，今，本件刑事特別法二条を是認すべき理由の一，二について触れてみよう。第一に，同法条に違反する犯罪行為は日米安全保障条約および行政協定三条に基いて米軍が日本国内およびその附近に具体的に配備され許されて特定の施設または地域を使用する状態が現実に発生したのでなければ起りえない。しかるに，米軍がわが国に駐留し特定の施設または地域を使用するのは右両条約に基くのであり，この両条約のわが憲法上の違憲性は国際法上米国に対抗できないから，両条約の違憲，合憲に拘らず，駐留米軍の使用する施設または地域の平穏を，軽犯罪法一条三二号をもつて，一般の内外公私の施設または地域の平穏よりも少しく厚く保護することは一概に理由なしとなしえない。（かく保護しなければならないことはないが保護してもよい。立法政策の問題である。）第二に，刑事特別法二条が保護しようとする施設または地域というのは（a）条約に基き（b）わが国の平和と安全を防衛することを一の重要目的として駐留する（c）外国の（d）軍隊が使用するものである点において，わが国内に存する一般の内外公私の施設または地域と異る全く独特の存在である。軍隊は非常事態の勃発に際しては敏速機宜の組織的な広範囲の活動を出来る限り他人に阻害されないで行わなければならない。そのためには演習，移動の際その他平時においても軍隊ないしその従属者によるその施設，地域の使用の自由（軍人，軍属，家族等の組織的生活におけるその使用の自由）が特に十分に確保されていることが適切であつて，そこにみだりに人々がはいつたり障害物が持ち込まれたりしてはならない。（地域内の教会，家庭，映画館にいる軍人が軍務のため至急そこを飛び出し地域内の空地に集合しなければならない場合もあろう。）このことはわが国の安全にも関係する。また駐留軍使用の施設，地域には危険物がありうる。また，わが警察力はここに充分に及ばない。第三に，わが国を防衛するための駐留軍である以上，その使用する立入禁止の施設，区域にみだりに立ち入るために相互の誤解等によるトラブルなどが起り両国の友交関係に悪影響を及ぼすようなことがあつてはならない。そのために，あるいは単なる国際礼譲として，駐留米軍の法益を特に重く保護すべき理由も成立する。

177

刑法九二条が，外国に対し侮辱を加える目的でその国の国旗，国章を損壊，除去などする行為を処罰し，自国の国旗，国章の損壊について同様の処罰をしない（外国にも同様の立法例を見る。）のと同様の意味で，かような法益の保護も妥当とされよう。

とに角，日米安全保障条約および行政協定がたとえ違憲であつても，わが政府がこれを理由として米軍の駐留を拒否せずこれを現実に国内に駐留させたからには，米軍は国際法上の大義名分すなわち権利があつて駐留しているのであるから，その面からみて，これを条約に基かないわが政府の単純な同意によつて一時的に滞在する外国軍隊と区別しそれよりも少しく厚く保護する刑事特別法二条のような立法をしても，これを適正でないことの明らかな憲法三一条違反の刑罰法規とはいえないのではないか。

裁判官河村大助の補足意見は次のとおりである。

わたくしは多数意見に同調するものであるが，ただ日米安全保障条約（以下安保条約と略称する。）に対する判断につき，その理由簡に失する嫌いがあるので，この点についてのみ補足意見を述べる。

一，憲法九条において戦争を放棄し，戦力の保持を禁止したわが国が，その生存と安全を全うするために如何なる措置を講じ得るかの点については，憲法に特別の明文はないが，わが国が自国の平和と安全を維持しその存立を全うするために適当な自衛のための措置をとり得ることは，国家固有の権能であつて憲法の趣旨精神にも適合するものであることについては多数意見の述べるとおりである。

二，ところが，わが国の平和と安全を維持し，その存立を全うするという国家最高の目的を達成するために如何なる国政方針を採用すべきかについては，法は一義的の国政方針を予定していないのであるから，結局政治部門の合目的考慮に基く裁量判断に委ねられたものと解するを相当とする。すなわち，前記の如き国家目的達成のために，他国と安全保障条約の取極をなすべきか又は永世中立主義を採用すべきか等の国政方針の選択は，いずれが合目的的であつて国家目的によりよく適合するかの裁量判断により決せられる問題であると考えられる。ことにかかる国政方針に関する政治的判断においては一方の政策に絶対の真理があり，他方の政策には一面の真理も含まれないとする客観的基準は存しないし，なお政治の実際に見られるように国政方針に関する政治的価値判断は多くの場合に多元性をもつものであつて，価値観の対立は免れないものであるから，そのいずれを採用すべきかは原則として政治部門の政策的乃至裁量的決定の権限に委ねられているものと解するを相当とする。すなわちその判断に当不当の問題は生じても直ちに違法の問題を生ずることはないものというべきである。しかしながら政治部門が如何なる方式内容の条約を取結ぶべきかの裁量決定に当つては，わが憲法の基本原則である平和主義，国際協調主義を基準として，前記国家目的達成に相応しいものをとるべきであることもまた当然であるから，政治部門の裁量権はこれを尊重すべきではあるが，そ

の裁量権には一定の限界があり，その限界を踰越し又は裁量権の濫用により，明白に憲法の平和主義，国際協調主義その他憲法の条章に反する措置に出た場合，たとえば，攻げき目的のため駐留を許容したものと認められるような明白な違反が存する場合においては，当該措置は司法裁判所における違憲判断の対象となるものと解するを相当とする。

三，以上の見地に立つて合衆国軍隊の駐留の根拠となつている安保条約を見るに，同条約は国際連合等による十分な安全保障措置が成立するまでの暫定的措置として締結したものであつて（前文四項，四条）その前文には「平和条約は，日本国が主権国として集団的安全保障取極を締結する権利を有することを承認し，さらに，国際連合憲章は，すべての国が個別的及び集団的自衛の固有の権利を有することを承認している。これらの権利の行使として，日本国はその防衛のための暫定措置として，日本国に対する武力攻げきを阻止するため日本国内及びその附近にアメリカ合衆国がその軍隊を維持することを希望する。アメリカ合衆国は，平和と安全のために，現在若干の自国軍隊を日本国内及びその附近に維持する意思がある」とあり，すなわち日本の防衛のためとアメリカ合衆国の平和と安全のために軍隊の駐留に関する取極を行うことが宣言されているのである。

四，ところで同条約第一条においては合衆国軍隊駐留の目的として，極東における国際の平和と安全の維持に寄与し，ならびに一または二以上の外部の国による教唆または干渉によつて引き起された日本国における大規模の内乱および騒じようを鎮圧するため，日本国政府の明示の要請に応じて与えられる援助を含めて，外部からの武力攻げきに対する日本国の安全に寄与するために使用する旨定められているのであるが，右目的中「極東における国際の平和と安全の維持に寄与」するということは，これによつてわが国が自国の防衛と直接関係のない戦争に巻き込まれる虞れがあるとの違憲論が生じている。しかしかかる虞れがあるかどうかは条約の内容だけでは判定し得ないものであつて，この点は，むしろ，極東情勢乃至世界情勢の評価認識いかんによつて左右される問題である。別個の立場から見れば，極東の平和はわが国の平和と安全の維持に密接な関係があり，米軍が前記の目的をもつてわが国に駐留することが，かえつて，極東における侵略を未然に防止し，その平和を維持することにより，ひいてはわが国の平和と安全を守ることになるといえないこともなく，少くともかような見地に立つて条約を結んだと認められる政治部門の評価判断が，前記反対論に比し明らかに事態の認識を誤つた違法あると認むべき根拠はない。又米軍を駐留させることは共産圏諸国を仮装敵国に廻すこととなり，わが憲法の平和主義，国際協調主義の精神に反するとの説がある。勿論出来得べくんば「対立する可能性ある諸国民を含んだ」国際連合軍の援助に期待することがわが憲法の趣旨からいつて望ましい方式であることは疑いないが，かような安全保障の方式は国際連合の現状では不可能であること明らかである以上，わが国がいずれの外国軍

隊の駐留をも認めない他の方式をとることが，安保条約の形で米軍の駐留を認めることに比し，真に平和主義，国際協調主義の要請に副つてわが国の自存を全うする唯一の方法であると断定すべき明白な根拠は存在しない。要するに安保条約は，その明文の示すようにわが国の平和と安全を維持しその存在を全うするために締結されたものであつて，その内容においても政治部門の裁量判断に明白な違憲違法の廉は認められない。

五，次に安保条約が国際連合憲章に抵触するときは，憲章優位の原則により（国際連合憲章一〇三条）憲法九八条二項違反の問題をも生ずるものと考えられるので，右憲章と安保条約との関係についても，ここに簡単に触れておく。安保条約と同日に締結された日本国との平和条約によれば日本国は国際連合憲章に基く義務を受諾し（五条（a））かつ「連合国としては，日本国が主権国として国際連合憲章第五十一条に掲げる個別的又は集団的自衛の固有の権利を有すること及び日本国が集団的安全保障取極を自発的に締結することができることを承認する」と定められている（五条（c））。そして安保条約は右平和条約で認められた安全保障取極を締結する権利の行使として，日本国は，その防衛のための暫定措置として，合衆国軍隊の駐留を希望することによつて締結されたものと認むることができる（前文三，四項）。その後日米両国は駐留軍隊の軍事行動は，すべて国際連合憲章に反しない範囲においてなさるべきものである趣旨を確認している（昭和三二年六月二一日発表の内閣総理大臣と大統領の共同声明及び昭和三二年九月一七日付日米安全保障条約と国際連合憲章との関係に関する外務大臣とアメリカ大使間の日米交換公文）。すなわち，安保条約に基く合衆国軍隊の軍事行動は，国際連合の機関の決定又は勧告に基く場合と国際連合憲章五一条の「個別的又は集団的自衛の固有の権利」の行使として認められる場合に限り許されるものと解すべきであつて，換言すれば安保条約は，国際連合憲章乃至平和条約を逸脱するものでなく，却つてこれらの基本的条約に定められた枠の中で軍事行動をとり得るという制約を受けているものと解するを相当とする。されば安保条約乃至合衆国軍隊の駐留は国際連合憲章に抵触するものでなく又憲法九八条二項に違反するものとも認められない。

　裁判官石坂修一の補足意見は次の通りである。
　わたくしは，多数意見に賛同するものであるけれども，次の通り補足意見を述べる。
一，自衛権と日米間の本件安全保障条約との関連についての多数意見の説明は，わたくしには十分理解し難い点があるので，若干の見解を附加する。
　わが国が平和と安全と生存とを維持し，専制と隷従と偏狭とを除去し，国際社会において名誉ある地位を占めるため，急迫不正の侵害に対し，これを排除するため自ら衛る権利を有することについては，異論があるとは考へ得られない。正義と秩序とを基調とする国際平和を希求しない国家或は集団に，屈服すべしとする者はないであろう。自衛権は，急迫不正の侵害に対し已むを得ざる場合，わが国自らこれを行使し得ること当然

であつて、若しその行使が禁止せられて居るとするならば、自衛権を以つて無内容となし、単なる画餅とするに外ならぬ。わが国自ら自衛権を行使し得るものとする以上は、これに即応する有効適切なる手段をも持ち得るものとすべき結論に帰着する。

憲法九条は、国権の発動なる戦争と、武力による威嚇又は武力の行使を国際紛争解決の手段としては、永久に放棄し、右の目的を達成するため、戦力を保持しないことをこそ規定すれ、わが国が自ら右の如き自衛権行使の手段即ち防衛手段を保有することを、全面的に禁止して居るものとは、到底解し得られない。

蓋し、国際紛争解決の手段としての、国権の発動なる戦争と武力による威嚇又は武力の行使は、勝敗により事を決する意図の下に、いづれもこれにより相手方を制圧、屈服せしめ、以つて国家の一方的利益に国際紛争を終局に導くことを目的とするものであり、憲法九条はかかる目的のために戦力の保持せられることを禁止したものと解すべきである。これ等は、既に述べたるが如き自衛権の行使及びそのための防衛手段とは、全く法的意義を異にし、彼此の間は、峻別せらるべきものであつて、混淆を許されぬ。

往々、右防衛手段について、原始的或は粗笨なる武器に類するものの名を挙げ、かかる器具のみは、機に臨み変に応じ国民それぞれの工夫において、その使用を許さるるが如く論ずる者もないではないけれども、時態にかんがみれば、かくの如き方法は、国家のための防衛手段中に算へる値があるとは考へ得られない。されば、自衛権行使のため有効適切なる手段を、国家が予め組織整備することも亦、法的に可能であるとせざるを得ない。

而して、前記の如き侵害は、時と場合とによつて、その様相千差万別であり、予め容易にこれを想定し難かるべく、従つて、これに即応する有効適切なる防衛手段の形態をも亦、予め容易に想定し難いであらう。思ふに、右の如き侵害に対する有効適切なる防衛手段を、国家が現実に持つべきか持たざるべきか、持つとすればその形態、規模を如何にすべきか等は、国家内外の情勢及びその推移を勘案して始めてその判断がよくせらるべき所である。（固より、その形態、規模は、侵さず、侵されざるの限界を保つべく、その防衛行為は、侵害より生ずる紛争が、国際連合憲章に従つて解決を見るに至る迄の間における当面の措置たるべきものと解すべきである。）かかる事項は、元来政治に干与すべからざる裁判所の判断になじまないものである。これは専ら、政府及び国会の政治上の責任において決定せらるべきものであつて、裁判所の審査すべき法的領域ではない。このことは、わが憲法が、三権分立を基本として居ることよりする極めて当然なる帰結である。

前述の如く、わが国が憲法上、防衛手段保有の可能なることに基き、この手段を持たない場合或はその不十分なる場合、政府が、わが国の安全を保障するため外国と条約を締結し、以つて防衛のための軍事的協力を受けることを決定し、国会がこれを承認する

以上，かかる条約を違憲であるとはなし得ない。わたくしの意見は，この点に関する島裁判官の補足意見及び河村（大）裁判官の補足意見第二乃至第四点と出発点において若干の差はあるにしても，結局合流して居ると信ずるが故に，これ等を引用する。

かかる見解に立つときは，日米間の本件安全保障条約は，憲法に違反しないものとならざるを得ない。従つて，この条約に基いてアメリカ合衆国軍隊がわが国に駐留することは，憲法上許すべからざるものであるとする原判決は，これを維持しないこととなる。

二，最高裁判所が，条約に対する違憲審査権を有するや否やについて，多数意見がこれを明確にして居るとは，必ずしも解し得られない。

若し，違憲審査権を規定した憲法八一条に，「条約」の語が現はれて居らないことより出発して，これに対する最高裁判所の違憲審査権を否定する結論に至るならば，甚しき誤謬に陥るであらう。

仮にわが国の根本組織，国民の基本的人権等に関し，憲法に抵触する条約の締結を見たる場合，最高裁判所は，これを座視すべきものではあるまい。

わたくしは，最高裁判所に，条約に対する違憲審査権ありとしつつ，本件安全保障条約は違憲でないとする奥野裁判官及び高橋裁判官の意見に賛同し，なほ右両裁判官の意見と相容れる限り，この点に関する小谷裁判官の意見を支持する。

三，多数意見において説明を省略せられた上告論旨に言及する。

わたくしは，田中裁判官の補足意見第一点及び垂水裁判官補足意見第三点に賛同し，なほ若干の見解を附加する。

原判決は，一面アメリカ合衆国軍隊がわが国に駐留することを憲法上許すべからざるものとしつつ，他面「安全保障条約及び行政協定の存続する限り，わが国が合衆国に対しその軍隊を駐留させ，これに必要なる基地を提供しまたその施設等の平穏を保護しなければならない国際法上の義務を負担することは当然であるとしても」と判示して居る。少くとも，アメリカ合衆国の立場としては，その軍隊をわが国に駐留せしむる権利があり，わが国の立場としては，その権利を尊重すべきことを承認するものの如くである。想ふに，条約が国内法上無効であつても，国際法上は直ちにその効力を失ふものではないとする見解に基くものであらう。

この見解よりすれば，現にアメリカ合衆国の軍隊が，わが国の同意を得て，国際法上，わが国に駐留して居る以上，それが国内的に違憲であると否とに拘りなく，いやしくも右駐留の事実が，国際法上適法に解消せらるるまでは，この軍隊のための施設の平穏を保護する目的を以つて刑事立法を行ふことは，憲法の精神に反する虞れがあるとも考へ得られない。しかもこれは，刑法の住居侵入罪並に軽犯罪法違反とは全くその法益を異にする事項である。これがため如何なる刑事立法を行ふやは，政府及び国会の政治上の責任に帰する立法政策の問題であり，これらの機関が，その政治的裁量に従ひ，刑法一

三〇条より軽く，軽犯罪法一条三二号より重き刑罰を規定した刑事特別法二条を目して，原判決が，合理的理由がないのに国民に対し特に重い刑罰を以つて臨んだとするのは，諒解し難い所である。（記録に依れば，アメリカ合衆国軍隊の使用する本件施設は，有刺鉄線の柵等を以つて囲繞せられ，兵舎，宿舎，兵器庫，航空滑走路等を含む地域であつて，本件侵入行為のあつたのは，右滑走路最先端に至近なる場所であつたこと及び何人かが前記の柵を破壊した箇所より，本件侵入が行われたことに留意すべきである。）

　いづれにせよ，原判決が刑事特別法二条を直ちに憲法三一条に違反するものと結論したのは，甚だ早急に過ぎるといはねばならない。

　裁判官小谷勝重の意見は次のとおりである。

一，わたくしは，多数意見の「主文」には同一意見であるが，その「理由」については「本件日米安全保障条約はわが国の存立に重大な関係を持つ高度の政治性を有するものであるから，該条約に対しては，一見極めて明白な違憲無効と認められるものの外は違憲審査権は及ばない」との趣旨の一連の部分につき反対する。

　そして，わたくしの本件に対する判断の要旨は，憲法九条はわが国が主権国として有する固有の自衛権それ自体はこれを否定したものではなく，また同条二項前段は右自衛権行使のためわが国自体が保持する戦力をも禁止しておるものであるか否かは別論として，少なくともわが国に駐留する外国軍隊で，わが国に指揮権も管理権もないものは，それが憲法九条一項で禁ぜられておる目的のために駐留するものでない限り，かかる外国の戦力はこれを含まないものと解すべく，そして本件日米安全保障条約によるアメリカ合衆国のわが国駐留軍隊は，右憲法九条一項で禁じておる侵略等のために駐留しておるものではなく，極東における平和の維持とわが国の安全に寄与するために駐留しておるものであることは，本件安全保障条約の前文及び本文一条並びに日本国との平和条約五条ｃ項六条ａ項及び国際連合憲章五一条五二条等に照して明らかであつて，憲法九条二項前段に禁ずる戦力には該当しないものといわなければならない。されば右駐留米軍の安全を保護するための，安全保障条約に基く行政協定に伴う刑事特別法二条の規定は何ら憲法三一条に違反するものでないことは明白である。それ故原判決はその前提たる憲法九条の解釈を誤つた違法であつて，検察官上告の論旨は理由があり，原判決は破棄のうえ差戻すべきものであるとの意見である。

二，以下，わたくしが，多数意見に対する反対点である「条約と違憲審査権」に関し，わたくしの意見と多数意見に対する反対の理由を述べる。

　憲法七六条三項は「すべて裁判官は，……この憲法及び法律にのみ拘束される」と規定し，また憲法八一条は，裁判所は「一切の法律，命令，規則又は処分が憲法に適合するかしないかを決定する権限」，すなわちいわゆる違憲審査を有することを規定している。そこで「条約」に対しては違憲審査権を有しないであろうか。まずこの問題の前

にその前提となる二，三の事柄について考えておく必要がある。第一の事項は条約は国と国との国際法上の契約であるが，これを大別して国だけに対して拘束力を持つものすなわち国際法的効力だけを有するものと，国民に対しても拘束力を持つものすなわち国内法的効力をも有するものとの二つに分けることができるであろう。そして条約の解釈及び条約の国際法的効力に関する事項についての当事者間における法律的紛争は，国際司法裁判所の管轄に属するが（昭和二九年条約第二号国際司法裁判所規程三六条等参照），しかし右国際法的効力の部分でも，それがわが国内における或る争訟においてその部分が争点となつておる場合には，依然わが裁判所の違憲審査の対象となるものとわたくしは考える。次に国内法的効力を有する条約についてみると，その条約の目的の全部一部が条約自体に直接規定されておるものと，そうでなく別に国内法律の制定によつてその条約の目的の全部一部を実施するものとがある。そしてこの場合の国内法律は当然憲法七六条三項及び八一条の「法律」に当り，したがつて違憲審査の対象となることは論を俟たないであろう。また条約自体そのままが実施されるものも，右国内法律によつて実施されるものと同様の効力を有するものといわなければならない。けだし右両者の国民に対する拘束力すなわち法的効力は全く同一であり，何らの差異がないからである。前提事項の第二は憲法九八条の規定は，はじめ憲法改正草案要綱九三として「此ノ憲法並ニ之ニ基キ制定セラレル法律及条約ハ国ノ最高ノ法規トシ其ノ条規ニ矛盾スル法令，詔勅及其ノ他ノ政府ノ行為ノ全部又ハ一部ハ其ノ効力ヲ失フコト」とあり，右要綱は占領軍司令部の示唆そのままを政府が採択してこれを制憲議会に提出したものであつて，このことは今や公知の事実である。ところで右要綱はアメリカ合衆国憲法六条二項の「この憲法，これに準拠して制定せられる合衆国の法律及び合衆国の権能をもつてすでに締結せられ，また将来締結せられるすべての条約は，国の最高の法である。各州の裁判官は，各州憲法又は州法律中に反対の規定がある場合でも，これらによつて拘束せられる」とあるものと同旨であることが観取できる。ところで，合衆国の如く，各州の憲法及び法律の上に，連邦としての憲法，法律及び条約がある国家においては，連邦憲法及びそれに基いて制定された法律及び条約が各州に対してはその最高の法規となるべく，したがつてこれらに反する各州憲法及び法律の全部一部はその限度において効力なきものと定められるのは当然であるけれども，単一国家であるわが国においては右要綱の如く，如何に法律も条約も憲法に基きたるものであるとはいえ，この三者（憲法，法律，条約）を最高の法規とすと規定することはその必要がなく（即ち条約はしばらくおき，わが国では憲法を最高法規とし，法律は憲法の範囲内，命令は法律の範囲内において制定せられるものであることは周知のとおりであり，ただ憲法に抵触する法律が制定された場合，旧憲法下ではいわゆる違憲審査権はないものとせられて旧憲法五十余年の時代を経過して来たのである），また「此ノ憲法並ニ之ニ基キ制定セラレタル……条約」

資料④　砂川事件最高裁判決

と規定することは，違憲の条約が締結せられることを予定する如くにて好ましからずとされ，もつて新憲法制定議会の衆議院において前示要綱案は修正せられ，結局現行九八条の如く第一項と第二項に分ち，第一項においては先ず憲法のみが最高法規であることを宣明し，もつてこの憲法に反する法律・命令・詔勅及びその他の国務行為の全部一部はその効力なきことを規定したのであるが，右はむしろ当然のことなるも，その設けた精神は憲法の最高法規性を強調して次の九九条憲法遵守義務の規定を重からしめんとしたること（なおこの点については旧憲法七六条参照）にあり，次に第二項において，条約及び確定された国際法規の誠実遵守を規定したのであるが，これも自明の規定なるも（旧憲法にはかかる規定はない），過去わが国が不戦条約九箇国条約並びに国際法規等に違反したとの世界的非難に対し，爾今これらの遵守を世界に誓約宣言したものと解すべきである。右の如く法律と条約を別項に分けたからといつて，国の基本法たる憲法に抵触する条約を認容しそれの遵守義務を規定したものと解すべきでないことは勿論である。要するに条約は内閣によつて締結され，国会によつて承認された後公布され，公布によつて国民を拘束する効力を生ずることは法律と全く同様であるのである。前提事項の第三は条約と法律とが抵触する場合，何れが優先適用されるかの問題である。結論としては条約が優先すると解するを正当と信ずる。けだし条約はその締結時，既成の国内法律を意識して締結されるのであるから，前法後法の関係に立ち後法たる条約が優先するものと解すべく，また条約締結後国内法律に変更があつたときは，国内法律は条約相手国の意思にかかわりなく立法されるのであるから，この場合もまた条約が優先すべきであることは信義の原則に照して明らかであるからである。

三，条約と違憲審査権についてわたくしの意見の本論に入る。憲法七六条三項及び八一条には何れも「条約」の文詞がないから，条約には違憲審査権がないとの説をなすものがある。しかし上記説明のとおり，条約は公布（法例一条及び現在は廃止されたが明治四〇年勅令第六号公式令八条参照）によつて国及び国民を拘束する効力を生ずること，法律と全く異なるところがないのであるから，右憲法七六条三項及び八一条に「条約」の文詞がなくても，右は両条中の「法律」の文詞に当然包含されているものと解するを相当とする（このことは憲法九四条の「条例」について言えば，憲法八一条に何ら条例の文詞なきも，条例が違憲審査の対象たることは毫も疑を容れない）。すなわち条約は公布により国内法と同様，憲法七六条三項により裁判官を拘束すると同時に，同八一条の違憲審査権の対象となるものと言わなければならない（憲法八一条は違憲審査権賦与の直接の規定ではなく，憲法及び法律に拘束される裁判所としての本質にすでに内在する当然の権能であると説く説がある。この説によれば憲法八一条は，最高裁判所は違憲審査に関する最終裁判所であることを示したに過ぎない規定となる）。ただ違憲判決の効力は，わが現在の裁判所は憲法裁判所でなく司法裁判所であるから，当該争訟事件に

つき本来ならば適用ある法律または条約の全部一部を違憲としてその適用から排除する（もしくは適用を拒否する）旨の宣言と解すべきであつて，違憲とする法律または条約それ自体の無効を宣言するものと解すべきではないのである。そして該判決の確定力の及ぶ範囲は当該当事者及び当該事件並びに当該判決の主文に包含するものに限られるのであつて，いわゆる対世的効力は有しないのである。ただ内閣及び国会は裁判所の当該違憲判決を尊重し判決の趣旨に添う適正措置を講ずべき政治的義務を負担するものと解すべきである。もしその条約には違憲審査権が及ばないとするときは，憲法九六条の定める国民の直接の承認を必要とする憲法改正の手続によらずして，条約により憲法改正と同一目的を達成し得ることとなり，理論上，その及ぶところは，或は三権分立の組織を冒し或は基本的人権の保障条項を変更することも出来ることとなるのである。わが憲法は果してこのような結論を認容するものであろうか。

　多数意見は理由二の後段において，「ところで，本件安全保障条約は，前述の如く，主権国としてのわが国の存立の基礎に極めて重大な関係をもつ高度の政治性を有するものというべきであつて，その内容が違憲なりや否やの法的判断は，その条約を締結した内閣およびこれを承認した国会の高度の政治的ないし自由裁量的判断と表裏をなす点がすくなくない。それ故，右違憲なりや否やの法的判断は，純司法的機能をその使命とする司法裁判所の審査には原則としてなじまない性質のものであり，従つて一見極めて明白に違憲無効であると認められない限りは，裁判所の司法審査権の範囲外のものであつて，それは第一次的には，右条約の締結権を有する内閣およびこれに対して承認権を有する国会の判断に従うべく，終局的には，主権を有する国民の政治的批判に委せらるべきものであると解するを相当とする」，と判示し，更に理由の三冒頭に「よつて，進んで本件アメリカ合衆国軍隊の駐留に関する安全保障条約およびその三条に基く行政協定の示すところをみると，」との書き出しで，以下安保条約に関し憲法上の判断を下した後，理由の三中段「果してしからば，かようなアメリカ合衆国軍隊の駐留は，憲法九条，九八条二項および前文の趣旨に適合こそすれ，これらの条章に反して違憲無効であることが一見極めて明白であるとは到底認められない。」といい，理由三最後段において「しからば，原判決が，アメリカ合衆国軍隊の駐留が憲法九条二項前段に違反し許すべからざるものと判断したのは，裁判所の司法審査権の範囲を逸脱し同条項および憲法前文の解釈を誤つたものであり，従つて，これを前提として本件刑事特別法二条を違憲無効としたことも失当であつて，」（以上圏点はわたくしが付した）と，判示するところである。以上多数意見を要約すると，安保条約は，わが国の存立に重大な関係を有する高度の政治性を有するものであること，かかる条約の違憲なりや否やの判断は司法裁判所の判断には原則としてなじまないものであること，したがつてかかる条約の違憲審査権は「一見極めて明白な違憲無効」と認められるものに限られ，「それ以外」は裁判所の

資料④　砂川事件最高裁判決

違憲審査権の範囲外であるということに帰着するのである。多数意見は以上の如く判示しながら，その次には安保条約及びそれに基く駐留軍隊の本質内容等につき解釈を下し，次に相当詳細に憲法的判断を加えたうえ，「アメリカ合衆国軍隊の駐留は，憲法九条，九八条二項および前文の趣旨に適合こそすれ，これらの条章に反して違憲無効であることが一見極めて明白であるとは到底認められない。」との結論を下し，したがつて安保条約に基く米軍隊の駐留が憲法九条二項前段に違反すると判断した原判決は，「裁判所の司法審査権の範囲を逸脱し」た違法がある。と，判示しておるのである。

四，わたくしは，以上指摘した多数意見一連の判旨には到底賛同し難い。先ず条約に限らず法律のうちでも国の存立に極めて重大な関係を持ち，したがつて高度の政治性を有するものは数多くあることは言うをまたないのであるが，多数意見はこの場合も条約の場合と同様，違憲審査権の行使は一見極めて明白な違憲の場合に限るというのであろうか。そうでなければ論理が一貫しないこと明らかである。何となれば条約は内閣が締結し，国会が承認するのであるが，法律もまた全くそれと同様であるのである。要するに多数意見の到達するところは，違憲審査権は立法行政二権によつてなされる国の重大事項には及ばない，とするものであつて，わが新憲法が指向する力よりも法の支配による民主的平和的国家の存立理念と，右法の支配の実現を憲法より信託された裁判所の使命とに甚だしく背馳するものであることは明らかである。かくてわが憲法上の三権分立のうち，立法行政二権に対する司法権唯一の抑制の権能たる違憲審査権は，国の重大事項には全く及ばないこととなり（多数意見のいう「一見極めて明白なる違憲無効」というようなものは殆どあるものではない。すなわち有名無実のものである），わが三権分立の制度を根本から脅かすものと思う。また多数意見のいう本件安保条約に対しては違憲審査権は原則としてなじまないものであるとするのは如何なる法的根拠によるものであるのか，少しもその理由が説明されておらず，理由不備の判決といわなければならない。或は統治行為説または裁量行為説等，内閣または国会の行為のうちには違憲審査権が及ばないものがあるとの説があるけれども，元来三権分立の制度からくる内閣または国会の地位権限に照して，これら各機関固有の権限行為または固有の裁量行為は当該機関の専権に属し，他機関がこれを冒すことはできないけれども，その専権に属する権限行為または裁量行為の内容に違憲が存在するときは，それは裁判所の違憲審査の対象となることは，力よりも法を優位とし法の支配を実現せんとする違憲審査の制度に照して疑いないばかりでなく，憲法八一条の「……裁判所は，一切の法律，命令，規則又は処分が憲法に適合するかしないかを決定する権限」との明文に照して明らかであるというべきである。（もつとも，「降伏文書」，または無条件降伏した「敗戦国としての平和条約」の如きは，その本質上，違憲審査の対象とならないことはいうまでもなかろう。）
さればわたくしは，統治行為説または裁量行為説には，少なくともわが憲法上は到底賛

同することができない。次に違憲審査権は、「憲法に適合するかしないかを決定する権限」、すなわち「憲法適否の審査権」と解すべきであるところ（憲法八一条）、多数意見は本件条約の場合「違憲の審査」については「一見極めて明白なる違憲無効」のものに限ること、「それ以外は裁判所の司法審査（私註，ここに司法審査とは違憲審査の意味と解する）の範囲外である」と判示する。而して本件条約の場合右にいう「一見極めて明白な違憲無効」と認むべきものはなく、そして「それ以外は違憲審査権の範囲外」であるというのであるから、本件はこれのみで「違憲の審査」は終了し、爾余は適憲とも違憲とも判断してはならないものとわたくしは考える。再言すれば、「一見極めて明白な違憲無効」のものに限り「それ以外は審査の範囲外」であるというのであるから、一切憲法に適合するものとも適合しないものとも判断すべきではないのである。もし判断したらそれは権限外の行為であつて違法なのである。このことは上級審の判断の下級審に対する拘束力（裁判所法四条参照）の点を考えれば明瞭である。また「一見極めて明白な違憲無効」とは「ひと目見てすぐ判る違憲無効」の意と解せられるが、智能をあつめ日月をかけて締結し、衆智によつて承認された条約に「ひと目見てすぐわかる違憲無効」のような瑕疵が果してあるであろうか。ひつきよう多数意見は違憲審査権に対する自慰的な言い訳けの言に外ならないと考えられる。したがつて多数意見の究極するところは条約（精確にいえば、本件安保条約）に対しては違憲審査権は及ばないとしたものと同一に帰着する。或は条約と憲法との関係は、努めて条約を憲法に適合するように解釈すべきであるとの説がある。この説は前提において条約に対しても法律同様の完全な違憲審査権があることを前提とするものであつて、本件多数意見とは根本的にその立場を異にする。次に多数意見は本件には一見極めて明白な違憲はないと断定しながら、違憲審査の範囲外であるとする「それ以外」の事項について相当詳細に憲法的判断を下したうえ、その結論として、「アメリカ合衆国軍隊の駐留は、憲法九条、憲法九八条二項および前文の趣旨に適合こそすれ、」と判示し、最後に原判決に対して「司法審査権の範囲を逸脱し」た違法ありと断定しておるのである。そもそも条約と違憲審査権の問題は最高裁判所発足以来本件がはじめての案件ではあるが、多数意見理由三の冒頭以下本件安保条約及びその駐留軍の性質を論じて本条約の適憲性を判断しておるように、本条約は十分に違憲審査に耐えるものであることは多数意見自体それを証拠立てているものであつて、特に本件において、「条約（精確にいえば本件安保条約）に対しては一見極めて明白な違憲無効以外のものは違憲審査権はない」なぞとの重要判示をしなければならない法律上ないし審判上何らの必要を認めない案件であることは明らかである。

五、おもうに、新憲法が違憲審査権を裁判所に賦与した主たる理由は、裁判官は「憲法及び法律にのみ拘束され」（憲法七六条三項）、したがつて法の解釈適用を強制される裁判所の本質に内在する固有的な機能を認めて、これに賦与したものと解すべく（アメリ

資料④　砂川事件最高裁判決

カ合衆国は違憲審査権につき何ら憲法上に規定なきにかかわらず，独立以来裁判所がこの権能を行使して今日に及んでおるのである)．そして本権につき憲法が企図するところは，力よりも法の優位であること，法の支配による正義の行われる社会の実現を期し，かくて憲法前文のいう「平和を維持し，専制と隷従，圧迫と偏狭を地上から永遠に除去しようと努め」るための普遍的原理の実現にあるものと考える．そして本制度の効果は，しばしば違憲判決の下されるよりも，本制度のあることそれ自体によって，力による違憲行為の発生を未然に防止する消極的効果にむしろ期待を寄せているものと考える．多数意見は「国の存立に重大な関係あり，したがつて高度の政治性を有する条約」については，原則として違憲審査権の及ばないことを判示するものであつて，国の重大事項と憲法との関係において，憲法を軽視するものであつてそれはやがて力（権力）を重しとし法（憲法）を軽しとする思想に通ずるものといわなければならない．かつて旧憲法において，法的にはその責任は不明確であつたが，彼の枢密院が天皇の諮詢機関として存在し，もつてすべての条約（前掲公式令八条参照）及び重要なる法律並びに勅令案は皆同院における憲法適否の審査を経たものであつて，同院は実質上憲法擁護の任にあつたことは今更いうまでもないところである．また憲法は国の基本法として条約よりも優位であることの法理確認の事例としては，昭和四年条約第一号「戦争放棄ニ関スル条約」，すなわちいわゆる不戦条約第一条中の文言に，「其ノ各自ノ人民ノ名ニ於テ厳粛ニ宣言ス」とあるうちの「人民ノ名ニ於テ」なる文詞は，憲法に反するものとして右文詞のみはわが国に適用なき旨留保宣言（その留保宣言は「帝国政府ハ……条約第一条中ノ「其ノ各自ノ人民ノ名ニ於テ」ナル字句ハ帝国憲法ノ条章ヨリ観テ日本国ニ限リ適用ナキモノト了解スルコトヲ宣言ス」）を付して該条約を批准した事実は，歴史の明証するところである．新憲法の違憲審査の権能は明治憲法よりも劣弱であるというのであろうか．更にまた国の存立に重大関係あり高度の政治性ある条約というべき，第二世界戦争勃発の原動力となつた日独伊三国同盟条約の如きは，「一見極めて明白な違憲」と認められないようにその体制を整えることができると思うのであるが，多数意見は違憲審査権の範囲外としてその効力を認容するであろうか．けだし世界状勢は変転極まりなく，国の権力にも変遷推移あることに想到すれば，国の基本法たる憲法の護持擁護は不抜のものでなくてはならないことが痛感されるのである．わたくしは平和の維持と基本的人権の擁護のため，違憲審査権の健在を祈ってやまないものである．

　裁判官奥野健一，同高橋潔の意見は次のとおりである．

　憲法九条一項は，わが国の，国権の発動たる戦争と，武力による威嚇又は武力の行使は，国際紛争を解決する手段としてはこれを放棄したものであり，従つて，同条二項の戦力の不保持も，わが国が自ら指揮権管理権を有する戦力の保持を禁じたものと解すべきが当然であり，わが国が指揮管理し得ない外国軍隊に関するものではない．従つて，

安全保障条約により，わが国に駐留する米国軍隊は，わが国が指揮権管理権を有するものでないことは明らかであるから，右九条二項に直接違反するものといい得ないことは明白である。しかし，右米国軍隊の駐留が，憲法九条二項の精神又は憲法の前文の趣旨に反しないかは，更に，検討する必要がある。

米国軍隊がわが国に駐留するのは，安保条約に基き，その実行としてするのであるから，米国軍隊の駐留の違憲性を判断するには，先ずその前提として，安保条約が違憲であるか否かを判断する必要がある。然るに多数意見は安保条約の違憲性については裁判所に審査権がない旨判示する。その趣旨が，一般に条約の違憲性については裁判所の審査権が及ばないというのであるか，或いは条約については審査権があるが，本件安保条約はいわゆる統治行為に属するから審査権がないというのであるか，明らかではないが，その何れにしても，われわれは異見を有する。元来，条約は国と国との国際法上の契約であるが，同時に条約そのままが国内法的効力を有する場合があり，又条約が直ちに国内法規としての効力を有しないで，別に国内法律を制定して，これにより条約を実施する場合とがある。条約がそのまま国内法規として国民を拘束する場合は，その国内法的効力は，原則として最高法規である憲法の下位に立つものであつて，この場合国内法律と同様，憲法八一条により憲法に適合するかしないかの裁判所のいわゆる違憲審査の対象になるものと解する。このことは，条約を前提問題として判断する場合も同様である。また，条約実施のための国内法律が右憲法同条の法律として裁判所の違憲審査に服すべきことは勿論である。あるいは，右八一条中に「条約」なる文字がないから，条約については，裁判所に違憲審査権がないと論ずる者があるが，たとえ，裁判所が条約を違憲であると判断しても，それは条約の国内法的効力を否定するに止まり，国際法上における条約の効力を否定するものではなく（政府としては，かかる場合，条約の廃棄，修正の手続を採るか又は条約実施の義務違反の国際法上の責任を生ずるかは別問題として），依然国際法上は条約として有効なものであつて，裁判所は国際法上の条約自体の有効，無効まで審査判断するものではない。この意味において，右八一条中に特に「条約」なる文字を挿入しなかつたものと解すべく，条約の国内法的効力について裁判所の違憲審査権を否定する趣旨と解すべきではない。繰り返していうなれば，憲法八一条は憲法の下位にある一切の国内法規についての司法審査権を規定したものであつて，同条に規定していない憲法九四条の「条例」なども当然司法審査の対象となることは疑を容れないところであり，条約も右八一条に列挙されていなくても，その国内法的効力については当然司法審査の対象になるものであり，この意味において条約は国内法規としては右八一条中の「法律」のうちに包含されているものと解せられる。このことは，また，憲法七六条三項及び九八条一項の「法律」のうちに国内法規としての条約も包含されていると解すべきであると同様である。従つて，九八条一項の「条約」の文字がないからとい

資料④　砂川事件最高裁判決

つて，条約が憲法の下位には立たぬとか，或いは裁判所の違憲審査の対象にならぬとかという根拠にはならないし，また，九八条二項の条約遵守の義務から，当然に憲法に違反する条約でもすべて国民を拘束し，裁判所の違憲審査権が及ばないとする根拠にはならないと考える。また，若し条約に違憲審査権が及ばないとすれば，他国との間に憲法の条章に矛盾・背反する条約を結ぶことによつて憲法改正の手続を採ることなく，容易に憲法を改正すると実質上同様な結果を生ぜしめることができることとなり甚しく不当なことになる。

　また，司法審査権の限界について，われわれは，いわゆる統治行為ないし政治問題として審査権の及ばない或る部面のあることは必ずしも否定しない。しかし，問題が政治性が高いとか，国の重大政策に関する問題であるからというだけの理由で，当然これに該当するとすることには，われわれは賛同できない。けだし，元来，法律の制定とか条約の締結の如き行為は，概ね国の重大政策に関する政治性の高い事項であり，従つて，これに対する違憲審査は当然政治性の高い判断を必要とするものであるから，単に，政治性が高いとか，国の重大政策に関する問題であるというだけの理由で裁判所の違憲審査権が及ばないとすると，政治的問題となつた重要法律等の多くは裁判所が違憲審査ができないこととなり，わが憲法が，特に八一条の明文を設けて，裁判所に法律以下の一切の国内法規並びに処分についての違憲審査権を賦与し，以つて，国会や政府の行為によつて憲法が侵犯されないように配慮した憲法の精神に副わないのみならず，同七六条，九九条により特に憲法擁護の義務を課せられた裁判官の職責を完うする所以でもないと信ずるからである。これを要するに，多数意見は条約には裁判所の違憲審査権は及ばないという意見と本件安保条約は統治行為に属するから審査権がないという意見とを最大公約数的に包括したものと思われるが，何れにしても本件安保条約は裁判所の司法審査権の範囲外のものであるとしながら，違憲であるか否かが「一見極めて明白」なものは審査できるというのであつて，論理の一貫性を欠く（殊に若し条約には始めから司法審査権なしという意見者もかかる理論を是認しているものとすれば，甚だ理解に苦しむところである）のみならず，安保条約はわが国の存立の基礎に極めて重大な関係を持つ高度の政治性を有するものであるから，一見極めて明白な違憲性についてだけ審査するに止め，更に進んで実質的な違憲審査を行わないというのであつて，この態度は矢張り前述のようにわが憲法八一条，七六条，九九条の趣旨に副わないものと考える（しかも多数意見は結語として安保条約は一見極めて明白な違憲があるとは認められないといいながら，その過程において，むしろ違憲でないことを実質的に審査判示しているものと認められる）。われわれは，安保条約の国内法的効力が憲法九条その他の条章に反しないか否かは，司法裁判所として純法律的に審査することは可能であるのみならず，特に，いわゆる統治行為として裁判所がその審査判断を回避しなければならない特段の理由も

*191*

発見できない。

そこで，安保条約が果して憲法九条の精神又はその前文の趣旨に反しないか否かを審査するに，憲法九条一項は「国権の発動たる戦争と武力による威嚇又は武力の行使を国際紛争を解決する手段とする」ことを禁止しているのであつて，その趣旨は不戦条約にいう「国際紛争の解決のために戦争に訴えることを不法とし，国家の政策の手段としての戦争を放棄する」というのと同趣旨に解すべきものであり，かくて，また国連憲章二条四項の趣旨とも合致するものと考える。従つて，憲法九条一項は何らわが国の自衛権の制限・禁止に触れたものではなく，「国の自衛権」は国際法上何れの主権国にも認められた「固有の権利」として当然わが国もこれを保持するものと解すべく，一方，憲法前文の「……われらの安全と生存を保持しようと決意した」とか「……平和のうちに生存する権利を有することを確認する」とかとの宣言によつても明らかなように，憲法はわが国の「生存権」を確認しているのである。然るに，今若しわが国が他国からの武力攻撃を受ける危険があるとしたならば，これに対してわが国の生存権を守るため自衛権の行使として，防衛のため武力攻撃を阻止する措置を採り得ることは当然であり，憲法もこれを禁止していないものと解すべきである。けだし，わが国が武力攻撃を受けた場合でも，自衛権の行使ないし防衛措置を採ることができないとすれば，坐して自滅を待つの外なく，かくの如きは憲法が生存権を確認した趣旨に反すること明らかであるからである。そして，かかる場合に，わが国の安全と生存を保障するためには，国連憲章三九条ないし四二条による措置に依拠することは理想的であるけれども，国連の右措置は未だ，適切有効に発揮し得ない現況にあることは明らかであるから，次善の策として，或る特定国と集団安全保障取極を締結し，もつて右特定国の軍隊の援助によりわが国の安全と生存を防衛せんとすることは止むを得ないところであつて，その目的のために右特定国軍隊をわが国の領土に駐留することを許容したからといつて，それはわが国の自衛権ないし主権に基く防衛措置に外ならないのであるから，憲法前文の平和主義に反するものではなく，また，憲法九条二項の禁止するところでもない。而して，安保条約は平和条約五条(c)と六条(a)但書に則りわが国と米国との間に締結された条約であつて，「無責任な軍国主義がまだ世界から駆逐されていないので」，日本には武力攻撃を受ける危険があることを前提として（かかる「危険」があるか否かの国際情勢の判断については，いわゆる政治問題として裁判所の審査判断すべきところではなく，既に，政府と国会が安保条約の前文において，かかる判断を下している以上裁判所としてはこれに従う外はないものと考える），わが国は，国連憲章の承認しているすべての国の固有する「個別的及び集団的自衛権の行使」として，わが国に対する武力攻撃を阻止するため，日本国内及びその附近に米国軍隊を維持することを希望し，米国に対しその軍隊を右地域に配備する権利を許与し，米国はこれを受諾し，その配備した軍隊を「外部からの武

資料④　砂川事件最高裁判決

力攻撃に対する日本国の安全に寄与するため等に使用することができる」ことを協定したものであつて，国連憲章の制約と国連の一般的統制の下に，国連憲章五一条の「個別的，集団的自衛の固有の権利」に基き，専ら「武力攻撃が発生した場合における」自衛のための措置を協定した集団的安全保障取極である（昭和三二年六月二一日の共同コミニユケ，昭和三二年九月一四日交換公文，参照）。すなわち，右条約は各国の固有する自衛権に基く防衛目的のための措置を定めたものであつて，固より侵略を目的とする軍事同盟であるとはいい難く，従つて前記説明の趣旨において憲法九条の精神にも，その前文の趣旨にも反するものとはいいえない。（なお，安保条約が米国軍隊が極東における国際の平和と安全の維持に寄与するためにも使用せられることを規定しているところから，米国軍隊が極東平和のため行動することにより，わが国がその防衛に関係のない戦争に巻き込まれ，わが国に再び戦争の惨禍を招く危険があるから憲法前文に反するとの議論について一言する。米国軍隊が安保条約の右規定によつて出動し得るのは，国際連合の機関の決定または勧告に従う場合の外は，国連憲章五一条に従つてその要件の下においてのみ行動すべきものであることは，前記交換公文により日米両国間に確認せられているところである。従つて，この場合には，極東において現実に「武力攻撃が発生した場合」であることを要するのはいうまでもない。そしてこの武力攻撃の発生は，極東の平和と安全が日本の平和と安全と極めて密接不可分の関係を有するものであるから，同時に日本の平和と安全をも脅かすものであり，従つてかかる米国軍隊の行動はわが国の平和と安全をも保障するものであるとの議論も成立し得るのである。このような，日本の平和と安全とが極東の平和と安全と密接不可分であるとの判断の是非は，国際情勢ないし軍事情勢等に対する判断の如何にかかるものであつて，政府や国会の判定すべきいわゆる政治問題に属し，それらの機関において既に右のような判断を下して前記の如き規定を設けた以上は，司法裁判所としては右判断に介入審査し得べき限りではないと考える。）

　以上述べたように，安保条約は憲法九条及びその精神並に憲法前文に反するものとはいいえない。（なお，行政協定は，特に国会の承認を経ていないが，既に国会の承認を経た安保条約三条の委任の範囲内のものであると認められるから違憲とは認められない。）従つて，右安保条約及び行政協定に基く米国軍隊の駐留も，また，違憲とはいいえない。よつて，これが受入国たるわが国が，その軍事施設の安全につき保護を与えることは，当然であり，米国軍隊の施設及び区域内の平穏を保護するため本件刑事特別法を制定しその違反行為に対し，軽犯罪法一条三二号所定の法定刑よりも重い刑を定めたからといつて，立法機関の裁量に任された範囲における立法政策の問題であつて，憲法三一条に違反するものとは勿論いいえないし，また，両者の法定刑に差異を設けたからといつて，その法益を異にするものであるから，これを以つて不合理な差別的取扱をし

たものとして，憲法一四条に違反したものともいえないことは勿論，憲法一三条に反するものでもない。されば，原判決は憲法の解釈を誤つたものであり，本件上告はその理由があつて，原判決は破棄を免れない。よつてわれわれは多数意見の主文にはもとより同一意見であるが，その理由は以上の如く異にするものである。（なお，憲法九条が自衛のためのわが国自らの戦力の保持をも禁じた趣旨であるか否かの点は，上告趣意の直接論旨として争っているものとは認められないのみならず，本件事案の解決には必要でないと認められるから，この点についてはいまここで判断を示さない。）

（裁判長裁判官　田中耕太郎　裁判官　小谷勝重　裁判官　島　保　裁判官　斉藤悠輔　裁判官　藤田八郎　裁判官　河村又介　裁判官　入江俊郎　裁判官　池田克　裁判官　垂水克己　裁判官　河村大助　裁判官　下飯坂潤夫　裁判官　奥野健一　裁判官　高橋潔　裁判官　高木常七　裁判官　石坂修一）

資料⑤

# 国際平和共同対処事態に際して我が国が実施する諸外国の軍隊等に対する協力支援活動等に関する法律

〔平成27年法律第77号　平成28年3月29日施行〕


　　　第1章　総則

（目的）
第1条　この法律は，国際社会の平和及び安全を脅かす事態であって，その脅威を除去するために国際社会が国際連合憲章の目的に従い共同して対処する活動を行い，かつ，我が国が国際社会の一員としてこれに主体的かつ積極的に寄与する必要があるもの（以下「国際平和共同対処事態」という。）に際し，当該活動を行う諸外国の軍隊等に対する協力支援活動等を行うことにより，国際社会の平和及び安全の確保に資することを目的とする。

（基本原則）
第2条①　政府は，国際平和共同対処事態に際し，この法律に基づく協力支援活動若しくは捜索救助活動又は重要影響事態等に際して実施する船舶検査活動に関する法律（平成12年法律第145号）第2条に規定する船舶検査活動（国際平和共同対処事態に際して実施するものに限る。第4条第2項第5号において単に「船舶検査活動」という。）（以下「対応措置」という。）を適切かつ迅速に実施することにより，国際社会の平和及び安全の確保に資するものとする。
②　対応措置の実施は，武力による威嚇又は武力の行使に当たるものであってはならない。
③　協力支援活動及び捜索救助活動は，現に戦闘行為（国際的な武力紛争の一環として行われる人を殺傷し又は物を破壊する行為をいう。以下同じ。）が行われている現場では実施しないものとする。ただし，第8条第6項の規定により行われる捜索救助活動については，この限りでない。
④　外国の領域における対応措置については，当該対応措置が行われることについて当該外国（国際連合の総会又は安全保障理事会の決議に従って当該外国において施政

を行う機関がある場合にあっては，当該機関）の同意がある場合に限り実施するものとする。
⑤　内閣総理大臣は，対応措置の実施に当たり，第4条第1項に規定する基本計画に基づいて，内閣を代表して行政各部を指揮監督する。
⑥　関係行政機関の長は，前条の目的を達成するため，対応措置の実施に関し，防衛大臣に協力するものとする。

（定義等）
第3条①　この法律において，次の各号に掲げる用語の意義は，それぞれ当該各号に定めるところによる。
  1　諸外国の軍隊等　国際社会の平和及び安全を脅かす事態に関し，次のいずれかの国際連合の総会又は安全保障理事会の決議が存在する場合において，当該事態に対処するための活動を行う外国の軍隊その他これに類する組織（国際連合平和維持活動等に対する協力に関する法律（平成4年法律第79号）第3条第1号に規定する国際連合平和維持活動，同条第2号に規定する国際連携平和安全活動又は同条第3号に規定する人道的な国際救援活動を行うもの及び重要影響事態に際して我が国の平和及び安全を確保するための措置に関する法律（平成11年法律第60号）第3条第1項第1号に規定する合衆国軍隊等を除く。）をいう。
    イ　当該外国が当該活動を行うことを決定し，要請し，勧告し，又は認める決議
    ロ　イに掲げるもののほか，当該事態が平和に対する脅威又は平和の破壊であるとの認識を示すとともに，当該事態に関連して国際連合加盟国の取組を求める決議
  2　協力支援活動　諸外国の軍隊等に対する物品及び役務の提供であって，我が国が実施するものをいう。
  3　捜索救助活動　諸外国の軍隊等の活動に際して行われた戦闘行為によって遭難した戦闘参加者について，その捜索又は救助を行う活動（救助した者の輸送を含む。）であって，我が国が実施するものをいう。
②　協力支援活動として行う自衛隊に属する物品の提供及び自衛隊による役務の提供（次項後段に規定するものを除く。）は，別表第1に掲げるものとする。
③　捜索救助活動は，自衛隊の部隊等（自衛隊法（昭和29年法律第165号）第8条に規定する部隊等をいう。以下同じ。）が実施するものとする。この場合において，捜索救助活動を行う自衛隊の部隊等において，その実施に伴い，当該活動に相当する活動を行う諸外国の軍隊等の部隊に対して協力支援活動として行う自衛隊に属する物品の提供及び自衛隊による役務の提供は，別表第2に掲げるものとする。

資料⑤　国際平和協力支援法

## 第2章　対応措置等

（基本計画）

第4条①　内閣総理大臣は，国際平和共同対処事態に際し，対応措置のいずれかを実施することが必要であると認めるときは，当該対応措置を実施すること及び当該対応措置に関する基本計画（以下「基本計画」という。）の案につき閣議の決定を求めなければならない。

②　基本計画に定める事項は，次のとおりとする。

1　国際平和共同対処事態に関する次に掲げる事項

　　イ　事態の経緯並びに国際社会の平和及び安全に与える影響

　　ロ　国際社会の取組の状況

　　ハ　我が国が対応措置を実施することが必要であると認められる理由

2　前号に掲げるもののほか，対応措置の実施に関する基本的な方針

3　前条第2項の協力支援活動を実施する場合における次に掲げる事項

　　イ　当該協力支援活動に係る基本的事項

　　ロ　当該協力支援活動の種類及び内容

　　ハ　当該協力支援活動を実施する区域の範囲及び当該区域の指定に関する事項

　　ニ　当該協力支援活動を自衛隊が外国の領域で実施する場合には，当該協力支援活動を外国の領域で実施する自衛隊の部隊等の規模及び構成並びに装備並びに派遣期間

　　ホ　自衛隊がその事務又は事業の用に供し又は供していた物品以外の物品を調達して諸外国の軍隊等に無償又は時価よりも低い対価で譲渡する場合には，その実施に係る重要事項

　　ヘ　その他当該協力支援活動の実施に関する重要事項

4　捜索救助活動を実施する場合における次に掲げる事項

　　イ　当該捜索救助活動に係る基本的事項

　　ロ　当該捜索救助活動を実施する区域の範囲及び当該区域の指定に関する事項

　　ハ　当該捜索救助活動の実施に伴う前条第3項後段の協力支援活動の実施に関する重要事項（当該協力支援活動を実施する区域の範囲及び当該区域の指定に関する事項を含む。）

　　ニ　当該捜索救助活動又はその実施に伴う前条第3項後段の協力支援活動を自衛隊が外国の領域で実施する場合には，これらの活動を外国の領域で実施する自衛隊の部隊等の規模及び構成並びに装備並びに派遣期間

　　ホ　その他当該捜索救助活動の実施に関する重要事項

5　船舶検査活動を実施する場合における重要影響事態等に際して実施する船舶検査活動に関する法律第4条第2項に規定する事項
　6　対応措置の実施のための関係行政機関の連絡調整に関する事項
③　協力支援活動又は捜索救助活動を外国の領域で実施する場合には，当該外国（第2条第4項に規定する機関がある場合にあっては，当該機関）と協議して，実施する区域の範囲を定めるものとする。
④　第1項及び前項の規定は，基本計画の変更について準用する。
（国会への報告）
第5条　内閣総理大臣は，次に掲げる事項を，遅滞なく，国会に報告しなければならない。
　1　基本計画の決定又は変更があったときは，その内容
　2　基本計画に定める対応措置が終了したときは，その結果
（国会の承認）
第6条①　内閣総理大臣は，対応措置の実施前に，当該対応措置を実施することにつき，基本計画を添えて国会の承認を得なければならない。
②　前項の規定により内閣総理大臣から国会の承認を求められた場合には，先議の議院にあっては内閣総理大臣が国会の承認を求めた後国会の休会中の期間を除いて7日以内に，後議の議院にあっては先議の議院から議案の送付があった後国会の休会中の期間を除いて7日以内に，それぞれ議決するよう努めなければならない。
③　内閣総理大臣は，対応措置について，第1項の規定による国会の承認を得た日から2年を経過する日を超えて引き続き当該対応措置を行おうとするときは，当該日の30日前の日から当該日までの間に，当該対応措置を引き続き行うことにつき，基本計画及びその時までに行った対応措置の内容を記載した報告書を添えて国会に付議して，その承認を求めなければならない。ただし，国会が閉会中の場合又は衆議院が解散されている場合には，その後最初に召集される国会においてその承認を求めなければならない。
④　政府は，前項の場合において不承認の議決があったときは，遅滞なく，当該対応措置を終了させなければならない。
⑤　前2項の規定は，国会の承認を得て対応措置を継続した後，更に2年を超えて当該対応措置を引き続き行おうとする場合について準用する。
（協力支援活動の実施）
第7条①　防衛大臣又はその委任を受けた者は，基本計画に従い，第3条第2項の協力支援活動としての自衛隊に属する物品の提供を実施するものとする。
②　防衛大臣は，基本計画に従い，第3条第2項の協力支援活動としての自衛隊による

資料⑤　国際平和協力支援法

役務の提供について，実施要項を定め，これについて内閣総理大臣の承認を得て，自衛隊の部隊等にその実施を命ずるものとする。
③　防衛大臣は，前項の実施要項において，実施される必要のある役務の提供の具体的内容を考慮し，自衛隊の部隊等がこれを円滑かつ安全に実施することができるように当該協力支援活動を実施する区域（以下この条において「実施区域」という。）を指定するものとする。
④　防衛大臣は，実施区域の全部又は一部において，自衛隊の部隊等が第3条第2項の協力支援活動を円滑かつ安全に実施することが困難であると認める場合又は外国の領域で実施する当該協力支援活動についての第2条第4項の同意が存在しなくなったと認める場合には，速やかに，その指定を変更し，又はそこで実施されている活動の中断を命じなければならない。
⑤　第3条第2項の協力支援活動のうち我が国の領域外におけるものの実施を命ぜられた自衛隊の部隊等の長又はその指定する者は，当該協力支援活動を実施している場所若しくはその近傍において戦闘行為が行われるに至った場合若しくは付近の状況等に照らして戦闘行為が行われることが予測される場合又は当該部隊等の安全を確保するため必要と認める場合には，当該協力支援活動の実施を1時休止し又は避難するなどして危険を回避しつつ，前項の規定による措置を待つものとする。
⑥　第2項の規定は，同項の実施要項の変更（第4項の規定により実施区域を縮小する変更を除く。）について準用する。

（捜索救助活動の実施等）
第8条①　防衛大臣は，基本計画に従い，捜索救助活動について，実施要項を定め，これについて内閣総理大臣の承認を得て，自衛隊の部隊等にその実施を命ずるものとする。
②　防衛大臣は，前項の実施要項において，実施される必要のある捜索救助活動の具体的内容を考慮し，自衛隊の部隊等がこれを円滑かつ安全に実施することができるように当該捜索救助活動を実施する区域（以下この条において「実施区域」という。）を指定するものとする。
③　捜索救助活動を実施する場合において，戦闘参加者以外の遭難者が在るときは，これを救助するものとする。
④　前条第4項の規定は，実施区域の指定の変更及び活動の中断について準用する。
⑤　前条第5項の規定は，我が国の領域外における捜索救助活動の実施を命ぜられた自衛隊の部隊等の長又はその指定する者について準用する。この場合において，同項中「前項」とあるのは，「次条第4項において準用する前項」と読み替えるものとする。

⑥ 前項において準用する前条第5項の規定にかかわらず，既に遭難者が発見され，自衛隊の部隊等がその救助を開始しているときは，当該部隊等の安全が確保される限り，当該遭難者に係る捜索救助活動を継続することができる。

⑦ 第1項の規定は，同項の実施要項の変更（第4項において準用する前条第4項の規定により実施区域を縮小する変更を除く。）について準用する。

⑧ 前条の規定は，捜索救助活動の実施に伴う第3条第3項後段の協力支援活動について準用する。

（自衛隊の部隊等の安全の確保等）

第9条　防衛大臣は，対応措置の実施に当たっては，その円滑かつ効果的な推進に努めるとともに，自衛隊の部隊等の安全の確保に配慮しなければならない。

（関係行政機関の協力）

第10条① 防衛大臣は，対応措置を実施するため必要があると認めるときは，関係行政機関の長に対し，その所管に属する物品の管理換えその他の協力を要請することができる。

② 関係行政機関の長は，前項の規定による要請があったときは，その所掌事務に支障を生じない限度において，同項の協力を行うものとする。

（武器の使用）

第11条① 第7条第2項（第8条第8項において準用する場合を含む。第5項及び第6項において同じ。）の規定により協力支援活動としての自衛隊の役務の提供の実施を命ぜられ，又は第8条第1項の規定により捜索救助活動の実施を命ぜられた自衛隊の部隊等の自衛官は，自己又は自己と共に現場に所在する他の自衛隊員（自衛隊法第2条第5項に規定する隊員をいう。第6項において同じ。）若しくはその職務を行うに伴い自己の管理の下に入った者の生命又は身体の防護のためやむを得ない必要があると認める相当の理由がある場合には，その事態に応じ合理的に必要と判断される限度で武器（自衛隊が外国の領域で当該協力支援活動又は当該捜索救助活動を実施している場合については，第4条第2項第3号ニ又は第4号ニの規定により基本計画に定める装備に該当するものに限る。以下この条において同じ。）を使用することができる。

② 前項の規定による武器の使用は，当該現場に上官が在るときは，その命令によらなければならない。ただし，生命又は身体に対する侵害又は危難が切迫し，その命令を受けるいとまがないときは，この限りでない。

③ 第1項の場合において，当該現場に在る上官は，統制を欠いた武器の使用によりかえって生命若しくは身体に対する危険又は事態の混乱を招くこととなることを未然に防止し，当該武器の使用が同項及び次項の規定に従いその目的の範囲内において

資料⑤ 国際平和協力支援法

適正に行われることを確保する見地から必要な命令をするものとする。
④ 第1項の規定による武器の使用に際しては,刑法(明治40年法律第45号)第36条又は第37条の規定に該当する場合を除いては,人に危害を与えてはならない。
⑤ 第7条第2項の規定により協力支援活動としての自衛隊の役務の提供の実施を命ぜられ,又は第8条第1項の規定により捜索救助活動の実施を命ぜられた自衛隊の部隊等の自衛官は,外国の領域に設けられた当該部隊等の宿営する宿営地(宿営のために使用する区域であって,囲障が設置されることにより他と区別されるものをいう。以下この項において同じ。)であって諸外国の軍隊等の要員が共に宿営するものに対する攻撃があった場合において,当該宿営地以外にその近傍に自衛隊の部隊等の安全を確保することができる場所がないときは,当該宿営地に所在する者の生命又は身体を防護するための措置をとる当該要員と共同して,第1項の規定による武器の使用をすることができる。この場合において,同項から第3項まで及び次項の規定の適用については,第1項中「現場に所在する他の自衛隊員(自衛隊法第2条第5項に規定する隊員をいう。第6項において同じ。)若しくはその職務を行うに伴い自己の管理の下に入った者」とあるのは「その宿営する宿営地(第5項に規定する宿営地をいう。次項及び第3項において同じ。)に所在する者」と,「その事態」とあるのは「第5項に規定する諸外国の軍隊等の要員による措置の状況をも踏まえ,その事態」と,第2項及び第3項中「現場」とあるのは「宿営地」と,次項中「自衛隊員」とあるのは「自衛隊員(同法第2条第5項に規定する隊員をいう。)」とする。
⑥ 自衛隊法第96条第3項の規定は,第7条第2項の規定により協力支援活動としての自衛隊の役務の提供(我が国の領域外におけるものに限る。)の実施を命ぜられ,又は第8条第1項の規定により捜索救助活動(我が国の領域外におけるものに限る。)の実施を命ぜられた自衛隊の部隊等の自衛官については,自衛隊員以外の者の犯した犯罪に関しては適用しない。

第3章 雑則

(物品の譲渡及び無償貸付け)
第12条 防衛大臣又はその委任を受けた者は,協力支援活動の実施に当たって,自衛隊に属する物品(武器を除く。)につき,協力支援活動の対象となる諸外国の軍隊等から第3条第1項第1号に規定する活動(以下「事態対処活動」という。)の用に供するため当該物品の譲渡又は無償貸付けを求める旨の申出があった場合において,当該事態対処活動の円滑な実施に必要であると認めるときは,その所掌事務に支障を生じない限度において,当該申出に係る物品を当該諸外国の軍隊等に対し無償若

201

しくは時価よりも低い対価で譲渡し，又は無償で貸し付けることができる。
(国以外の者による協力等)
第13条① 防衛大臣は，前章の規定による措置のみによっては対応措置を10分に実施することができないと認めるときは，関係行政機関の長の協力を得て，物品の譲渡若しくは貸付け又は役務の提供について国以外の者に協力を依頼することができる。
② 政府は，前項の規定により協力を依頼された国以外の者に対し適正な対価を支払うとともに，その者が当該協力により損失を受けた場合には，その損失に関し，必要な財政上の措置を講ずるものとする。
(請求権の放棄)
第14条 政府は，自衛隊が協力支援活動又は捜索救助活動(以下この条において「協力支援活動等」という。)を実施するに際して，諸外国の軍隊等の属する外国から，当該諸外国の軍隊等の行う事態対処活動又は協力支援活動等に起因する損害についての請求権を相互に放棄することを約することを求められた場合において，これに応じることが相互の連携を確保しながらそれぞれの活動を円滑に実施する上で必要と認めるときは，事態対処活動に起因する損害についての当該外国及びその要員に対する我が国の請求権を放棄することを約することができる。
(政令への委任)
第15条 この法律に定めるもののほか，この法律の実施のための手続その他この法律の施行に関し必要な事項は，政令で定める。

附　則(略)

別表第1(第3条関係)

| 種　類 | 内　容 |
| --- | --- |
| 補給 | 給水，給油，食事の提供並びにこれらに類する物品及び役務の提供 |
| 輸送 | 人員及び物品の輸送，輸送用資材の提供並びにこれらに類する物品及び役務の提供 |
| 修理及び整備 | 修理及び整備，修理及び整備用機器並びに部品及び構成品の提供並びにこれらに類する物品及び役務の提供 |
| 医療 | 傷病者に対する医療，衛生機具の提供並びにこれらに類する物品及び役務の提供 |
| 通信 | 通信設備の利用，通信機器の提供並びにこれらに類する物品及び役務の提供 |
| 空港及び港湾業務 | 航空機の離発着及び船舶の出入港に対する支援，積卸作業並びにこれらに類する物品及び役務の提供 |

資料⑤　国際平和協力支援法

| 基地業務 | 廃棄物の収集及び処理，給電並びにこれらに類する物品及び役務の提供 |
|---|---|
| 宿泊 | 宿泊設備の利用，寝具の提供並びにこれらに類する物品及び役務の提供 |
| 保管 | 倉庫における1時保管，保管容器の提供並びにこれらに類する物品及び役務の提供 |
| 施設の利用 | 土地又は建物の1時的な利用並びにこれらに類する物品及び役務の提供 |
| 訓練業務 | 訓練に必要な指導員の派遣，訓練用器材の提供並びにこれらに類する物品及び役務の提供 |
| 建設 | 建築物の建設，建設機械及び建設資材の提供並びにこれらに類する物品及び役務の提供 |
| 備考　物品の提供には，武器の提供を含まないものとする。 ||

別表第2（第3条関係）

| 種　類 | 内　容 |
|---|---|
| 補給 | 給水，給油，食事の提供並びにこれらに類する物品及び役務の提供 |
| 輸送 | 人員及び物品の輸送，輸送用資材の提供並びにこれらに類する物品及び役務の提供 |
| 修理及び整備 | 修理及び整備，修理及び整備用機器並びに部品及び構成品の提供並びにこれらに類する物品及び役務の提供 |
| 医療 | 傷病者に対する医療，衛生機具の提供並びにこれらに類する物品及び役務の提供 |
| 通信 | 通信設備の利用，通信機器の提供並びにこれらに類する物品及び役務の提供 |
| 宿泊 | 宿泊設備の利用，寝具の提供並びにこれらに類する物品及び役務の提供 |
| 消毒 | 消毒，消毒機具の提供並びにこれらに類する物品及び役務の提供 |
| 備考　物品の提供には，武器の提供を含まないものとする。 ||

資料⑥　　　　　　　　　　自衛隊法
新旧対照表（抄）

〔平成27年法律第76号第1条による改正　平成28年3月29日施行〕

| 改正後 | 改正前 |
|---|---|
| （自衛隊の任務）<br>第3条①　自衛隊は，我が国の平和と独立を守り，国の安全を保つため，我が国を防衛することを主たる任務とし，必要に応じ，公共の秩序の維持に当たるものとする。<br><br>②　自衛隊は，前項に規定するもののほか，同項の主たる任務の遂行に支障を生じない限度において，かつ，武力による威嚇又は武力の行使に当たらない範囲において，次に掲げる活動であって，別に法律で定めるところにより自衛隊が実施することとされるものを行うことを任務とする。<br>　1　我が国の平和及び安全に重要な影響を与える事態に対応して行う我が国の平和及び安全の確保に資する活動<br><br>　2　（略）<br>③　（略）<br><br>（防衛出動）<br>第76条①　内閣総理大臣は，<u>次に掲げる事態に際して，我が国を防衛するため必要があると認める場合には，自衛隊の全部又は一部の出動を命ずることができる。この場合においては，武力攻撃事態等及び存立危機事態における我が国の平和と独立並びに国及び国民の安全の確保に関する法律</u>（平成15年法律第79号）第9条の定めるところにより，国会の承認を得なければならない。<br><br><u>1　我が国に対する外部からの武力攻撃が発生した事態又は我が国に対する外部か</u> | （自衛隊の任務）<br>第3条①　自衛隊は，我が国の平和と独立を守り，国の安全を保つため，<u>直接侵略及び間接侵略に対し</u>我が国を防衛することを主たる任務とし，必要に応じ，公共の秩序の維持に当たるものとする。<br><br>②　自衛隊は，前項に規定するもののほか，同項の主たる任務の遂行に支障を生じない限度において，かつ，武力による威嚇又は武力の行使に当たらない範囲において，次に掲げる活動であって，別に法律で定めるところにより自衛隊が実施することとされるものを行うことを任務とする。<br>　1　<u>我が国周辺の地域における</u>我が国の平和及び安全に重要な影響を与える事態に対応して行う我が国の平和及び安全の確保に資する活動<br>　2　（略）<br>③　（略）<br><br>（防衛出動）<br>第76条①　内閣総理大臣は，<u>我が国に対する外部からの武力攻撃（以下「武力攻撃」という。）が発生した事態又は武力攻撃が発生する明白な危険が切迫していると認められるに至つた事態</u>に際して，我が国を防衛するため必要があると認める場合には，自衛隊の全部又は一部の出動を命ずることができる。この場合においては，<u>武力攻撃事態等における我が国の平和と独立並びに国及び国民の安全の確保に関する法律</u>（平成15年法律第79号）第9条の定めるところにより，国会の承認を得なければならない。<br>（新設） |

資料⑥ 自衛隊法 新旧対照表

| | |
|---|---|
| らの武力攻撃が発生する明白な危険が切迫していると認められるに至つた事態<br>2 我が国と密接な関係にある他国に対する武力攻撃が発生し，これにより我が国の存立が脅かされ，国民の生命，自由及び幸福追求の権利が根底から覆される明白な危険がある事態 | （新設） |
| ② （略） | ② （略） |
| <u>（在外邦人等の保護措置）</u><br><u>第84条の3</u>① <u>防衛大臣は，外務大臣から外国における緊急事態に際して生命又は身体に危害が加えられるおそれがある邦人の警護，救出その他の当該邦人の生命又は身体の保護のための措置（輸送を含む。以下「保護措置」という。）を行うことの依頼があつた場合において，外務大臣と協議し，次の各号のいずれにも該当すると認めるときは，内閣総理大臣の承認を得て，部隊等に当該保護措置を行わせることができる。</u><br><u>1 当該外国の領域の当該保護措置を行う場所において，当該外国の権限ある当局が現に公共の安全と秩序の維持に当たつており，かつ，戦闘行為（国際的な武力紛争の一環として行われる人を殺傷し又は物を破壊する行為をいう。第95条の2第1項において同じ。）が行われることがないと認められること。</u><br><u>2 自衛隊が当該保護措置（武器の使用を含む。）を行うことについて，当該外国（国際連合の総会又は安全保障理事会の決議に従つて当該外国において施政を行う機関がある場合にあつては，当該機関）の同意があること。</u><br><u>3 予想される危険に対応して当該保護措置をできる限り円滑かつ安全に行うための部隊等と第1号に規定する当該外国の権限ある当局との間の連携及び協力が確保されると見込まれること。</u><br><u>②</u> <u>内閣総理大臣は，前項の規定による外務大臣と防衛大臣の協議の結果を踏まえて，同</u> | （新設） |

205

| | |
|---|---|
| 項各号のいずれにも該当すると認める場合に限り，同項の承認をするものとする。<br>③　防衛大臣は，第1項の規定により保護措置を行わせる場合において，外務大臣から同項の緊急事態に際して生命又は身体に危害が加えられるおそれがある外国人として保護することを依頼された者その他の当該保護措置と併せて保護を行うことが適当と認められる者（第94条の5第1項において「その他の保護対象者」という。）の生命又は身体の保護のための措置を部隊等に行わせることができる。 | |
| （在外邦人等の輸送）<br>第84条の4　（略） | （在外邦人等の輸送）<br>第84条の3　（略） |
| （後方支援活動等）<br>第84条の5①　防衛大臣又はその委任を受けた者は，第3条第2項に規定する活動として，次の各号に掲げる法律の定めるところにより，それぞれ，当該各号に定める活動を実施することができる。 | （後方地域支援等）<br>第84条の4①　防衛大臣又はその委任を受けた者は，第3条第2項に規定する活動として，周辺事態に際して我が国の平和及び安全を確保するための措置に関する法律（平成11年法律第60号）又は周辺事態に際して実施する船舶検査活動に関する法律（平成12年法律第145号）の定めるところにより，後方地域支援としての物品の提供を実施することができる。 |
| 1　重要影響事態に際して我が国の平和及び安全を確保するための措置に関する法律（平成11年法律第60号）後方支援活動としての物品の提供 | （新設） |
| 2　重要影響事態等に際して実施する船舶検査活動に関する法律（平成12年法律第145号）後方支援活動又は協力支援活動としての物品の提供 | （新設） |
| 3　国際連合平和維持活動等に対する協力に関する法律（平成4年法律第79号）大規模な災害に対処するアメリカ合衆国又はオーストラリアの軍隊に対する物品の提供 | （新設） |
| 4　国際平和共同対処事態に際して我が国が実施する諸外国の軍隊等に対する協力 | （新設） |

資料⑥　自衛隊法　新旧対照表

| | |
|---|---|
| 支援活動等に関する法律（平成27年法律第　号）協力支援活動としての物品の提供<br>② 防衛大臣は，第3条第2項に規定する活動として，次の各号に掲げる法律の定めるところにより，それぞれ，当該各号に定める活動を行わせることができる。<br>1 <u>重要影響事態に際して我が国の平和及び安全を確保するための措置に関する法律</u>　防衛省の機関又は部隊等による<u>後方支援活動</u>としての役務の提供及び部隊等による<u>捜索救助活動</u><br>2 <u>重要影響事態等に際して実施する船舶検査活動に関する法律</u>　部隊等による船舶検査活動及びその実施に伴う<u>後方支援活動又は協力支援活動としての役務の提供</u>の役務の提供<br>3 （略）<br><br>4 国際連合平和維持活動等に対する協力に関する法律　部隊等による国際平和協力業務，<u>委託に基づく輸送及び大規模な災害に対処するアメリカ合衆国又はオーストラリアの軍隊に対する役務の提供</u><br><u>5 国際平和共同対処事態に際して我が国が実施する諸外国の軍隊等に対する協力支援活動等に関する法律部隊等による協力支援活動としての役務の提供及び部隊等による捜索救助活動</u> | ② 防衛大臣は，第3条第2項に規定する活動として，次の各号に掲げる法律の定めるところにより，それぞれ，当該各号に定める活動を行わせることができる。<br>1 <u>周辺事態に際して我が国の平和及び安全を確保するための措置に関する法律</u>　防衛省の機関又は部隊等による<u>後方地域支援</u>としての役務の提供及び部隊等による<u>後方地域捜索救助活動</u><br>2 <u>周辺事態に際して実施する船舶検査活動に関する法律</u>　部隊等による船舶検査活動及びその実施に伴う<u>後方地域支援</u>としての役務の提供<br><br>3 国際緊急援助隊の派遣に関する法律（昭和62年法律第93号）　部隊等又は隊員による国際緊急援助活動及び当該活動を行う人員又は当該活動に必要な物資の輸送<br>4 国際連合平和維持活動等に対する協力に関する法律（<u>平成4年法律第79号</u>）　部隊等による国際平和協力業務<u>及び委託</u>に基づく輸送<br><br>（新設） |
| （防衛出動時の武力行使）<br>第88条（略） | （防衛出動時の武力行使）<br>第88条① 第76条第<u>1</u>項の規定により出動を命ぜられた自衛隊は，わが国を防衛するため，必要な武力を行使することができる。<br>② 前項の武力行使に際しては，国際の法規及び慣例によるべき場合にあつてはこれを遵守し，かつ，事態に応じ合理的に必要と判断される限度をこえてはならないものとする。 |

（治安維動時の権限）
第89条（略）

（治安出動時の権限）
第89条① 警察官職務執行法（昭和23年法律第136号）の規定は，第78条第1項又は第81条第2項の規定により出動を命ぜられた自衛隊の自衛官の職務の執行について準用する。この場合において，同法第4条第2項中「公安委員会」とあるのは，「防衛大臣の指定する者」と読み替えるものとする。
② 前項において準用する警察官職務執行法第7条の規定により自衛官が武器を使用するには，刑法（明治40年法律第45号）第36条又は第37条に該当する場合を除き，当該部隊指揮官の命令によらなければならない。

（在外邦人等の保護措置の際の権限）
第94条の5① 第84条の3第1項の規定により外国の領域において保護措置を行う職務に従事する自衛官は，同項第1号及び第2号のいずれにも該当する場合であつて，その職務を行うに際し，自己若しくは当該保護措置の対象である邦人若しくはその他の保護対象者の生命若しくは身体の防護又はその職務を妨害する行為の排除のためやむを得ない必要があると認める相当の理由があるときは，その事態に応じ合理的に必要と判断される限度で武器を使用することができる。ただし，刑法第36条又は第37条に該当する場合のほか，人に危害を与えてはならない。
② 第89条第2項の規定は，前項の規定により自衛官が武器を使用する場合について準用する。
③ 第1項に規定する自衛官は，第84条の3第1項第1号に該当しない場合であつても，その職務を行うに際し，自己若しくは自己と共に当該職務に従事する隊員又はその職務を行うに伴い自己の管理の下に入った者の生命又は身体の防護のためやむを得ない必要があると認める相当の理由がある場合には，その事態に応じ合理的に必要と判断される限度で武器を使用することができる。ただし，

(新設)

資料⑥　自衛隊法　新旧対照表

| | |
|---|---|
| 刑法第36条又は第37条に該当する場合のほか，人に危害を与えてはならない。<br><br>（在外邦人等の輸送の際の権限）<br>第94条の6　（略）<br><br>（後方支援活動等の際の権限）<br>第94条の7　第3条第2項に規定する活動に従事する自衛官又はその実施を命ぜられた部隊等の自衛官であつて，次の各号に掲げるものは，それぞれ，当該各号に定める場合には，当該活動について定める法律の定めるところにより，武器を使用することができる。<br><br>　1　第84条の5第2項第1号に規定する後方支援活動としての役務の提供又は捜索救助活動の実施を命ぜられた部隊等の自衛官　自己又は自己と共に現場に所在する他の隊員若しくは当該職務を行うに伴い自己の管理の下に入った者若しくは自己と共にその宿営する宿営地（重要影響事態に際して我が国の平和及び安全を確保するための措置に関する法律第11条第5項に規定する宿営地をいう。）に所在する者の生命又は身体を防護するためやむを得ない必要があると認める相当の理由がある場合<br>　2　第84条の5第2項第2号に規定する船舶検査活動の実施を命ぜられた部隊等の自衛官　自己又は自己と共に現場に所在する他の隊員若しくは当該職務を行うに伴い自己の管理の下に入つた者の生命又は身体を防護するためやむを得ない必要があると認める相当の理由がある場合<br>　3　第84条の5第2項第4号に規定する国際平和協力業務に従事する自衛官　（次号及び第5号に掲げるものを除く。）　自己又は自己と共に現場に所在する他の隊員（第2条第5項に規定する隊員をい | （後方地域支援等の際の権限）<br>第94条の6　第3条第2項に規定する活動に従事する自衛官又はその実施を命ぜられた部隊等の自衛官であつて，次の各号に掲げるものは，それぞれ，自己又は当該各号に定める者の生命又は身体を防護するためやむを得ない必要があると認める相当の理由がある場合には，当該活動について定める法律の定めるところにより，武器を使用することができる。<br><br>　1　第84条の4第2項第1号に規定する後方地域支援としての役務の提供又は後方地域捜索救助活動の実施を命ぜられた部隊等の自衛官　自己と共に当該職務に従事する者<br><br><br><br><br><br><br><br>　2　第84条の4第2項第2号に規定する船舶検査活動の実施を命ぜられた部隊等の自衛官　自己と共に当該職務に従事する者<br><br><br><br>　3　第84条の4第2項第4号に規定する国際平和協力業務に従事する自衛官　自己と共に現場に所在する他の隊員（第2条第5項に規定する隊員をいう。），国際平和協力隊の隊員（国際連合平和維持活動 |

| | |
|---|---|
| う．），国際平和協力隊の隊員（国際連合平和維持活動等に対する協力に関する法律第10条に規定する協力隊の隊員をいう．）若しくは当該職務を行うに伴い自己の管理の下に入った者若しくは自己と共にその宿営する宿営地（同法第25条第7項に規定する宿営地をいう．）に所在する者の生命又は身体を防護するためやむを得ない必要があると認める相当の理由がある場合 | 等に対する協力に関する法律第10条に規定する協力隊の隊員をいう．）又は当該職務を行うに伴い自己の管理の下に入った者 |
| 4　第84条の5第2項第4号に規定する国際平和協力業務であつて国際連合平和維持活動等に対する協力に関する法律第3条第5号トに掲げるもの又はこれに類するものとして同号ナの政令で定めるものに従事する自衛官前号に定める場合又はその業務を行うに際し，自己若しくは他人の生命，身体若しくは財産を防護し，若しくはその業務を妨害する行為を排除するためやむを得ない必要があると認める相当の理由がある場合 | （新設） |
| 5　第84条の5第2項第4号に規定する国際平和協力業務であつて国際連合平和維持活動等に対する協力に関する法律第3条第5号ラに掲げるものに従事する自衛官第3号に定める場合又はその業務を行うに際し，自己若しくはその保護しようとする活動関係者（同条第5号ラに規定する活動関係者をいう．）の生命若しくは身体を防護するためやむを得ない必要があると認める相当の理由がある場合 | （新設） |
| 6　第84条の5第2項第5号に規定する協力支援活動としての役務の提供又は捜索救助活動の実施を命ぜられた部隊等の自衛官自己又は自己と共に現場に所在する他の隊員若しくは当該職務を行うに伴い自己の管理の下に入った者若しくは自己と共にその宿営する宿営地（国際平和共同対処事態に際して我が国が実施する諸外国の軍隊等に対する協力支援活動等に関する法律第11条第5項に規定する宿 | （新設） |

営地をいう。）に所在する者の生命又は身体を防護するためやむを得ない必要があると認める相当の理由がある場合

（合衆国軍隊等の部隊の武器等の防護のための武器の使用）
第95条の2①　自衛官は，アメリカ合衆国の軍隊その他の外国の軍隊その他これに類する組織（次項において「合衆国軍隊等」という。）の部隊であって自衛隊と連携して我が国の防衛に資する活動（共同訓練を含み，現に戦闘行為が行われている現場で行われるものを除く。）に現に従事しているものの武器等を職務上警護するに当たり，人又は武器等を防護するため必要であると認める相当の理由がある場合には，その事態に応じ合理的に必要と判断される限度で武器を使用することができる。ただし，刑法第36条又は第37条に該当する場合のほか，人に危害を与えてはならない。
②　前項の警護は，合衆国軍隊等から要請があつた場合であって，防衛大臣が必要と認めるときに限り，自衛官が行うものとする。

（合衆国軍隊に対する物品又は役務の提供）
第100条の6①　防衛大臣又はその委任を受けた者は，次に掲げる合衆国軍隊（アメリカ合衆国の軍隊をいう。以下この条及び次条において同じ。）から要請があつた場合には，自衛隊の任務遂行に支障を生じない限度において，当該合衆国軍隊に対し，自衛隊に属する物品の提供を実施することができる。
1　自衛隊及び合衆国軍隊の双方の参加を得て行われる訓練に参加する合衆国軍隊（重要影響事態に際して我が国の平和及び安全を確保するための措置に関する法律第3条第1項第1号に規定する合衆国軍隊等に該当する合衆国軍隊，武力攻撃事態等及び存立危機事態におけるアメリカ合衆国等の軍隊の行動に伴い我が国が

（新設）

（合衆国軍隊に対する物品又は役務の提供）
第100条の6①　防衛大臣又はその委任を受けた者は，次に掲げる合衆国軍隊（アメリカ合衆国の軍隊をいう。以下この条及び次条において同じ。）から要請があつた場合には，自衛隊の任務遂行に支障を生じない限度において，当該合衆国軍隊に対し，自衛隊に属する物品の提供を実施することができる。
1　自衛隊との共同訓練を行う合衆国軍隊（周辺事態に際して我が国の平和及び安全を確保するための措置に関する法律第3条第1項第1号及び武力攻撃事態等におけるアメリカ合衆国の軍隊の行動に伴い我が国が実施する措置に関する法律第2条第4号に規定する合衆国軍隊を除く。第3号から第5号までにおいて同

| | |
|---|---|
| 実施する措置に関する法律第2条第6号に規定する特定合衆国軍隊，同条第7号に規定する外国軍隊に該当する合衆国軍隊及び国際平和共同対処事態に際して我が国が実施する諸外国の軍隊等に対する協力支援活動等に関する法律第3条第1項第1号に規定する諸外国の軍隊等に該当する合衆国軍隊を除く。次号から第4号まで及び第6号から第11号までにおいて同じ。） | じ。） |
| 2　部隊等が第81条の2第1項第2号に掲げる施設及び区域に係る同項の警護を行う場合において，当該部隊等と共に当該施設及び区域内に所在して当該施設及び区域の警護を行う合衆国軍隊 | （新設） |
| 3　自衛隊の部隊が第82条の2に規定する海賊対処行動を行う場合において，当該部隊と共に現場に所在して当該海賊対処行動と同種の活動を行う合衆国軍隊 | （新設） |
| 4　自衛隊の部隊が第82条の3第1項又は第3項の規定により弾道ミサイル等を破壊する措置をとるため必要な行動をとる場合において，当該部隊と共に現場に所在して当該行動と同種の活動を行う合衆国軍隊 | （新設） |
| 5　（略） | 2　（略） |
| 6　自衛隊の部隊が第84条の2に規定する機雷その他の爆発性の危険物の除去及びこれらの処理を行う場合において，当該部隊と共に現場に所在してこれらの活動と同種の活動を行う合衆国軍隊 | （新設） |
| 7　部隊等が第84条の3第1項に規定する外国における緊急事態に際して同項の保護措置を行う場合又は第84条の4第1項に規定する外国における緊急事態に際して同項の邦人の輸送を行う場合において，当該保護措置又は当該輸送と同種の活動を行う合衆国軍隊 | 3　部隊等が第84条の3第1項に規定する外国における緊急事態に際して同項の邦人の輸送を行う場合において，当該部隊等と共に現場に所在して当該輸送と同種の活動を行う合衆国軍隊 |
| 8　部隊等が第84条の5第2項第3号に規定する国際緊急援助活動又は当該活動を行う人員若しくは当該活動に必要な物資 | 4　部隊等が第84条の4第2項第3号に規定する国際緊急援助活動又は当該活動を行う人員若しくは当該活動に必要な物資 |

|  |  |
|---|---|
| の輸送を行う場合において，同一の災害に対処するために当該の部隊等と共に現場に所在してこれらの活動と同種の活動を行う合衆国軍隊<br>9　自衛隊の部隊が船舶又は航空機により外国の軍隊の動向に関する情報その他の我が国の防衛に資する情報の収集のための活動を行う場合において，当該部隊と共に現場に所在して当該活動と同種の活動を行う合衆国軍隊<br>10　（略）<br>11　第1号から第9号までに掲げるもののほか，訓練，連絡調整その他の日常的な活動のため，航空機，船舶又は車両により合衆国軍隊の施設に到着して一時的に滞在する部隊等と共に現場に所在し，訓練，連絡調整その他の日常的な活動を行う合衆国軍隊 | の輸送を行う場合において，同一の災害に対処するために当該部隊等と共に現場に所在してこれらの活動と同種の活動を行う合衆国軍隊<br>（新設）<br><br><br><br><br>5　（略）<br>（新設） |
| ②　（略）<br>③　前2項の規定による自衛隊に属する物品の提供及び防衛省の機関又は部隊等による役務の提供として行う業務は，次の各号に掲げる合衆国軍隊の区分に応じ，当該各号に定めるものとする。<br>　1　第1項第1号，第10号及び第11号に掲げる合衆国軍隊　補給，輸送，修理若しくは整備，医療，通信，空港若しくは港湾に関する業務，基地に関する業務，宿泊，保管，施設の利用又は訓練に関する業務（これらの業務にそれぞれ附帯する業務を含む。）<br>　2　第1項第2号から第9号までに掲げる合衆国軍隊　補給，輸送，修理若しくは整備，医療，通信，空港若しくは港湾に関する業務，基地に関する業務，宿泊，保管又は施設の利用（これらの業務にそれぞれ附帯する業務を含む。）<br>④　第1項に規定する物品の提供には，武器の提供は含まないものとする。 | ②　（略）<br>③　前2項の規定による自衛隊に属する物品の提供及び防衛省の機関又は部隊等による役務の提供として行う業務は，次の各号に掲げる合衆国軍隊の区分に応じ，当該各号に定めるものとする。<br>　1　第1項第1号及び第5号に掲げる合衆国軍隊　補給，輸送，修理若しくは整備，医療，通信，空港若しくは港湾に関する業務，基地に関する業務，宿泊，保管，施設の利用又は訓練に関する業務（これらの業務にそれぞれ附帯する業務を含む。）<br>　2　第1項第2号から第4号までに掲げる合衆国軍隊　補給，輸送，修理若しくは整備，医療，通信，空港若しくは港湾に関する業務，基地に関する業務，宿泊，保管又は施設の利用（これらの業務にそれぞれ附帯する業務を含む。）<br>④　第1項に規定する物品の提供には，武器（弾薬を含む。）の提供は含まないものとする。 |

| | |
|---|---|
| （オーストラリア軍隊に対する物品又は役務の提供） | （オーストラリア軍隊に対する物品又は役務の提供） |
| 第100条の8　防衛大臣又はその委任を受けた者は，次に掲げるオーストラリア軍隊（オーストラリアの軍隊をいう。以下この条及び次条において同じ。）から要請があつた場合には，自衛隊の任務遂行に支障を生じない限度において，当該オーストラリア軍隊に対し，自衛隊に属する物品の提供を実施することができる。 | 第100条の8　防衛大臣又はその委任を受けた者は，次に掲げるオーストラリア軍隊（オーストラリアの軍隊をいう。以下この条及び次条において同じ。）から要請があつた場合には，自衛隊の任務遂行に支障を生じない限度において，当該オーストラリア軍隊に対し，自衛隊に属する物品の提供を実施することができる。 |
| 　1　自衛隊及びオーストラリア軍隊の双方の参加を得て行われる訓練に参加するオーストラリア軍隊（重要影響事態に際して我が国の平和及び安全を確保するための措置に関する法律第3条第1項第1号に規定する合衆国軍隊等に該当するオーストラリア軍隊，武力攻撃事態等及び存立危機事態におけるアメリカ合衆国等の軍隊の行動に伴い我が国が実施する措置に関する法律第2条第7号に規定する外国軍隊に該当するオーストラリア軍隊及び国際平和共同対処事態に際して我が国が実施する諸外国の軍隊等に対する協力支援活動等に関する法律第3条第1項第1号に規定する諸外国の軍隊等に該当するオーストラリア軍隊を除く。第3号から第6号までにおいて同じ。） | 　1　自衛隊及びオーストラリア軍隊の双方の参加を得て行われる訓練に参加するオーストラリア軍隊 |
| 　2　（略） | 　2　（略） |
| 　3　部隊等が第84条の3第1項に規定する外国における緊急事態に際して同項の保護措置としての輸送を行う場合又は第84条の4第1項に規定する外国における緊急事態に際して同項の邦人の輸送を行う場合において，当該部隊等と共に現場に所在してこれらの輸送と同種の活動を行うオーストラリア軍隊 | 　3　部隊等が第84条の3第1項に規定する外国における緊急事態に際して同項の邦人の輸送を行う場合において，当該部隊等と共に現場に所在して当該輸送と同種の活動を行うオーストラリア軍隊 |
| 　4　部隊等が第84条の5第2項第3号に規定する国際緊急援助活動又は当該活動を行う人員若しくは当該活動に必要な物資の輸送を行う場合において，同一の災害に対処するために当該部隊等と共に現場 | 　4　部隊等が第84条の4第2項第3号に規定する国際緊急援助活動又は当該活動を行う人員若しくは当該活動に必要な物資の輸送を行う場合において，同一の災害に対処するために当該部隊等と共に現場 |

資料⑥　自衛隊法　新旧対照表

| | |
|---|---|
| に所在してこれらの活動と同種の活動を行うオーストラリア軍隊<br>5・6　（略） | に所在してこれらの活動と同種の活動を行うオーストラリア軍隊<br>5・6　（略） |
| 第119条・第122条（略） | 第119条①　次の各号のいずれかに該当する者は、3年以下の懲役又は禁錮に処する。<br>　1～6　（略）<br>　7　上官の職務上の命令に対し多数共同して反抗した者<br>　8　正当な権限がなくて又は上官の職務上の命令に違反して自衛隊の部隊を指揮した者<br>②　前項第2号若しくは第4号から第6号までに規定する行為の遂行を教唆し、若しくはそのほう助をした者又は同項第3号、第7号若しくは第8号に規定する行為の遂行を共謀し、教唆し、若しくはせん動した者は、それぞれ同項の刑に処する。<br>第122条①　第76条第1項の規定による防衛出動命令を受けた者で、次の各号のいずれかに該当するものは、7年以下の懲役又は禁錮に処する。<br>　1　第64条第2項の規定に違反した者<br>　2　正当な理由がなくて職務の場所を離れ3日を過ぎた者又は職務の場所につくように命ぜられた日から正当な理由がなくて3日を過ぎてなお職務の場所につかない者<br>　3　上官の職務上の命令に反抗し、又はこれに服従しない者<br>　4　正当な権限がなくて又は上官の職務上の命令に違反して自衛隊の部隊を指揮した者<br>　5　警戒勤務中、正当な理由がなくて勤務の場所を離れ、又は睡眠し、若しくは酩酊して職務を怠った者<br>②　前項第2号若しくは第3号に規定する行為の遂行を教唆し、若しくはその幇助をした者又は同項第1号若しくは第4号に規定する行為の遂行を共謀し、教唆し、若しくは煽動した者は、それぞれ同項の刑に処する。 |

| | |
|---|---|
| <u>第122条の2</u> ① 第119条第1項第7号及び第8号並びに前条第1項の罪は，日本国外においてこれらの罪を犯した者にも適用する。<br>② 第119条第2項の罪（同条第1項第7号又は第8号に規定する行為の遂行を共謀し，教唆し，又は煽動した者に係るものに限る。）及び前条第2項の罪は，刑法第2条の例に従う。 | （新設） |

資料⑦　　国際連合平和維持活動等に対する協力に関する法律
新旧対照表（抄）

〔平成27年法律第76号第2条による改正　平成28年3月29日施行〕

| 改正後 | 改正前 |
| --- | --- |
| （定義）<br>第3条　この法律において，次の各号に掲げる用語の意義は，それぞれ当該各号に定めるところによる。<br>　1　国際連合平和維持活動　国際連合の総会又は安全保障理事会が行う決議に基づき，武力紛争の当事者（以下「紛争当事者」という。）間の武力紛争の再発の防止に関する合意の遵守の確保，<u>紛争による混乱に伴う切迫した暴力の脅威からの住民の保護，</u>武力紛争の終了後に行われる民主的な手段による統治組織の設立<u>及び再建</u>の援助その他紛争に対処して国際の平和及び安全を維持する<u>ことを目的として，</u>国際連合の統括の下に行われる活動であって，国際連合事務総長（以下「事務総長」という。）の要請に基づき参加する2以上の国及び国際連合によって<u>実施されるもののうち，次に掲げるもの</u>をいう。<br><br>　イ　<u>武力紛争の停止及びこれを維持するとの紛争当事者間の合意があり，かつ，当該活動が行われる地域の属する国（当該国において国際連合の総会又は安全保障理事会が行う決議に従って施政を行う機関がある場合にあっては，当該機関。以下同じ。）及び紛争当事者の当該活動が行われることについての同意がある場合に，いずれの紛争当事者にも偏ることなく実施される</u> | （定義）<br>第3条　この法律において，次の各号に掲げる用語の意義は，それぞれ当該各号に定めるところによる。<br>　1　国際連合平和維持活動　国際連合の総会又は安全保障理事会が行う決議に基づき，武力紛争の当事者（以下「紛争当事者」という。）間の武力紛争の再発の防止に関する合意の遵守の確保，武力紛争の終了後に行われる民主的な手段による統治組織の設立の援助その他紛争に対処して国際の平和及び安全を維持するために国際連合の統括の下に行われる活動であって，<u>武力紛争の停止及びこれを維持するとの紛争当事者間の合意があり，かつ，当該活動が行われる地域の属する国及び紛争当事者の当該活動が行われることについての同意がある場合（武力紛争が発生していない場合においては，当該活動が行われる地域の属する国の当該同意がある場合）に，</u>国際連合事務総長（以下「事務総長」という。）の要請に基づき参加する2以上の国及び国際連合によって，いずれの紛争当事者にも偏ることなく実施されるものをいう。<br>（新設） |

活動
　ロ　武力紛争が終了して紛争当事者が当該活動が行われる地域に存在しなくなった場合において，当該活動が行われる地域の属する国の当該活動が行われることについての同意がある場合に実施される活動　（新設）
　ハ　武力紛争がいまだ発生していない場合において，当該活動が行われる地域の属する国の当該活動が行われることについての同意がある場合に，武力紛争の発生を未然に防止することを主要な目的として，特定の立場に偏ることなく実施される活動　（新設）
2　国際連携平和安全活動　国際連合の総会，安全保障理事会若しくは経済社会理事会が行う決議，別表第1に掲げる国際機関が行う要請又は当該活動が行われる地域の属する国の要請（国際連合憲章第7条1に規定する国際連合の主要機関のいずれかの支持を受けたものに限る。）に基づき，紛争当事者間の武力紛争の再発の防止に関する合意の遵守の確保，紛争による混乱に伴う切迫した暴力の脅威からの住民の保護，武力紛争の終了後に行われる民主的な手段による統治組織の設立及び再建の援助その他紛争に対処して国際の平和及び安全を維持することを目的として行われる活動であって，2以上の国の連携により実施されるもののうち，次に掲げるもの（国際連合平和維持活動として実施される活動を除く。）をいう。　（新設）
　イ　武力紛争の停止及びこれを維持するとの紛争当事者間の合意があり，かつ，当該活動が行われる地域の属する国及び紛争当事者の当該活動が行われることについての同意がある場合に，いずれの紛争当事者にも偏ることなく実施される活動
　ロ　武力紛争が終了して紛争当事者が当

資料⑦　PKO協力法　新旧対照表

| | |
|---|---|
| 該活動が行われる地域に存在しなくなった場合において，当該活動が行われる地域の属する国の当該活動が行われることについての同意がある場合に実施される活動<br>ハ　武力紛争がいまだ発生していない場合において，当該活動が行われる地域の属する国の当該活動が行われることについての同意がある場合に，武力紛争の発生を未然に防止することを主要な目的として，特定の立場に偏ることなく実施される活動 | |
| 3・4　（略） | 2・2の2　（略） |
| 5　国際平和協力業務　国際連合平和維持活動のために実施される業務で次に掲げるもの，<u>国際連携平和安全活動のために実施される業務で次に掲げるもの</u>，人道的な国際救援活動のために実施される業務で次の<u>ワからツまで，ナ及びラ</u>に掲げるもの並びに国際的な選挙監視活動のために実施される業務で次の<u>チ及びナ</u>に掲げるもの（これらの業務にそれぞれ附帯する業務を含む。以下同じ。）であって，海外で行われるものをいう。 | 3　国際平和協力業務　国際連合平和維持活動のために実施される業務で次に掲げるもの，人道的な国際救援活動のために実施される業務で次の<u>ヌからレまでに</u>掲げるもの及び国際的な選挙監視活動のために実施される業務で次の<u>ト及びレ</u>に掲げるもの（これらの業務にそれぞれ附帯する業務を含む。以下同じ。）であって，海外で行われるものをいう。 |
| イ・ロ　（略）<br>ハ　車両その他の運搬手段又は通行人による武器（武器の部品<u>及び弾薬</u>を含む。ニにおいて同じ。）の搬入又は搬出の有無の検査又は確認<br>ニ～ヘ　（略）<br><u>ト　防護を必要とする住民，被災民その他の者の生命，身体及び財産に対する危害の防止及び抑止その他特定の区域の保安のための監視，駐留，巡回，検問及び警護</u><br>チ・リ　（略）<br><u>ヌ　矯正行政事務に関する助言若しくは指導又は矯正行政事務の監視</u><br>ル　<u>リ及びヌ</u>に掲げるもののほか，立法，行政（<u>ヲを規定する組織に係るものを除く。</u>）又は司法に関する事務に | イ・ロ　（略）<br>ハ　車両その他の運搬手段又は通行人による武器（武器の部品を含む。ニにおいて同じ。）の搬入又は搬出の有無の検査又は確認<br>ニ～ヘ　（略）<br>（新設）<br><br><br><br><br>ト・チ　（略）<br>（新設）<br><br><u>リ</u>　<u>チ</u>に掲げるもののほか，<u>行政事務に関する助言又は指導</u> |

219

| | |
|---|---|
| 　　関する助言又は指導<br>　ヲ　国の防衛に関する組織その他のイからトまで又はワからネまでに掲げるものと同種の業務を行う組織の設立又は再建を援助するための次に掲げる業務<br>　　⑴　イからトまで又はワからネまでに掲げるものと同種の業務に関する助言又は指導<br>　　⑵　⑴に規定する業務の実施に必要な基礎的な知識及び技能を修得させるための教育訓練<br>　ワ～ソ　（略）<br>　ツ　イからソまでに掲げるもののほか，輸送，保管（備蓄を含む。），通信，建設，<u>機械器具の据付け，検査若しくは修理又は補給（武器の提供を行う補給を除く。）</u><br>　ネ　国際連合平和維持活動又は国際連携平和安全活動を統括し，又は調整する組織において行うイからツまでに掲げる業務の実施に必要な企画及び立案並びに調整又は情報の収集整理<br>　ナ　イからネまでに掲げる業務に類するものとして政令で定める業務<br>　ラ　ヲからネまでに掲げる業務又はこれらの業務に類するものとしてナの政令で定める業務を行う場合であって，国際連合平和維持活動，国際連携平和安全活動若しくは人道的な国際救援活動に従事する者又はこれらの活動を支援する者（以下このラ及び第26条第2項において「活動関係者」という。）の生命又は身体に対する不測の侵害又は危難が生じ，又は生ずるおそれがある場合に，緊急の要請に対応して行う当該活動関係者の生命及び身体の保護<br>6　物資協力　次に掲げる活動を行っている国際連合等に対して，その活動に必要な物品を無償又は時価よりも低い対価で譲渡することをいう。<br>　イ　（略） | （新設）<br><br><br><br><br><br><br><br><br><br><br><br>　ヌ～ヨ　（略）<br>　タ　イからヨまでに掲げるもののほか，輸送，保管（備蓄を含む。），通信，建設又は<u>機械器具の据付け，検査若しくは修理</u><br><br>（新設）<br><br><br><br><br>　レ　イからタまでに掲げる業務に類するものとして政令で定める業務<br>（新設）<br><br><br><br><br><br><br><br><br><br>4　物資協力　次に掲げる活動を行っている国際連合等に対して，その活動に必要な物品を無償又は時価よりも低い対価で譲渡することをいう。<br>　イ　（略） |

資料⑦　PKO協力法　新旧対照表

| | |
|---|---|
| ロ　国際連携平和安全活動 | （新設） |
| ハ　人道的な国際救援活動（別表第4に掲げる国際機関によって実施される場合にあっては、<u>第3号に規定する決議若しくは要請又は</u>合意が存在しない場合における同号に規定する活動を含むものとする。<u>第30条第1項及び第3項において同じ。</u>） | ロ　人道的な国際救援活動（別表第3に掲げる国際機関によって実施される場合にあっては、<u>第2号に規定する</u>合意が存在しない場合における同号に規定する活動を含むものとする。<u>第25条第1項及び第3項において同じ。</u>） |
| 二　（略） | ハ　（略） |
| <u>7～9</u>　（略） | <u>5～7</u>　（略） |
| <u>第3章　国際平和協力業務等</u><br><u>第1節　国際平和協力業務</u> | 第3章　国際平和協力業務<br>（新設） |
| （実施計画） | （実施計画） |
| 第6条①　内閣総理大臣は、我が国として国際平和協力業務を実施することが適当であると認める場合であって、次に掲げる同意があるとき<u>（国際連合平和維持活動又は国際連携平和安全活動のために実施する国際平和協力業務であって第3条第5号トに掲げるもの若しくはこれに類するものとして同号ナの政令で定めるもの又は同号ラに掲げるものを実施する場合にあっては、同条第1号イからハまで又は第2号イからハまでに規定する同意及び第1号又は第2号に掲げる同意が当該活動及び当該業務が行われる期間を通じて安定的に維持されると認められるときに限り、人道的な国際救援活動のために実施する国際平和協力業務であって同条第5号ラに掲げるものを実施する場合にあっては、同条第3号に規定する同意及び第3号に掲げる同意が当該活動及び当該業務が行われる期間を通じて安定的に維持され、並びに当該活動が行われる地域の属する国が紛争当事者であるときは、紛争当事者の当該活動及び当該業務が行われることについての同意があり、かつ、その同意が当該活動及び当該業務が行われる期間を通じて安定的に維持されると認められるときに限る。）</u>は、国際平和協力業務を実施すること及び実施計画の案につき閣議の決定を求めなければならない。 | 第6条①　内閣総理大臣は、我が国として国際平和協力業務を実施することが適当であると認める場合であって、次に掲げる同意があるときは、国際平和協力業務を実施すること及び実施計画の案につき閣議の決定を求めなければならない。 |

*221*

| | |
|---|---|
| 1　国際連合平和維持活動のために実施する国際平和協力業務については，紛争当事者及び当該活動が行われる地域の属する国の当該業務の実施についての同意<u>（第3条第1号ロ又はハに該当する活動にあっては，当該活動が行われる地域の属する国の当該業務の実施についての同意（同号ハに該当する活動にあっては，当該地域において当該業務の実施に支障となる明確な反対の意思を示す者がいない場合に限る。））</u> | 1　国際連合平和維持活動のために実施する国際平和協力業務については，紛争当事者及び当該活動が行われる地域の属する国の当該業務の実施についての同意 |
| <u>2　国際連携平和安全活動のために実施する国際平和協力業務については，紛争当事者及び当該活動が行われる地域の属する国の当該業務の実施についての同意（第3条第2号ロ又はハに該当する活動にあっては，当該活動が行われる地域の属する国の当該業務の実施についての同意（同号ハに該当する活動にあっては，当該地域において当該業務の実施に支障となる明確な反対の意思を示す者がいない場合に限る。））</u> | （新設） |
| <u>3・4</u>　（略） | <u>2～3</u>　（略） |
| ②～⑤　（略） | ②～⑤　（略） |
| ⑥　自衛隊の部隊等が行う国際平和協力業務は，<u>第3条第5号イからトまでに掲げる業務</u>，<u>同号ヲからネまでに掲げる業務</u>，<u>これらの業務に類するものとして同号ナの政令で定める業務又は同号ラに掲げる業務</u>であって自衛隊の部隊等が行うことが適当であると認められるもののうちから，自衛隊の主たる任務の遂行に支障を生じない限度において，実施計画に定めるものとする。 | ⑥　自衛隊の部隊等が行う国際平和協力業務は，<u>第3条第3号イからヘまでに掲げる業務</u>，<u>同号ヌからタまでに掲げる業務又はこれらの業務に類するものとして同号レの政令で定める業務</u>であって自衛隊の部隊等が行うことが適当であると認められるもののうちから，自衛隊の主たる任務の遂行に支障を生じない限度において，実施計画に定めるものとする。 |
| ⑦　自衛隊の部隊等が行う<u>国際連合平和維持活動又は国際連携平和安全活動のために実施される国際平和協力業務であって第3条第5号イからトまでに掲げるもの又はこれらの業務に類するものとして同号ナの政令で定める</u>ものについては，内閣総理大臣は，当該国際平和協力業務に従事する自衛隊の部隊等の海外への派遣の開始前に，我が国として国際連 | ⑦　自衛隊の部隊等が行う国際平和協力業務であって<u>第3条第3号イからヘまでに掲げるもの又はこれらの業務に類するものとして同号レ</u>の政令で定めるものについては，内閣総理大臣は，当該国際平和協力業務に従事する自衛隊の部隊等の海外への派遣の開始前に，我が国として国際連合平和維持に<u>参加する</u>に際しての基本的な5つの原則（第3条第1 |

資料⑦　PKO協力法　新旧対照表

| 新 | 旧 |
|---|---|
| 合平和維持隊に参加し，又は他国と連携して国際連携平和安全活動を実施するに際しての基本的な５つの原則（第３条第１号及び第２号，本条第１項（第３号及び第４号を除く。）及び第13項（第１号から第６号まで，第９号及び第10号に係る部分に限る。），第８条第１項第６号及び第７号，第25条並びに第26条の規定の趣旨をいう。）及びこの法律の目的に照らし，当該国際平和協力業務を実施することにつき，実施計画を添えて国会の承認を得なければならない。ただし，国会が閉会中の場合又は衆議院が解散されている場合には，当該国際平和協力業務に従事する自衛隊の部隊等の海外への派遣の開始後最初に召集される国会において，遅滞なく，その承認を求めなければならない。 | 号，本条第１項第１号及び第13項第１号，第８条第１項第６号並びに第24条の規定の趣旨をいう。）及びこの法律の目的に照らし，当該国際平和協力業務を実施することにつき国会の承認を得なければならない。ただし，国会が閉会中の場合又は衆議院が解散されている場合には，当該国際平和協力業務に従事する自衛隊の部隊等の海外への派遣の開始後最初に召集される国会において，遅滞なく，その承認を求めなければならない。 |
| ⑧・⑨　（略） | ⑧・⑨　（略） |
| ⑩　第７項の国際平和協力業務については，同項の規定による国会の承認を得た日から２年を経過する日を超えて引き続きこれを行おうとするときは，内閣総理大臣は，当該日の30日前の日から当該日までの間に，当該国際平和協力業務を引き続き行うことにつき，実施計画を添えて国会に付議して，その承認を求めなければならない。ただし，国会が閉会中の場合又は衆議院が解散されている場合には，その後最初に召集される国会においてその承認を求めなければならない。 | ⑩　第７項の国際平和協力業務については，同項の規定による国会の承認を得た日から２年を経過する日を超えて引き続きこれを行おうとするときは，内閣総理大臣は，当該日の30日前の日から当該日までの間に，当該国際平和協力業務を引き続き行うことにつき国会に付議して，その承認を求めなければならない。ただし，国会が閉会中の場合又は衆議院が解散されている場合には，その後最初に召集される国会においてその承認を求めなければならない。 |
| ⑪・⑫　（略） | ⑪・⑫　（略） |
| ⑬　内閣総理大臣は，実施計画の変更（第１号から第８号までに掲げる場合に行うべき国際平和協力業務に従事する者の海外への派遣の終了及び第９号から第11号までに掲げる場合に行うべき当該各号に規定する業務の終了に係る変更を含む。次項において同じ。）をすることが必要であると認めるとき，又は適当であると認めるときは，実施計画の変更の案につき閣議の決定を求めなければならない。<br>　１　国際連合平和維持活動（第３条第１号イに該当するものに限る。）のために実 | ⑬　第１項（各号を除く。）及び第３項の規定は，実施計画の変更（次に掲げる場合に行うべき国際平和協力業務に従事する者の海外への派遣の終了に係る変更を含む。）について準用する。この場合において，第１項中「適当であると認める場合であって，次に掲げる同意があるとき」とあり，及び第３項中「適当であると認めるとき」とあるのは，「必要であると認めるとき，又は適当であると認めるとき」と読み替えるものとする。<br>　１　国際連合平和維持活動のために実施する国際平和協力業務については，第３条 |

| | |
|---|---|
| 施する国際平和協力業務については，同号イに規定する合意若しくは同意若しくは第1項第1号に掲げる同意が存在しなくなったと認められる場合又は当該活動がいずれの紛争当事者にも偏ることなく実施されなくなったと認められる場合 | 第1号に規定する合意若しくは同意若しくは第1項第1号に規定する同意が存在しなくなったと認められる場合又は当該活動がいずれの紛争当事者にも偏ることなく実施されなくなったと認められる場合 |
| 2　国際連合平和維持活動（第3条第1号ロに該当するものに限る。）のために実施する国際平和協力業務については，同号ロに規定する同意若しくは第1項第1号に掲げる同意が存在しなくなったと認められる場合又は紛争当事者が当該活動が行われる地域に存在すると認められる場合 | （新設） |
| 3　国際連合平和維持活動（第3条第1号ハに該当するものに限る。）のために実施する国際平和協力業務については，同号ハに規定する同意若しくは第1項第1号に掲げる同意が存在しなくなったと認められる場合，当該活動が特定の立場に偏ることなく実施されなくなったと認められる場合又は武力紛争の発生を防止することが困難となった場合 | （新設） |
| 4　国際連携平和安全活動（第3条第2号イに該当するものに限る。）のために実施する国際平和協力業務については，同号イに規定する合意若しくは同意若しくは第1項第2号に掲げる同意が存在しなくなったと認められる場合又は当該活動がいずれの紛争当事者にも偏ることなく実施されなくなったと認められる場合 | （新設） |
| 5　国際連携平和安全活動（第3条第2号ロに該当するものに限る。）のために実施する国際平和協力業務については，同号ロに規定する同意若しくは第1項第2号に掲げる同意が存在しなくなったと認められる場合又は紛争当事者が当該活動が行われる地域に存在すると認められる場合 | （新設） |
| 6　国際連携平和安全活動（第3条第2号ハに該当するものに限る。）のために実 | （新設） |

資料⑦　PKO協力法　新旧対照表

| | |
|---|---|
| 施する国際平和協力業務については，同号ハに規定する同意若しくは第1項第2号に掲げる同意が存在しなくなったと認められる場合，当該活動が特定の立場に偏ることなく実施されなくなったと認められる場合又は武力紛争の発生を防止することが困難となった場合 | |
| 7　人道的な国際救援活動のために実施する国際平和協力業務については，<u>第3条第3号</u>に規定する同意若しくは合意又は<u>第1項第3号</u>に掲げる同意が存在しなくなったと認められる場合 | 2　人道的な国際救援活動のために実施する国際平和協力業務については，<u>第3条第2号</u>に規定する同意若しくは合意又は<u>第1項第2号</u>に規定する同意が存在しなくなったと認められる場合 |
| 8　国際的な選挙監視活動のために実施する国際平和協力業務については，<u>第3条第4号</u>に規定する同意若しくは合意又は<u>第1項第4号</u>に掲げる同意が存在しなくなったと認められる場合 | 3　国際的な選挙監視活動のために実施する国際平和協力業務については，<u>第3条第2号の2</u>に規定する同意若しくは合意又は<u>第1項第3号</u>に規定する同意が存在しなくなったと認められる場合 |
| 9　国際連合平和維持活動のために実施する国際平和協力業務であって第3条第5号トに掲げるもの若しくはこれに類するものとして同号ナの政令で定めるもの又は同号ラに掲げるものについては，同条第1号イに規定する合意の遵守の状況その他の事情を勘案して，同号イからハまでに規定する同意又は第1項第1号に掲げる同意が当該活動及び当該業務が行われる期間を通じて安定的に維持されると認められなくなった場合 | （新設） |
| 10　国際連携平和安全活動のために実施する国際平和協力業務であって第1条第5号トに掲げるもの若しくはこれに類するものとして同号ナの政令で定めるもの又は同号ラに掲げるものについては，同条第2号イに規定する合意の遵守の状況その他の事情を勘案して，同号イからハまでに規定する同意又は第1項第2号に掲げる同意が当該活動及び当該業務が行われる期間を通じて安定的に維持されると認められなくなった場合 | （新設） |
| 11　人道的な国際救援活動のために実施する国際平和協力業務であって第3条第5 | （新設） |

*225*

号ラに掲げるものについては，同条第3号に規定する合意がある場合におけるその遵守の状況その他の事情を勘案して，同号に規定する同意若しくは第1項第3号に掲げる同意又は当該活動が行われる地域の属する国が紛争当事者である場合における紛争当事者の当該活動若しくは当該業務が行われることについての同意が当該活動及び当該業務が行われる期間を通じて安定的に維持されると認められなくなった場合
⑭　外務大臣は，実施計画の変更をすることが必要であると認めるとき，又は適当であると認めるときは，内閣総理大臣に対し，前項の閣議の決定を求めるよう要請することができる。

（新設）

（実施要領）
第8条①　本部長は，実施計画に従い，国際平和協力業務を実施するため，次の第1号から第5号までに掲げる事項についての具体的内容及び第6号から第9号までに掲げる事項を定める実施要領を作成し，及び必要に応じこれを変更するものとする。
　1～5　（略）
　6　第6条第13項第1号から第8号までに掲げる場合において国際平和協力業務に従事する者が行うべき国際平和協力業務の中断に関する事項
　7　第6条第13項第9号から第11号までに掲げる場合において第3条第5号トに掲げる業務若しくはこれに類するものとして同号ナの政令で定める業務又は同号ラに掲げる業務に従事する者が行うべき当該業務の中断に関する事項
　8　危険を回避するための国際平和協力業務の一時休止その他の協力隊の隊員の安全を確保するための措置に関する事項
　9　（略）
②　実施要領の作成及び変更は，国際連合平和維持活動として実施される国際平和協力業

（実施要領）
第8条①　本部長は，実施計画に従い，国際平和協力業務を実施するため，次の第1号から第5号までに掲げる事項についての具体的内容並びに第6号及び第7号に掲げる事項を定める実施要領を作成し，及び必要に応じこれを変更するものとする。
　1～5　（略）
　6　第6条第13項各号に掲げる場合において国際平和協力業務に従事する者が行うべき国際平和協力業務の中断に関する事項

（新設）

（新設）

　7　（略）
②　実施要領の作成及び変更は，国際連合平和維持活動として実施される国際平和協力業

資料⑦　PKO協力法　新旧対照表

| | |
|---|---|
| 務に関しては，前項第6号及び第7号に掲げる事項に関し本部長が必要と認める場合を除き，事務総長又は派遣先国において事務総長の権限を行使する者が行う指図に適合するように行うものとする。<br>③　（略）<br><br>（隊員の安全の確保等）<br>第10条　本部長は，国際平和協力業務の実施に当たっては，その円滑かつ効果的な推進に努めるとともに，協力隊の隊員（以下「隊員」という。）の安全の確保に配慮しなければならない。<br><br>（武器の使用）<br>第25条<br>①〜⑥　（略）<br>⑦　第9条第5項の規定により派遣先国において国際平和協力業務に従事する自衛官は，その宿営する宿営地（宿営のために使用する区域であって，囲障が設置されることにより他と区別されるものをいう。以下この項において同じ。）であって当該国際平和協力業務に係る国際連合平和維持活動，国際連携平和安全活動又は人道的な国際救援活動に従事する外国の軍隊の部隊の要員が共に宿営するものに対する攻撃があったときは，当該宿営地に所在する者の生命又は身体を防護するための措置をとる当該要員と共同して，第3項の規定による武器の使用をすることができる。この場合において，同項から第5項までの規定の適用については，第3項中「現場に所在する他の自衛隊員，隊員若しくはその職務を行うに伴い自己の管理の下に入った者」とあるのは「その宿営する宿営地（第7項に規定する宿営地をいう。次項及び第5項において同じ。）に所在する者」と，「その事態」とあるのは「第7項に規定する外国の軍隊の部隊の要員による措置の状況をも踏まえ，その事態」と，第4項及び第5項中「現場」とあるのは「宿営地」とする。 | 務に関しては，前項第6号に掲げる事項に関し本部長が必要と認める場合を除き，事務総長又は派遣先国において事務総長の権限を行使する者が行う指図に適合するように行うものとする。<br>③　（略）<br><br>（新設）<br><br><br><br><br><br><br>（武器の使用）<br>第25条<br>①〜⑥　（略）<br>（新設） |

227

| | |
|---|---|
| ⑧〜⑩　（略） | ⑦〜⑨　（略） |
| 第26条①　前条第3項（同条第7項の規定により読み替えて適用する場合を含む。）に規定するもののほか，第9条第5項の規定により派遣先国において国際平和協力業務であって第3条第5号トに掲げるもの又はこれに類するものとして同号ナの政令で定めるものに従事する自衛官は，その業務を行うに際し，自己若しくは他人の生命，身体若しくは財産を防護し，又はその業務を妨害する行為を排除するためやむを得ない必要があると認める相当の理由がある場合には，その事態に応じ合理的に必要と判断される限度で，第6条第2項第2号ホ(2)及び第4項の規定により実施計画に定める装備である武器を使用することができる。<br>②　前条第3項（同条第7項の規定により読み替えて適用する場合を含む。）に規定するもののほか，第9条第5項の規定により派遣先国において国際平和協力業務であって第3条第5号ラに掲げるものに従事する自衛官は，その業務を行うに際し，自己又はその保護しようとする活動関係者の生命又は身体を防護するためやむを得ない必要があると認める相当の理由がある場合には，その事態に応じ合理的に必要と判断される限度で，第6条第2項第2号(2)及び第4項の規定により実施計画に定める装備である武器を使用することができる。<br>③　前2項の規定による武器の使用に際しては，刑法第36条又は第37条の規定に該当する場合を除いては，人に危害を与えてはならない。<br>④　自衛隊法第89条第2項の規定は，第1項又は第2項の規定により自衛官が武器を使用する場合について準用する。 | （新設） |
| 　第2節　自衛官の国際連合への派遣<br>　（自衛官の派遣）<br>第27条①　防衛大臣は，国際連合の要請に | （新設）<br>（新設） |

資料⑦　PKO協力法　新旧対照表

| | |
|---|---|
| 応じ，国際連合の業務であって，国際連合平和維持活動に参加する自衛隊の部隊等又は外国の軍隊の部隊により実施される業務の統括に関するものに従事させるため，内閣総理大臣の同意を得て，自衛官を派遣することができる。<br>②　内閣総理大臣は，前項の規定により派遣される自衛官が従事することとなる業務に係る国際連合平和維持活動が行われることについての第3条第1号イからハまでに規定する同意が当該派遣の期間を通じて安定的に維持されると認められ，かつ，当該派遣を中断する事情が生ずる見込みがないと認められる場合に限り，当該派遣について同項の同意をするものとする。<br>③　防衛大臣は，第1項の規定により自衛官を派遣する場合には，当該自衛官の同意を得なければならない。| |
| <u>（請求権の放棄）</u><br><u>第32条　政府は，国際連合平和維持活動，国際連携平和安全活動，人道的な国際救援活動又は国際的な選挙監視活動に参加するに際して，国際連合若しくは別表第1から別表第3までに掲げる国際機関又はこれらの活動に参加する国際連合加盟国その他の国（以下この条において「活動参加国等」という。）から，これらの活動に起因する損害についての請求権を相互に放棄することを約することを求められた場合において，我が国がこれらの活動に参加する上でこれに応じることが必要と認めるときは，これらの活動に起因する損害についての活動参加国等及びその要員に対する我が国の請求権を放棄することを約することができる。</u> | （新設） |
| <u>（大規模な災害に対処する合衆国軍隊等に</u><br><u>　対する物品又は役務の提供）</u><br><u>第33条①　防衛大臣又はその委任を受けた者は，防衛大臣が自衛隊の部隊等に第9条第4項の規定に基づき国際平和協力業務を行わ</u> | （新設） |

せる場合又は第21条第1項の規定による委託に基づく輸送を実施させる場合において，これらの活動を実施する自衛隊の部隊等と共に当該活動が行われる地域に所在して，次に掲げる活動であって当該国際平和協力業務又は当該輸送に係る国際連合平和維持活動，国際連携平和安全活動又は人道的な国際救援活動を補完し，又は支援すると認められるものを行うアメリカ合衆国又はオーストラリアの軍隊（以下この条において「合衆国軍隊等」という。）から，当該地域において講ずべき応急の措置に必要な物品の提供に係る要請があったときは，当該国際平和協力業務又は当該輸送の実施に支障を生じない限度において，当該合衆国軍隊等に対し，自衛隊に属する物品の提供を実施することができる。
> 1　派遣先国において発生し，又は正に発生しようとしている大規模な災害に係る救助活動，医療活動（防疫活動を含む。）その他の災害応急対策及び災害復旧のための活動
> 2　前号に掲げる活動を行う人員又は当該活動に必要な機材その他の物資の輸送

②　防衛大臣は，合衆国軍隊等から，前項の地域において講ずべき応急の措置に必要な役務の提供に係る要請があった場合には，当該国際平和協力業務又は当該輸送の実施に支障を生じない限度において，当該自衛隊の部隊等に，当該合衆国軍隊等に対する役務の提供を行わせることができる。
③　前2項の規定による自衛隊に属する物品の提供及び自衛隊の部隊等による役務の提供として行う業務は，補給，輸送，修理若しくは整備，医療，通信，空港若しくは港湾に関する業務，基地に関する業務，宿泊，保管又は施設の利用（これらの業務にそれぞれ附帯する業務を含む。）とする。
④　第1項に規定する物品の提供には，武器の提供は含まないものとする。

別表第1（第3条，第32条関係）　　　　（新設）

資料⑦　PKO協力法　新旧対照表

| | |
|---|---|
| <u>1　国際連合</u><br><u>2　国際連合の総会によって設立された機関又は国際連合の専門機関で，国際連合難民高等弁務官事務所その他政令で定めるもの</u><br><u>3　国際連携平和安全活動に係る実績若しくは専門的能力を有する国際連合憲章第52条に規定する地域的機関又は多国間の条約により設立された機関で，欧州連合その他政令で定めるもの</u> | |
| <u>別表第2</u>（第3条，第32条関係）<br>1　（略）<br>2　国際連合の総会によって設立された機関又は国際連合の専門機関で，次に掲げるものその他政令で定めるもの<br>　イ～ホ　（略）<br>　<u>へ　国際連合人口基金</u><br>　ト　（略）<br>　<u>チ　国際連合人間居住計画</u><br>　<u>リ～ル</u>　（略）<br>3　（略） | 別表第1（第3条関係）<br>1　（略）<br>2　国際連合の総会によって設立された機関又は国際連合の専門機関で，次に掲げるものその他政令で定めるもの<br>　イ～ホ　（略）<br>（新設）<br>　へ　（略）<br>（新設）<br>　ト～リ　（略）<br>3　（略） |
| <u>別表第3</u>（第3条，第32条関係）<br>（略） | 別表第2（第3条関係）<br>（略） |
| 別表第4（第3条関係）<br>1　国際連合の総会によって設立された機関又は国際連合の専門機関で，次に掲げるものその他政令で定めるもの<br>　イ～ホ　（略）<br>　<u>へ　国際連合人口基金</u><br>　ト　（略）<br>　<u>チ　国際連合人間居住計画</u><br>　<u>リ～ル</u>　（略）<br>2　（略） | 別表第3（第3条関係）<br>1　国際連合の総会によって設立された機関又は国際連合の専門機関で，次に掲げるものその他政令で定めるもの<br>　イ～ホ　（略）<br>（新設）<br>　へ　（略）<br>（新設）<br>　ト～リ　（略）<br>2　（略） |

資料⑧ 重要影響事態に際して我が国の平和及び安全を確保するための措置に関する法律

## 新旧対照表

〔平成27年法律第76号第3条による改正　平成28年3月29日施行〕

| 改正後 | 改正前 |
|---|---|
| 重要影響事態に際して我が国の平和及び安全を確保するための措置に関する法律<br><br>（目的）<br>第1条　この法律は，そのまま放置すれば我が国に対する直接の武力攻撃に至るおそれのある事態等我が国の平和及び安全に重要な影響を与える事態（以下「重要影響事態」という。）に際し，合衆国軍隊等に対する後方支援活動等を行うことにより，日本国とアメリカ合衆国との間の相互協力及び安全保障条約（以下「日米安保条約」という。）の効果的な運用に寄与することを中核とする重要影響事態に対処する外国との連携を強化し，我が国の平和及び安全の確保に資することを目的とする。<br><br>（重要影響事態への対応の基本原則）<br>第2条①　政府は，重要影響事態に際して，適切かつ迅速に，後方支援活動，捜索救助活動，重要影響事態等に際して実施する船舶検査活動に関する法律（平成12年法律第145号）第2条に規定する船舶検査活動（重要影響事態に際して実施するものに限る。以下「船舶検査活動」という。）その他の重要影響事態に対応するため必要な措置（以下「対応措置」という。）を実施し，我が国の平和及び安全の確保に努めるものとする。<br>②　（略）<br><br>③　後方支援活動及び捜索救助活動は，現に戦闘行為（国際的な武力紛争の一環として行われる人を殺傷し又は物を破壊する行為をい | 周辺事態に際して我が国の平和及び安全を確保するための措置に関する法律<br><br>（目的）<br>第1条　この法律は，そのまま放置すれば我が国に対する直接の武力攻撃に至るおそれのある事態等我が国周辺の地域における我が国の平和及び安全に重要な影響を与える事態（以下「周辺事態」という。）に対応して我が国が実施する措置，その実施の手続その他の必要な事項を定め，日本国とアメリカ合衆国との間の相互協力及び安全保障条約（以下「日米安保条約」という。）の効果的な運用に寄与し，我が国の平和及び安全の確保に資することを目的とする。<br><br>（周辺事態への対応の基本原則）<br>第2条①　政府は，周辺事態に際して，適切かつ迅速に，後方地域支援，後方地域捜索救助活動，周辺事態に際して実施する船舶検査活動に関する法律（平成12年法律第145号。以下「船舶検査活動法」という。）に規定する船舶検査活動その他の周辺事態に対応するため必要な措置（以下「対応措置」という。）を実施し，我が国の平和及び安全の確保に努めるものとする。<br><br>②　対応措置の実施は，武力による威嚇又は武力の行使に当たるものであってはならない。<br>（新設） |

資料⑧　重要影響事態安全確保法　新旧対照表

| | |
|---|---|
| う。以下同じ。）が行われている現場では実施しないものとする。ただし，第7条第6項の規定により行われる捜索救助活動については，この限りでない。<br>④　外国の領域における対応措置については，当該対応措置が行われることについて当該外国（国際連合の総会又は安全保障理事会の決議に従って当該外国において施政を行う機関がある場合にあっては，当該機関）の同意がある場合に限り実施するものとする。<br>⑤・⑥　（略） | （新設）<br><br><br><br><br><br><br><br><br>③・④　（略） |
| （定義等）<br>第3条①　この法律において，次の各号に掲げる用語の意義は，それぞれ当該各号に定めるところによる。<br>1　合衆国軍隊等　重要影響事態に対処し，日米安保条約の目的の達成に寄与する活動を行うアメリカ合衆国の軍隊及びその他の国際連合憲章の目的の達成に寄与する活動を行う外国の軍隊その他これに類する組織をいう。<br>2　後方支援活動　合衆国軍隊等に対する物品及び役務の提供，便宜の供与その他の支援措置であって，我が国が実施するものをいう。<br><br><br><br><br>3　捜索救助活動　重要影響事態において行われた戦闘行為によって遭難した戦闘参加者について，その捜索又は救助を行う活動（救助した者の輸送を含む。）であって，我が国が実施するものをいう。<br><br><br><br>（削る） | （定義等）<br>第3条①　この法律において，次の各号に掲げる用語の意義は，それぞれ当該各号に定めるところによる。<br>（新設）<br><br><br><br><br><br><br>1　後方地域支援　周辺事態に際して日米安保条約の目的の達成に寄与する活動を行っているアメリカ合衆国の軍隊（以下「合衆国軍隊」という。）に対する物品及び役務の提供，便宜の供与その他の支援措置であって，後方地域において我が国が実施するものをいう。<br>2　後方地域捜索救助活動　周辺事態において行われた戦闘行為（国際的な武力紛争の一環として行われる人を殺傷し又は物を破壊する行為をいう。以下同じ。）によって遭難した戦闘参加者について，その捜索又は救助を行う活動（救助した者の輸送を含む。）であって，後方地域において我が国が実施するものをいう。<br>3　後方地域　我が国領域並びに現に戦闘行為が行われておらず，かつ，そこで実施される活動の期間を通じて戦闘行為が行われることがないと認められる我が国 |

| | |
|---|---|
| 4　（略） | 周辺の公海（海洋法に関する国際連合条約に規定する排他的経済水域を含む。以下同じ。）及びその上空の範囲をいう。<br>4　関係行政機関　次に掲げる機関で政令で定めるものをいう。<br>　イ　内閣府並びに内閣府設置法（平成11年法律第89号）第49条第1項及び第2項に規定する機関並びに国家行政組織法（昭和23年法律第120号）第3条第2項に規定する機関<br>　ロ　内閣府設置法第40条及び第56条並びに国家行政組織法第8条の3に規定する特別の機関 |
| ②　<u>後方支援活動</u>として行う自衛隊に属する物品の提供及び自衛隊による役務の提供（次項後段に規定するものを除く。）は，別表第1に掲げるものとする。<br>③　<u>捜索救助活動</u>は，自衛隊の部隊等（自衛隊法（昭和29年法律第165号）第8条に規定する部隊等をいう。以下同じ。）が実施するものとする。この場合において，<u>捜索救助活動</u>を行う自衛隊の部隊等において，その実施に伴い，当該活動に相当する活動を行う<u>合衆国軍隊等</u>の部隊に対して<u>後方支援活動</u>として行う自衛隊に属する物品の提供及び自衛隊による役務の提供は，別表第2に掲げるものとする。 | ②　<u>後方地域支援</u>として行う自衛隊に属する物品の提供及び自衛隊による役務の提供（次項後段に規定するものを除く。）は，別表第1に掲げるものとする。<br>③　<u>後方地域捜索救助活動</u>は，自衛隊の部隊等（自衛隊法（昭和29年法律第165号）第8条に規定する部隊等をいう。以下同じ。）が実施するものとする。この場合において，<u>後方地域捜索救助活動</u>を行う自衛隊の部隊等において，その実施に伴い，当該活動に相当する活動を行う<u>合衆国軍隊</u>の部隊に対して<u>後方地域支援</u>として行う自衛隊に属する物品の提供及び自衛隊による役務の提供は，別表第二に掲げるものとする。 |
| （基本計画）<br>第4条①　内閣総理大臣は，<u>重要影響事態</u>に際して次に掲げる措置のいずれかを実施することが必要であると認めるときは，当該措置を実施すること及び対応措置に関する基本計画（以下「基本計画」という。）の案につき閣議の決定を求めなければならない。<br>　1　前条第2項の<u>後方支援活動</u><br>　2　前号に掲げるもののほか，関係行政機関が<u>後方支援活動</u>として実施する措置であって特に内閣が関与することにより総合的かつ効果的に実施する必要があるもの | （基本計画）<br>第4条①　内閣総理大臣は，<u>周辺事態</u>に際して次に掲げる措置のいずれかを実施することが必要であると認めるときは，当該措置を実施すること及び対応措置に関する基本計画（以下「基本計画」という。）の案につき閣議の決定を求めなければならない。<br>　1　前条第2項の<u>後方地域支援</u><br>　2　前号に掲げるもののほか，関係行政機関が<u>後方地域支援</u>として実施する措置であって特に内閣が関与することにより総合的かつ効果的に実施する必要があるもの |

資料⑧　重要影響事態安全確保法　新旧対照表

| | |
|---|---|
| 　3　捜索救助活動<br>　4　船舶検査活動 | 　3　<u>後方地域</u>捜索救助活動<br>　4　船舶検査活動<u>法第2条に規定する船舶検査活動（以下「船舶検査活動」という。）</u> |
| ②　基本計画に定める事項は，次のとおりとする。 | ②　基本計画に定める事項は，次のとおりとする。 |
| 　1　<u>重要影響事態に関する次に掲げる事項</u><br>　　イ　<u>事態の経緯並びに我が国の平和及び安全に与える影響</u><br>　　ロ　<u>我が国が対応措置を実施することが必要であると認められる理由</u><br>　2　<u>前号に掲げるもののほか，対応措置の実施に関する基本的な方針</u> | 　1　対応措置に関する基本方針<br><br>（新設） |
| 　3　前項第1号又は第2号に掲げる<u>後方支援活動を実施する場合</u>における次に掲げる事項<br>　　イ　当該<u>後方支援活動</u>に係る基本的事項<br>　　ロ　当該<u>後方支援活動</u>の種類及び内容<br>　　ハ　当該<u>後方支援活動</u>を実施する区域の範囲及び当該区域の指定に関する事項<br>定に関する事項<br>　　ニ　<u>当該後方支援活動を自衛隊が外国の領域で実施する場合には，当該後方支援活動を外国の領域で実施する自衛隊の部隊等の規模及び構成並びに装備並びに派遣期間</u><br>　　ホ　その他当該<u>後方支援活動</u>の実施に関する重要事項 | 　2　前項第1号又は第2号に掲げる<u>後方地域支援を実施する場合</u>における次に掲げる事項<br>　　イ　当該<u>後方地域支援</u>に係る基本的事項<br>　　ロ　当該<u>後方地域支援</u>の種類及び内容<br>　　ハ　当該<u>後方地域支援</u>を実施する区域の範囲及び当該区域の指定に関する事項<br><br>（新設）<br><br><br><br><br><br>　　ニ　その他当該<u>後方地域支援</u>の実施に関する重要事項 |
| 　4　<u>捜索救助活動を実施する場合における次に掲げる事項</u><br>　　イ　当該<u>捜索救助活動</u>に係る基本的事項<br>　　ロ　当該<u>捜索救助活動</u>を実施する区域の範囲及び当該区域の指定に関する事項<br>区域の指定に関する事項<br>　　ハ　当該<u>捜索救助活動</u>の実施に伴う前条第3項後段の<u>後方支援活動</u>の実施に関する重要事項（当該<u>後方支援活動</u>を実施する区域の範囲及び当該区域の指定に関する事項を含む。）<br>　　ニ　<u>当該捜索救助活動又はその実施に伴</u> | 　3　後方地域捜索救助活動を実施する場合における次に掲げる事項<br>　　イ　当該<u>後方地域</u>捜索救助活動に係る基本的事項<br>　　ロ　当該<u>後方地域</u>捜索救助活動を実施する区域の範囲及び当該区域に関する事項<br><br>　　ハ　当該<u>後方地域</u>捜索救助活動の実施に伴う前条第三項後段の<u>後方地域支援</u>の実施に関する重要事項（当該<u>後方地域支援</u>を実施する区域の範囲及び当該区域の指定に関する事項を含む。）<br>（新設） |

う前条第三項後段の後方支援活動を自
　　衛隊が外国の領域で実施する場合に
　　は，これらの活動を外国の領域で実施
　　する自衛隊の部隊等の規模及び構成並
　　びに装備並びに派遣期間
　　ホ　その他当該捜索救助活動の実施に関　　　　ニ　その他当該後方地域捜索救助活動の
　　　する重要事項　　　　　　　　　　　　　　　　実施に関する重要事項
　5　船舶検査活動を実施する場合における　　　4　船舶検査活動法第4条に規定する事項
　　重要影響事態等に際して実施する船舶検
　　査活動に関する法律第4条第1項に規定
　　する事項
　6　（略）　　　　　　　　　　　　　　　　　5　（略）
　7　第3号から前号までに掲げるもののほ　　　6　第2号から前号までに掲げるもののほ
　　か，関係行政機関が実施する対応措置の　　　　か，関係行政機関が実施する対応措置の
　　うち特に内閣が関与することにより総合　　　　うち特に内閣が関与することにより総合
　　的かつ効果的に実施する必要があるもの　　　　的かつ効果的に実施する必要があるもの
　　の実施に関する重要事項　　　　　　　　　　の実施に関する重要事項
　8・9　（略）　　　　　　　　　　　　　　　　7・8　（略）
③　前条第2項の後方支援活動又は捜索救助　　（新設）
　活動若しくはその実施に伴う同条第3項後
　段の後方支援活動を外国の領域で実施する場合
　には，当該外国（第2条第四項に規定する機
　関がある場合にあっては，当該機関）と協議
　して，実施する区域の範囲を定めるものとす
　る。
④　第1項及び前項の規定は，基本計画の変　　③　第1項の規定は，基本計画の変更につい
　更について準用する。　　　　　　　　　　　　て準用する。

　（国会の承認）　　　　　　　　　　　　　　　（国会の承認）
第5条①　基本計画に定められた自衛隊の　　第5条①　基本計画に定められた自衛隊の
　部隊等が実施する後方支援活動，捜索救助活　　　部隊等が実施する後方地域支援，後方地域捜
　動又は船舶検査活動については，内閣総理大　　　索救助活動又は船舶検査活動については，内
　臣は，これらの対応措置の実施前に，これ　　　閣総理大臣は，これらの対応措置の実施前
　らの対応措置を実施することにつき国会の承認　　　に，これらの対応措置を実施することにつき
　を得なければならない。ただし，緊急の必要　　　国会の承認を得なければならない。ただし，
　がある場合には，国会の承認を得ないで当該　　　緊急の必要がある場合には，国会の承認を得
　後方支援活動，捜索救助活動又は船舶検査活　　　ないで当該後方地域支援，後方地域捜索救助
　動を実施することができる。　　　　　　　　　活動又は船舶検査活動を実施することができ
　　　　　　　　　　　　　　　　　　　　　　　る。
②　前項ただし書の規定により国会の承認を　　②　前項ただし書の規定により国会の承認を
　得ないで後方支援活動，捜索救助活動又は船　　　得ないで後方地域支援，後方地域捜索救助活

資料⑧　重要影響事態安全確保法　新旧対照表

| | |
|---|---|
| 舶検査活動を実施した場合には，内閣総理大臣は，速やかに，これらの対応措置の実施につき国会の承認を求めなければならない。<br>③　政府は，前項の場合において不承認の議決があったときは，速やかに，当該後方支援活動，捜索救助活動又は船舶検査活動を終了させなければならない。<br><br>（自衛隊による後方支援活動としての物品及び役務の提供の実施）<br>第６条①　防衛大臣又はその委任を受けた者は，基本計画に従い，第３条第２項の後方支援活動としての自衛隊に属する物品の提供を実施するものとする。<br>②　防衛大臣は，基本計画に従い，第３条第２項の後方支援活動としての自衛隊による役務の提供について，実施要項を定め，これについて内閣総理大臣の承認を得て，防衛省の機関又は自衛隊の部隊等にその実施を命ずるものとする。<br>③　防衛大臣は，前項の実施要項において，実施される必要のある役務の提供の具体的内容を考慮し，防衛省の機関又は自衛隊の部隊等がこれを円滑かつ安全に実施することができるように当該後方支援活動を実施する区域（以下この条において「実施区域」という。）を指定するものとする。<br>④　防衛大臣は，実施区域の全部又は一部において，自衛隊の部隊等が第３条第２項の後方支援活動を円滑かつ安全に実施することが困難であると認める場合又は外国の領域で実施する当該後方支援活動についての第２条第４項の同意が存在しなくなったと認める場合には，速やかに，その指定を変更し，又はそこで実施されている活動の中断を命じなければならない。<br>⑤　第３条第２項の後方支援活動のうち我が国の領域外におけるものの実施を命ぜられた自衛隊の部隊等の長又はその指定する者は，当該後方支援活動を実施している場所又はそ | 動又は船舶検査活動を実施した場合には，内閣総理大臣は，速やかに，これらの対応措置の実施につき国会の承認を求めなければならない。<br>③　政府は，前項の場合において不承認の議決があったときは，速やかに，当該後方地域支援，後方地域捜索救助活動又は船舶検査活動を終了させなければならない。<br><br>（自衛隊による後方地域支援としての物品及び役務の提供の実施）<br>第６条①　防衛大臣又はその委任を受けた者は，基本計画に従い，第３条第２項の後方地域支援としての自衛隊に属する物品の提供を実施するものとする。<br>②　防衛大臣は，基本計画に従い，第３条第２項の後方地域支援としての自衛隊による役務の提供について，実施要項を定め，これについて内閣総理大臣の承認を得て，防衛省の機関又は自衛隊の部隊等にその実施を命ずるものとする。<br>③　防衛大臣は，前項の実施要項において，当該後方地域支援を実施する区域（以下この条において「実施区域」という。）を指定するものとする。<br><br>④　防衛大臣は，実施区域の全部又は一部がこの法律又は基本計画に定められた要件を満たさないものとなった場合には，速やかに，その指定を変更し，又はそこで実施されている活動の中断を命じなければならない。<br><br>⑤　第３条第２項の後方地域支援のうち公海又はその上空における輸送の実施を命ぜられた自衛隊の部隊等の長又はその指定する者は，当該輸送を実施している場所の近傍にお |

の近傍において，戦闘行為が行われるに至った場合又は付近の状況等に照らして戦闘行為が行われることが予測される場合には，当該後方支援活動の実施を一時休止するなどして当該戦闘行為による危険を回避しつつ，前項の規定による措置を待つものとする。
⑥ （略）

（捜索救助活動の実施等）
第7条① 防衛大臣は，基本計画に従い，捜索救助活動について，実施要項を定め，これについて内閣総理大臣の承認を得て，自衛隊の部隊等にその実施を命ずるものとする。

② 防衛大臣は，前項の実施要項において，実施される必要のある捜索救助活動の具体的内容を考慮し，自衛隊の部隊等がこれを円滑かつ安全に実施することができるように当該捜索救助活動を実施する区域（以下この条において「実施区域」という。）を指定するものとする。

③ 捜索救助活動を実施する場合において，戦闘参加者以外の遭難者が在るときは，これを救助するものとする。
　（削る）

④ 前条第4項の規定は，実施区域の指定の変更及び活動の中断について準用する。

⑤ 前条第5項の規定は，我が国の領域外における捜索救助活動の実施を命ぜられた自衛隊の部隊等の長又はその指定する者について準用する。この場合において，同項中「前

いて，戦闘行為が行われるに至った場合又は付近の状況等に照らして戦闘行為が行われることが予測される場合には，当該輸送の実施を一時休止するなどして当該戦闘行為による危険を回避しつつ，前項の規定による措置を待つものとする。
⑥ （略）

（後方地域捜索救助活動の実施等）
第7条① 防衛大臣は，基本計画に従い，後方地域捜索救助活動について，実施要項を定め，これについて内閣総理大臣の承認を得て，自衛隊の部隊等にその実施を命ずるものとする。

② 防衛大臣は，前項の実施要項において，当該後方地域捜索救助活動を実施する区域（以下この条において「実施区域」という。）を指定するものとする。

③ 後方地域捜索救助活動を実施する場合において，戦闘参加者以外の遭難者が在るときは，これを救助するものとする。

④ 後方地域捜索救助活動を実施する場合において，実施区域に隣接する外国の領海に在る遭難者を認めたときは，当該外国の同意を得て，当該遭難者の救助を行うことができる。ただし，当該海域において，現に戦闘行為が行われておらず，かつ，当該活動の期間を通じて戦闘行為が行われることがないと認められる場合に限る。

⑤ 前条第4項の規定は実施区域の指定の変更及び活動の中断について，同条第五項の規定は後方地域捜索救助活動の実施を命ぜられた自衛隊の部隊等の長又はその指定する者について準用する。
　（新設）

資料⑧　重要影響事態安全確保法　新旧対照表

| | |
|---|---|
| 項」とあるのは，「次条第4項において準用する前項」と読み替えるものとする。<br>⑥　前項において準用する前条第5項の規定にかかわらず，既に遭難者が発見され，自衛隊の部隊等がその救助を開始しているときは，当該部隊等の安全が確保される限り，当該遭難者に係る捜索救助活動を継続することができる。<br>⑦　第1項の規定は，同項の実施要項の変更（<u>第4項</u>において準用する前条第4項の規定により実施区域を縮小する変更を除く。）について準用する。<br>⑧　前条の規定は，<u>捜索救助活動の実施に伴う第3条第3項後段の後方支援活動</u>について準用する。<br><br>（武器の使用）<br>第11条①　第6条第2項（<u>第7条第8項</u>において準用する場合を含む。<u>第5項及び第6項において同じ。</u>）の規定により<u>後方支援活動</u>としての自衛隊の役務の提供の実施を命ぜられ，又は第7条第1項の規定により捜索救助活動の実施を命ぜられた自衛隊の部隊等の自衛官は，<u>自己又は自己と共に現場に所在する他の自衛隊員（自衛隊法第2条第5項に規定する隊員をいう。第6項において同じ。）</u>若しくはその職務を行うに伴い自己の管理の下に入った者の生命又は身体の防護のためやむを得ない必要があると認める相当の理由がある場合には，その事態に応じ合理的に必要と判断される限度で武器（<u>自衛隊が外国の領域で当該後方支援活動又は当該捜索救助活動を実施している場合については，第4条第2項第3号ニ又は第4号ニの規定により基本計画に定める装備に該当するものに限る。以下この条において同じ。</u>）を使用することができる。<br>②　前項の規定による武器の使用は，当該現場に上官が在るときは，その命令によらなければならない。ただし，生命又は身体に対する侵害又は危難が切迫し，その命令を受ける | （新設）<br><br><br><br><br><br><br><br>⑥　第1項の規定は，同項の実施要項の変更（<u>前項</u>において準用する前条第四項の規定により実施区域を縮小する変更を除く。）について準用する。<br>⑦　前条の規定は，<u>後方地域捜索救助活動</u>の実施に伴う第3条第3項後段の<u>後方地域支援</u>について準用する。<br><br>（武器の使用）<br>第11条①　第6条第2項（<u>第7条第7項</u>において準用する場合を含む。）の規定により<u>後方地域支援</u>としての自衛隊の役務の提供の実施を命ぜられた自衛隊の部隊等の自衛官は，その職務を行うに際し，自己又は自己と共に当該職務に従事する者の生命又は身体の防護のためやむを得ない必要があると認める相当の理由がある場合には，その事態に応じ合理的に必要と判断される限度で武器を使用することができる。<br><br><br><br><br><br><br><br><br><br>②　第7条第1項の規定により後方地域捜索救助活動の実施を命ぜられた自衛隊の部隊等の自衛官は，遭難者の救助の職務を行うに際し，自己又は自己と共に当該職務に従事する |

| | |
|---|---|
| いとまがないときは，この限りでない。 | 者の生命又は身体の防護のためやむを得ない必要があると認める相当の理由がある場合には，その事態に応じ合理的に必要と判断される限度で武器を使用することができる。 |
| ③　第1項の場合において，当該現場に在る上官は，統制を欠いた武器の使用によりかえって生命若しくは身体に対する危険又は事態の混乱を招くこととなることを未然に防止し，当該武器の使用が同項及び次項の規定に従いその目的の範囲内において適正に行われることを確保する見地から必要な命令をするものとする。 | （新設） |
| ④　第1項の規定による武器の使用に際しては，刑法（明治40年法律第45号）第36条又は第37条に該当する場合のほか，人に危害を与えてはならない。 | ③　前2項の規定による武器の使用に際しては，刑法（明治40年法律第45号）第36条又は第37条に該当する場合のほか，人に危害を与えてはならない。 |
| ⑤　第6条第2項の規定により後方支援活動としての自衛隊の役務の提供の実施を命ぜられ，又は第7条第1項の規定により捜索救助活動の実施を命ぜられた自衛隊の部隊等の自衛官は，外国の領域に設けられた当該部隊等の宿営する宿営地（宿営のために使用する区域であって，囲障が設置されることにより他と区別されるものをいう。以下この項において同じ。）であって合衆国軍隊等の要員が共に宿営するものに対する攻撃があった場合において，当該宿営地以外にその近傍に自衛隊の部隊等の安全を確保することができる場所がないときは，当該宿営地に所在する者の生命又は身体を防護するための措置をとる当該要員と共同して，第1項の規定による武器の使用をすることができる。この場合において，同項から第3項まで及び次項の規定の適用については，第1項中「現場に所在する他の自衛隊員（自衛隊法第2条第5項に規定する隊員をいう。第6項において同じ。）若しくはその職務を行うに伴い自己の管理の下に入った者」とあるのは「その宿営する宿営地（第5項に規定する宿営地をいう。次項及び第3項において同じ。）に所在する者」と，「その事態」とあるのは「第5項に規定する | （新設） |

資料⑧　重要影響事態安全確保法　新旧対照表

| | |
|---|---|
| 合衆国軍隊等の要員による措置の状況をも踏まえ，その事態」と，第2項及び第3項中「現場」とあるのは「宿営地」と，次項中「自衛隊員」とあるのは「自衛隊員（同法第2条第5項に規定する隊員をいう。）」とする。<br>⑥　自衛隊法96条第3項の規定は，第6条第2項の規定により後方支援活動としての自衛隊の役務の提供（我が国の領域外におけるものに限る。）の実施を命ぜられ，又は第7項第1項の規定により捜索救助活動（我が国の領域外におけるものに限る。）の実施を命ぜられた自衛隊の部隊等の自衛官については，自衛隊員以外の者の犯した犯罪に関しては適用しない。 | （新設） |

別表第1　（第3条関係）　　　　　　　別表第1　（第3条関係）

| 種類 | 内容 | 種類 | 内容 |
|---|---|---|---|
| （略） | （略） | （略） | （略） |
| 基地業務 | 廃棄物の収集及び処理，給電並びにこれらに類する物品及び役務の提供 | 基地業務 | 廃棄物の収集及び処理，給電並びにこれらに類する物品及び役務の提供 |
| 宿泊 | 宿泊設備の利用，寝具の提供並びにこれらに類する物品及び役務の提供 | （新設） | |
| 保管 | 倉庫における一時保管，保管容器の提供並びにこれらに類する物品及び役務の提供 | （新設） | |
| 施設の利用 | 土地又は建物の一時的な利用並びにこれらに類する物品及び役務の提供 | （新設） | |
| 訓練業務 | 訓練に必要な指導員の派遣，訓練用器材の提供並びにこれらに類する物品及び役務の提供 | （新設） | |
| 備考 | 物品の提供には，武器の提供を含まないものとする。 | 備考 | 1　物品の提供には，武器（弾薬を含む。）の提供を含まないものとする。 |

| | | | |
|---|---|---|---|
| | | | 2　物品及び役務の提供には，戦闘作戦行動のために発進準備中の航空機に対する給油及び整備を含まないものとする。<br>3　物品及び役務の提供は，<u>公海及びその上空で行われる輸送（傷病者の輸送中に行われる医療を含む。）を除き，我が国領域において行われるものとする。</u> |

別表第2（第3条関係）　　　　　　　　別表第2　（第3条関係）

| 種類 | 内容 | 種類 | 内容 |
|---|---|---|---|
| （略） | （略） | （略） | （略） |
| 備考 | <u>物品の提供には，武器の提供を含まないものとする。</u> | 備考 | 1　<u>物品の提供には，武器（弾薬を含む。）の提供を含まないものとする。</u><br>2　<u>物品及び役務の提供には，戦闘作戦行動のために発進準備中の航空機に対する給油及び整備を含まないものとする。</u> |

資料⑨　重要影響事態等に際して実施する船舶検査活動に関する法律
新旧対照表

〔平成27年法律第76号第4条による改正　平成28年3月29日施行〕

| 改正後 | 改正前 |
|---|---|
| 重要影響事態等に際して実施する船舶検査活動に関する法律 | 周辺事態に際して実施する船舶検査活動に関する法律 |
| （目的）<br>第1条　この法律は，重要影響事態（重要影響事態に際して我が国の平和及び安全を確保するための措置に関する法律（平成11年法律第60号。以下「重要影響事態安全確保法」という。）第1条に規定する重要影響事態をいう。以下同じ。）又は国際平和共同対処事態（国際平和共同対処事態に際して我が国が実施する諸外国の軍隊等に対する協力支援活動等に関する法律（平成27年法律第　号。以下「国際平和協力支援活動法」という。）第1条に規定する国際平和共同対処事態をいう。以下同じ。）に対応して我が国が実施する船舶検査活動に関し，その実施の態様，手続その他の必要な事項を定め，重要影響事態安全確保法及び国際平和協力支援活動法と相まって，我が国及び国際社会の平和及び安全の確保に資することを目的とする。 | （目的）<br>第1条　この法律は，周辺事態に際して我が国の平和及び安全を確保するための措置に関する法律（平成11年法律第60号。以下「周辺事態安全確保法」という。）第1条に規定する周辺事態に対応して我が国が実施する船舶検査活動に関し，その実施の態様，手続その他の必要な事項を定め，周辺事態安全確保法と相まって，日本国とアメリカ合衆国との間の相互協力及び安全保障条約（以下「日米安保条約」という。）の効果的な運用に寄与し，我が国の平和及び安全の確保に資することを目的とする。 |
| （定義）<br>第2条　この法律において「船舶検査活動」とは，重要影響事態又は国際平和共同対処事態に際し，貿易その他の経済活動に係る規制措置であって我が国が参加するものの厳格な実施を確保する目的で，当該厳格な実施を確保するために必要な措置を執ることを要請する国際連合安全保障理事会の決議に基づいて，又は旗国（海洋法に関する国際連合条約第91条に規定するその旗を掲げる権利を有する国をいう。）の同意を得て，船舶（軍艦及び各国政府が所有し又は運航する船舶であって非商業的目的のみに使用されるもの（以下「軍艦等」という。）を除く。）の積荷及び | （定義）<br>第2条　この法律において「船舶検査活動」とは，周辺事態に際し，貿易その他の経済活動に係る規制措置であって我が国が参加するものの厳格な実施を確保する目的で，当該厳格な実施を確保するために必要な措置を執ることを要請する国際連合安全保障理事会の決議に基づいて，又は旗国（海洋法に関する国際連合条約第91条に規定するその旗を掲げる権利を有する国をいう。）の同意を得て，船舶（軍艦及び各国政府が所有し又は運航する船舶であって非商業的目的のみに使用されるもの（以下「軍艦等」という。）を除く。）の積荷及び目的地を検査し，確認する活動並 |

目的地を検査し，確認する活動並びに必要に応じ当該船舶の航路又は目的港若しくは目的地の変更を要請する活動であって，我が国が実施するものをいう。

（船舶検査活動の実施）
第3条① <u>重要影響事態における船舶検査活動</u>は，自衛隊の部隊等（自衛隊法（昭和29年法律第165号）第8条に規定する部隊等をいう。以下同じ。）が実施するものとする。この場合において，<u>重要影響事態における船舶検査活動を行う自衛隊の部隊等</u>において，その実施に伴い，当該活動に相当する活動を行う<u>合衆国軍隊等（重要影響事態安全確保法第3条第1項第1号に規定する合衆国軍隊等をいう。）</u>の部隊に対して<u>後方支援活動（同項第2号に規定する後方支援活動をいう。以下同じ。）</u>として行う自衛隊に属する物品の提供及び自衛隊による役務の提供は，<u>重要影響事態安全確保法別表第2に掲げる</u>ものとする。
② <u>国際平和共同対処事態における船舶検査活動</u>は，自衛隊の部隊等が実施するものとする。この場合において，<u>国際平和共同対処事態における船舶検査活動を行う自衛隊の部隊等</u>において，その実施に伴い，当該活動に相当する活動を行う<u>諸外国の軍隊等（国際平和協力支援活動法第3条第1項第1号に規定する諸外国の軍隊等をいう。）</u>の部隊に対して<u>協力支援活動（同項第2号に規定する協力支援活動をいう。以下同じ。）</u>として行う自衛隊に属する物品の提供及び自衛隊による役務の提供は，<u>国際平和協力支援活動法別表第2</u>に掲げるものとする。

（基本計画に定める事項）

第4条① <u>重要影響事態における船舶検査活動の実施</u>に際しては，次に掲げる事項を<u>重要影響事態安全確保法第4条第1項に規定す</u>る基本計画に定めるものとする。

びに必要に応じ当該船舶の航路又は目的港若しくは目的地の変更を要請する活動であって，<u>我が国領海又は我が国周辺の公海（海洋法に関する国際連合条約に規定する排他的経済水域を含む。）</u>において我が国が実施するものをいう。

（船舶検査活動の実施）
第3条　船舶検査活動は，自衛隊の部隊等（自衛隊法（昭和29年法律第165号）第8条に規定する部隊等をいう。以下同じ。）が実施するものとする。この場合において，<u>船舶検査活動を行う自衛隊の部隊等</u>において，その実施に伴い，当該活動に相当する活動を行う<u>日米安保条約の目的の達成に寄与する活動を行っているアメリカ合衆国の軍隊の部隊</u>に対して後方地域支援（周辺事態安全確保法第3条第1項第1号に規定する<u>後方地域支援</u>をいう。以下同じ。）として行う自衛隊に属する物品の提供及び自衛隊による役務の提供は，<u>周辺事態安全確保法</u>別表第2に掲げるものとする。

（新設）

（<u>周辺事態安全確保法に規定する基本計画</u>に定める事項）

第4条　船舶検査活動の実施に際しては，次に掲げる事項を<u>周辺事態安全確保法第4条第1項</u>に規定する基本計画<u>（以下「基本計画」という。）</u>に定めるものとする。

資料⑨　重要影響事態等に際して実施する船舶検査活動に関する法律　新旧対照表

| | |
|---|---|
| 1　（略） | 1　（略） |
| 2　当該船舶検査活動を行う自衛隊の部隊等の規模及び構成<u>並びに当該船舶検査活動又はその実施に伴う前条第1項後段の後方支援活動を外国の領域で実施する場合には，これらの活動を外国の領域で実施する自衛隊の部隊等の装備及び派遣期間</u> | 2　当該船舶検査活動を行う自衛隊の部隊等の規模及び構成 |
| 3・4　（略） | 3・4　（略） |
| 5　当該船舶検査活動の実施に伴う<u>前条第1項後段</u>の<u>後方支援活動</u>の実施に関する重要事項（当該<u>後方支援活動</u>を実施する区域の範囲及び当該区域の指定に関する事項を含む。） | 5　当該船舶検査活動の実施に伴う<u>前条後段</u>の<u>後方地域支援</u>の実施に関する重要事項（当該<u>後方地域支援</u>を実施する区域の範囲及び当該区域の指定に関する事項を含む。） |
| 6　（略） | 6　（略） |
| <u>②　国際平和共同対処事態における船舶検査活動の実施に際しては，次に掲げる事項を国際平和協力支援活動法第4条第1項に規定する基本計画に定めるものとする。</u><br><u>1　当該船舶検査活動に係る基本的事項</u><br><u>2　当該船舶検査活動を行う自衛隊の部隊等の規模及び構成並びに当該船舶検査活動又はその実施に伴う前条第2項後段の協力支援活動を外国の領域で実施する場合には，これらの活動を外国の領域で実施する自衛隊の部隊等の装備及び派遣期間</u><br><u>3　当該船舶検査活動を実施する区域の範囲及び当該区域の指定に関する事項</u><br><u>4　第2条に規定する規制措置の対象物品の範囲</u><br><u>5　当該船舶検査活動の実施に伴う前条第2項後段の協力支援活動の実施に関する重要事項（当該協力支援活動を実施する区域の範囲及び当該区域の指定に関する事項を含む。）</u><br><u>6　その他当該船舶検査活動の実施に関する重要事項</u><br><u>③　船舶検査活動又は重要影響事態における船舶検査活動の実施に伴う前条第1項後段の後方支援活動若しくは国際平和共同対処事態</u> | （新設） |

における船舶検査活動の実施に伴う同条第2項後段の協力支援活動を外国の領域で実施する場合には，当該外国（重要影響事態安全確保法第2条第4項又は国際平和協力支援活動法第2条第4項に規定する機関がある場合にあっては，当該機関）と協議して，実施する区域の範囲を定めるものとする。
（船舶検査活動の実施の態様等）
第5条① 防衛大臣は，前条第1項又は第2項の基本計画（第5項において単に「基本計画」という。）に従い，船舶検査活動について，実施要項を定め，これについて内閣総理大臣の承認を得て，自衛隊の部隊等にその実施を命ずるものとする。
② 防衛大臣は，前項の実施要項において，実施される必要のある船舶検査活動の具体的内容を考慮し，自衛隊の部隊等がこれを円滑かつ安全に実施することができるように当該船舶検査活動を実施する区域（以下この条において「実施区域」という。）を指定するものとする。この場合において，実施区域は，当該船舶検査活動が外国による船舶検査活動に相当する活動と混交して行わることがないよう，かかる活動が実施される区域と明確に区別して指定しなければならない。
③ （略）
④ 防衛大臣は，実施区域の全部又は一部において，自衛隊の部隊等が船舶検査活動を円滑かつ安全に実施することが困難であると認める場合又は重要影響事態において外国の領域で実施する船舶検査活動についての重要影響事態安全確保法第2条第4項の同意若しくは国際平和共同対処事態において外国の領域で実施する船舶検査活動についての国際平和協力支援活動法第2条第4項の同意が存在しなくなったと認める場合には，速やかに，その指定を変更し，又はそこで実施されている活動の中断を命じなければならない。
⑤ 前項に定めるもののほか，防衛大臣は，実施区域の全部又は一部がこの法律又は基本計画に定められた要件を満たさないものとな

（船舶検査活動の実施の態様等）
第5条① 防衛大臣は，基本計画に従い，船舶検査活動について，実施要項を定め，これについて内閣総理大臣の承認を得て，自衛隊の部隊等にその実施を命ずるものとする。

② 防衛大臣は，前項の実施要項において，当該船舶検査活動を実施する区域（以下この条において「実施区域」という。）を指定するものとする。この場合において，実施区域は，当該船舶検査活動が外国による船舶検査活動に相当する活動と混交して行われることがないよう，かかる活動が実施される区域と明確に区別して指定しなければならない。

③ （略）
④ 周辺事態安全確保法第6条第4項の規定は，実施区域の指定の変更及び活動の中断について準用する。




（新設）

資料⑨　重要影響事態等に際して実施する船舶検査活動に関する法律　新旧対照表

| | |
|---|---|
|った場合には，速やかに，その指定を変更し，又はそこで実施されている活動の中断を命じなければならない。| |
|⑥　第1項の規定は，同項の実施要項の変更（<u>前2項</u>の規定により実施区域を縮小する変更を除く。）について準用する。|⑤　第1項の規定は，同項の実施要項の変更（<u>前項において準用する周辺事態安全確保法第六条第四項</u>の規定により実施区域を縮小する変更を除く。）について準用する。|
|⑦　<u>重要影響事態安全確保法第6条の規定は重要影響事態における船舶検査活動の実施に伴う第3条第1項後段の後方支援活動について，国際平和協力支援活動法第7条の規定は国際平和共同対処事態における船舶検査活動の実施に伴う第3条第2項後段の協力支援活動について，それぞれ</u>準用する。|⑥　<u>周辺事態安全確保法第6条</u>の規定は，船舶検査活動の実施に伴う<u>第3条後段の後方地域支援</u>について準用する。|
|（武器の使用）|（武器の使用）|
|第6条①　前条第1項の規定により船舶検査活動の実施を<u>命ぜられ，又は同条第7項において準用する重要影響事態安全確保法第6条第2項の規定により重要影響事態における船舶検査活動の実施に伴う第3条第1項後段の後方支援活動としての自衛隊の役務の提供の実施を命ぜられ，若しくは前条第7項において準用する国際平和協力支援活動法第7条第2項の規定により国際平和共同対処事態における船舶検査活動の実施に伴う第3条第2項後段の協力支援活動としての自衛隊の役務の提供の実施を命ぜられた</u>自衛隊の部隊等の自衛官は，<u>自己又は自己と共に現場に所在する他の自衛隊員（自衛隊法第2条第5項に規定する隊員をいう。第5項において同じ。）若しくはその職務を行うに伴い自己の管理の下に入った者</u>の生命又は身体の防護のためやむを得ない必要があると認める相当の理由がある場合には，その事態に応じ合理的に必要と判断される限度で武器<u>（自衛隊が外国の領域で当該船舶検査活動又は当該後方支援活動若しくは当該協力支援活動を実施している場合については，第4条第1項第2号又は第2項第2号の規定により基本計画に定める装備に該当するものに限る。以下この条において同じ。）</u>を使用することができる。|第6条①　前条第1項の規定により船舶検査活動の実施を命ぜられ<u>た</u>自衛隊の部隊等の自衛官は，<u>当該船舶検査活動の対象船舶に乗船してその職務を行うに際し，自己又は自己と共に当該職務に従事する者</u>の生命又は身体の防護のためやむを得ない必要があると認める相当の理由がある場合には，その事態に応じ合理的に必要と判断される限度で武器を使用することができる。|

247

| | |
|---|---|
| ②　前項の規定による武器の使用は，当該現場に上官が在るときは，その命令によらなければならない。ただし，生命又は身体に対する侵害又は危難が切迫し，その命令を受けるいとまがないときは，この限りでない。 | （新設） |
| ③　第1項の場合において，当該現場に在る上官は，統制を欠いた武器の使用によりかえって生命若しくは身体に対する危険又は事態の混乱を招くこととなることを未然に防止し当該武器の使用が同項及び次項の規定に従いその目的の範囲内において適正に行われることを確保する見地から必要な命令をするものとする。 | （新設） |
| ④　第1項の規定による武器の使用に際しては，刑法（明治40年法律第45号）第36条又は第37条に該当する場合のほか，人に危害を与えてはならない。 | ②　前項の規定による武器の使用に際しては，刑法（明治40年法律第45号）第36条又は第37条に該当する場合のほか，人に危害を与えてはならない。 |
| ⑤　自衛隊法第96条第3項の規定は，前条第1項の規定により船舶検査活動（我が国の領域外におけるものに限る。）の実施を命ぜられ，又は同条第7項において準用する重要影響事態安全確保法第6条第2項の規定により重要影響事態における船舶検査活動の実施に伴う第3条第1項後段の後方支援活動としての自衛隊の役務の提供（我が国の領域外におけるものに限る。）の実施を命ぜられ，若しくは前条第7項において準用する国際平和協力支援活動法第7条第2項の規定により国際平和共同対処事態における船舶検査活動の実施に伴う第3条第2項後段の協力支援活動としての自衛隊の役務の提供（我が国の領域外におけるものに限る。）の実施を命ぜられた自衛隊の部隊等の自衛官については，自衛隊員以外の者の犯した犯罪に関しては適用しない。 | （新設） |

資料⑩　武力攻撃事態等及び存立危機事態における我が国の平和と独立並びに国及び国民の安全の確保に関する法律

新旧対照表（抄）

〔平成27年法律第76号第5条による改正　平成28年3月29日施行〕

| 改正後 | 改正前 |
|---|---|
| <u>武力攻撃事態等及び存立危機事態における我が国の平和と独立並びに国及び国民の安全の確保に関する法律</u> | 武力攻撃事態等における我が国の平和と独立並びに国及び国民の安全の確保に関する法律 |
| （目的）<br>第1条　この法律は，武力攻撃事態等（武力攻撃事態及び武力攻撃予測事態をいう。以下同じ。）<u>及び存立危機事態</u>への対処について，基本理念，国，地方公共団体等の責務，国民の協力その他の基本となる事項を定めることにより，武力攻撃事態等<u>及び存立危機事態</u>への対処のための態勢を整備し，もって我が国の平和と独立並びに国及び国民の安全の確保に資することを目的とする。 | （目的）<br>第1条　この法律は，武力攻撃事態等（武力攻撃事態及び武力攻撃予測事態をいう。以下同じ。）への対処について，基本理念，国，地方公共団体等の責務，国民の協力その他の基本となる事項を定めることにより，武力攻撃事態等への対処のための態勢を整備し，<u>併せて武力攻撃事態等への対処に関して必要となる法制の整備に関する事項を定め</u>，もって我が国の平和と独立並びに国及び国民の安全の確保に資することを目的とする。 |
| （定義）<br>第2条　この法律<u>（第1号に掲げる用語にあっては，第4号及び第8号ハ（1）を除く。）</u>において，次の各号に掲げる用語の意義は，それぞれ当該各号に定めるところによる。<br>　1　（略）<br><br>　2　（略）<br><br><br>　3　（略）<br><br><br>　<u>4　存立危機事態　我が国と密接な関係にある他国に対する武力攻撃が発生し，これにより我が国の存立が脅かされ，国民</u> | （定義）<br>第2条　この法律において，次の各号に掲げる用語の意義は，それぞれ当該各号に定めるところによる。<br><br>　1　武力攻撃　我が国に対する外部からの武力攻撃をいう。<br>　2　武力攻撃事態　武力攻撃が発生した事態又は武力攻撃が発生する明白な危険が切迫していると認められるに至った事態をいう。<br>　3　武力攻撃予測事態　武力攻撃事態には至っていないが，事態が緊迫し，武力攻撃が予測されるに至った事態をいう。<br>（新設） |

| | |
|---|---|
| の生命，自由及び幸福追求の権利が根底から覆される明白な危険がある事態をいう。 | |
| 5〜7　（略） | 4〜6　（略） |
| 8　対処措置　第9条第1項の対処基本方針が定められてから廃止されるまでの間に，指定行政機関，地方公共団体又は指定公共機関が法律の規定に基づいて実施する次に掲げる措置をいう。 | 7　対処措置　第9条第1項の対処基本方針が定められてから廃止されるまでの間に，指定行政機関，地方公共団体又は指定公共機関が法律の規定に基づいて実施する次に掲げる措置をいう。 |
| イ　武力攻撃事態等を終結させるためにその推移に応じて実施する次に掲げる措置する次に掲げる措置 | イ　武力攻撃事態等を終結させるためにその推移に応じて実施する次に掲げる措置 |
| (1)　（略） | (1)　（略） |
| (2)　(1)に掲げる自衛隊の行動，アメリカ合衆国の軍隊が実施する日本国とアメリカ合衆国との間の相互協力及び安全保障条約（以下「日米安保条約」という。）に従って武力攻撃を排除するために必要な行動<u>及びその他の外国の軍隊が実施する自衛隊と協力して武力攻撃を排除するために必要な行動</u>が円滑かつ効果的に行われるために実施する物品，施設又は役務の提供その他の措置 | (2)　(1)に掲げる自衛隊の行動<u>及び</u>アメリカ合衆国の軍隊が実施する日本国とアメリカ合衆国との間の相互協力及び安全保障条約（以下「日米安保条約」という。）に従って武力攻撃を排除するために必要な行動が円滑かつ効果的に行われるために実施する物品，施設又は役務の提供その他の措置 |
| (3)　（略） | (3)　（略） |
| ロ　（略） | ロ　（略） |
| <u>ハ　存立危機事態を終結させるためにその推移に応じて実施する次に掲げる措置</u> | (新設) |
| <u>(1)　我が国と密接な関係にある他国に対する武力攻撃であって，これにより我が国の存立が脅かされ，国民の生命，自由及び幸福追求の権利が根底から覆される明白な危険があるもの（以下「存立危機武力攻撃」という。）を排除するために必要な自衛隊が実施する武力の行使，部隊等の展開その他の行動</u> | |
| <u>(2)　(1)に掲げる自衛隊の行動及び外国の軍隊が実施する自衛隊と協力して存立危機武力攻撃を排除するために</u> | |

| | |
|---|---|
| 必要な行動が円滑かつ効果的に行われるために実施する物品，施設又は役務の提供その他の措置<br>(3) (1)及び(2)に掲げるもののほか，外交上の措置その他の措置<br>二 <u>存立危機武力攻撃による深刻かつ重大な影響から国民の生命，身体及び財産を保護するため，又は存立危機武力攻撃が国民生活及び国民経済に影響を及ぼす場合において当該影響が最小となるようにするために存立危機事態の推移に応じて実施する公共的な施設の保安の確保，生活関連物資等の安定供給その他の措置</u> | （新設） |
| （武力攻撃事態等<u>及び存立危機事態</u>への対処に関する基本理念）<br>第3条① 武力攻撃事態等<u>及び存立危機事態</u>への対処においては，国，地方公共団体及び指定公共機関が，国民の協力を得つつ，相互に連携協力し，万全の措置が講じられなければならない。<br>②・③ （略）<br><u>④ 存立危機事態においては，存立危機武力攻撃を排除しつつ，その速やかな終結を図らなければならない。ただし，存立危機武力攻撃を排除するに当たっては，武力の行使は，事態に応じ合理的に必要と判断される限度においてなされなければならない。</u><br>⑤ 武力攻撃事態等<u>及び存立危機事態</u>への対処においては，日本国憲法の保障する国民の自由と権利が尊重されなければならず，これに制限が加えられる場合にあっても，その制限は当該武力攻撃事態等<u>及び存立危機事態</u>に対処するため必要最小限のものに限られ，かつ，公正かつ適正な手続の下に行われなければならない。この場合において，日本国憲法第14条，第18条，第19条，第21条その他の基本的人権に関する規定は，最大限に尊重されなければならない。<br>⑥ 武力攻撃事態等<u>及び存立危機事態</u>におい | （武力攻撃事態等への対処に関する基本理念）<br>第3条① 武力攻撃事態等への対処においては，国，地方公共団体及び指定公共機関が，国民の協力を得つつ，相互に連携協力し，万全の措置が講じられなければならない。<br>②・③ （略）<br>（新設）<br><br><br><br><br>④ 武力攻撃事態等への対処においては，日本国憲法の保障する国民の自由と権利が尊重されなければならず，これに制限が加えられる場合にあっても，その制限は当該武力攻撃事態等に対処するため必要最小限のものに限られ，かつ，公正かつ適正な手続の下に行われなければならない。この場合において，日本国憲法第14条，第18条，第19条，第21条その他の基本的人権に関する規定は，最大限に尊重されなければならない。<br>⑤ 武力攻撃事態等においては，当該武力攻 |

ては，当該武力攻撃事態等及び存立危機事態並びにこれらへの対処に関する状況について，適時に，かつ，適切な方法で国民に明らかにされるようにしなければならない。
⑦　武力攻撃事態等及び存立危機事態への対処においては，日米安保条約に基づいてアメリカ合衆国と緊密に協力するほか，関係する外国との協力を緊密にしつつ，国際連合を始めとする国際社会の理解及び協調的行動が得られるようにしなければならない。

第２章　武力攻撃事態等及び存立危機事態への対処のための手続等
（対処基本方針）
第９条①　政府は，武力攻撃事態等又は存立危機事態に至ったときは，武力攻撃事態等又は存立危機事態への対処に関する基本的な方針（以下「対処基本方針」という。）を定めるものとする。
②　対処基本方針に定める事項は，次のとおりとする。
　１　対処すべき事態に関する次に掲げる事項
　　イ　事態の経緯，事態が武力攻撃事態であること，武力攻撃予測事態であること又は存立危機事態であることの認定及当該認定の前提となった事実
　　ロ　事態が武力攻撃事態又は存立危機事態であると認定する場合にあっては，我が国の存立を全うし，国民を守るために他に適当な手段がなく，事態に対処するため武力の行使が必要であると認められる理由
　２　当該武力攻撃事態等又は存立危機事態への対処に関する全般的な方針
　３　（略）
③〜⑮　（略）

（国際連合安全保障理事会への報告）
第18条　政府は，武力攻撃又は存立危機武

撃事態等及びこれへの対処に関する状況について，適時に，かつ，適切な方法で国民に明らかにされるようにしなければならない。
⑥　武力攻撃事態等への対処においては，日米安保条約に基づいてアメリカ合衆国と緊密に協力しつつ，国際連合を始めとする国際社会の理解及び協調的行動が得られるようにしなければならない。

第２章　武力攻撃事態等への対処のための手続等
（対処基本方針）
第９条①　政府は，武力攻撃事態等に至ったときは，武力攻撃事態等への対処に関する基本的な方針（以下「対処基本方針」という。）を定めるものとする。
②　対処基本方針に定める事項は，次のとおりとする。
　１　武力攻撃事態であること又は武力攻撃予測事態であることの認定及び当該認定の前提となった事実
　　（新設）

　　（新設）

　２　当該武力攻撃事態等への対処に関する全般的な方針
　３　（略）
③〜⑮　略

（国際連合安全保障理事会への報告）
第18条　政府は，国際連合憲章第51条及

資料⑩　武力攻撃事態等対処法　新旧対照表

| | |
|---|---|
| 力攻撃の排除に当たって我が国が講じた措置について，国際連合憲章第51条（武力攻撃の排除に当たって我が国が講じた措置にあっては，同条及び日米安保条約第5条第2項）の規定に従って，直ちに国際連合安全保障理事会に報告しなければならない。 | び日米安保条約第5条第2項の規定に従って，武力攻撃の排除に当たって我が国が講じた措置について，直ちに国際連合安全保障理事会に報告しなければならない。 |

資料⑪ 武力攻撃事態等及び存立危機事態におけるアメリカ合衆国等の軍隊の行動に伴い我が国が実施する措置に関する法律

新旧対照表（抄）

〔平成27年法律第76号第6条による改正　平成28年3月29日施行〕

| 改正後 | 改正前 |
|---|---|
| <u>武力攻撃事態等及び存立危機事態におけるアメリカ合衆国等の軍隊の行動に伴い我が国が実施する措置に関する法律</u> | 武力攻撃事態等におけるアメリカ合衆国の軍隊の行動に伴い我が国が実施する措置に関する法律 |
| （目的）<br>第1条　この法律は，武力攻撃事態等に<u>お</u><u>いて日本国とアメリカ合衆国との間の相互協力及び安全保障条約（以下「日米安保条約」という。）に従って武力攻撃を排除するために必要なアメリカ合衆国の軍隊の行動が円滑かつ効果的に実施されるための措置，武力攻撃事態等又は存立危機事態において自衛隊と協力して武力攻撃又は存立危機武力攻撃を排除するために必要な外国軍隊の行動が円滑かつ効果的に実施されるための措置その他のこれらの行動に伴い我が国が実施する措置について定めることにより，我が国の平和と独立並びに国及び国民の安全の確保に資することを目的とする。</u> | （目的）<br>第1条　この法律は，武力攻撃事態等において，日本国とアメリカ合衆国との間の相互協力及び安全保障条約（以下「日米安保条約」という。）に従って武力攻撃を排除するために必要なアメリカ合衆国の軍隊の行動が円滑かつ効果的に実施されるための措置<u>その他の当該行動</u>に伴い我が国が実施する措置について定めることにより，我が国の平和と独立並びに国及び国民の安全の確保に資することを目的とする。 |
| （定義）<br>第2条　この法律において，次の各号に掲げる用語の意義は，それぞれ当該各号に定めるところによる。<br>　1　武力攻撃事態等　武力攻撃事態等<u>及び存立危機事態</u>における我が国の平和と独立並びに国及び国民の安全の確保に関する法律（平成15年法律第79号。以下「事態対処法」という。）第1条に規定する武力攻撃事態等をいう。<br>　2・3　（略）<br>　<u>4　存立危機事態　事態対処法第2条第4号に規定する存立危機事態をいう。</u><br>　<u>5　存立危機武力攻撃　事態対処法第2条</u> | （定義）<br>第2条　この法律において，次の各号に掲げる用語の意義は，それぞれ当該各号に定めるところによる。<br>　1　武力攻撃事態等　武力攻撃事態等における我が国の平和と独立並びに国及び国民の安全の確保に関する法律（平成15年法律第79号。以下「事態対処法」という。）第1条に規定する武力攻撃事態等をいう。<br>　2・3　（略）<br>　（新設）<br><br>　（新設） |

*254*

資料⑪　米軍等行動関連措置法　新旧対照表

| | |
|---|---|
| 第8号ハ(1)に規定する存立危機武力攻撃をいう。 | |
| 6　特定合衆国軍隊　武力攻撃事態等において，日米安保条約に従って武力攻撃を排除するために必要な行動を実施しているアメリカ合衆国の軍隊をいう。カ合衆国の軍隊をいう。 | 4　合衆国軍隊　武力攻撃事態等において，日米安保条約に従って武力攻撃を排除するために必要な行動を実施しているアメリカ合衆国の軍隊をいう。 |
| 7　外国軍隊　武力攻撃事態等又は存立危機事態において，自衛隊と協力して武力攻撃又は存立危機武力攻撃を排除するために必要な行動を実施している外国の軍隊（特定合衆国軍隊を除く。）をいう。 | （新設） |
| 8　行動関連措置　次に掲げる措置であって，対処基本方針（事態対処法第9条第1項に規定する対処基本方針をいう。以下同じ。）に基づき，自衛隊その他の指定行政機関（事態対処法第2条第5号に規定する指定行政機関をいう。以下同じ。）が実施するものをいう。 | 5　行動関連措置　武力攻撃事態等において，合衆国軍隊の行動（前号に規定する行動（武力攻撃が発生した事態以外の武力攻撃事態等にあっては，日米安保条約に従って武力攻撃を排除するために必要な準備のための同号に規定する行動）をいう。以下同じ。）が円滑かつ効果的に実施されるための措置その他の合衆国軍隊の行動に伴い我が国が実施する措置であって，対処基本方針（事態対処法第9条第1項に規定する対処基本方針をいう。以下同じ。）に基づき，自衛隊その他の指定行政機関（事態対処法第2条第4号に規定する指定行政機関をいう。以下同じ。）が実施するものをいう。 |
| イ　武力攻撃事態等において，特定合衆国軍隊の行動（第6号に規定する行動（武力攻撃が発生した事態以外の武力攻撃事態等にあっては，日米安保条約に従って武力攻撃を排除するために必要な準備のための同号に規定する行動）をいう。以下同じ。）が円滑かつ効果的に実施されるための措置その他の特定合衆国軍隊の行動に伴い我が国が実施する措置 | （新設） |
| ロ　武力攻撃事態等又は存立危機事態において，外国軍隊の行動（前号に規定する行動（武力攻撃が発生した事態以外の武力攻撃事態等にあっては，自衛 | （新設） |

| | |
|---|---|
| 隊と協力して武力攻撃を排除するために必要な準備のための同号に規定する行動)をいう。以下同じ。)が円滑かつ効果的に実施されるための措置その他の外国軍隊の行動に伴い我が国が実施する措置 | |
| (政府の責務)<br>第3条　政府は，武力攻撃事態等及び存立危機事態においては，的確かつ迅速に行動関連措置を実施し，我が国の平和と独立並びに国及び国民の安全の確保に努めるものとする。の確保に努めるものとする。 | (政府の責務)<br>第3条　政府は，武力攻撃事態等においては，的確かつ迅速に行動関連措置を実施し，我が国の平和と独立並びに国及び国民の安全の確保に努めるものとする。 |
| (行動関連措置の基本原則)<br>第4条　行動関連措置は，武力攻撃及び存立危機武力攻撃を排除する目的の範囲内において，事態に応じ合理的に必要と判断される限度を超えるものであってはならない。 | (行動関連措置の基本原則)<br>第4条　行動関連措置は，武力攻撃を排除する目的の範囲内において，事態に応じ合理的に必要と判断される限度を超えるものであってはならない。 |

資料⑫　　　　　国家安全保障会議設置法
新旧対照表（抄）

〔平成27年法律第76号第10条による改正　平成28年3月29日施行〕

| 改正後 | 改正前 |
|---|---|
| （所掌事務等）<br>第2条① 　会議は，次の事項について審議し，必要に応じ，内閣総理大臣に対し，意見を述べる。<br>1　（略）<br>2　（略）<br>3　（略） | （所掌事務等）<br>第2条① 　会議は，次の事項について審議し，必要に応じ，内閣総理大臣に対し，意見を述べる。<br>1　国防の基本方針<br>2　防衛計画の大綱<br>3　前号の計画に関連する産業等の調整計画の大綱 |
| 4　武力攻撃事態等（武力攻撃事態及び武力攻撃予測事態をいう。以下この条において同じ。）又は<u>存立危機事態</u>への対処に関する基本的な方針 | 4　武力攻撃事態等（武力攻撃事態及び武力攻撃予測事態をいう。以下この条において同じ。）への対処に関する基本的な方針 |
| 5　武力攻撃事態等<u>又は存立危機事態</u>への対処に関する重要事項 | 5　武力攻撃事態等への対処に関する重要事項 |
| 6　<u>重要影響事態</u>への対処に関する重要事項 | 6　<u>周辺事態</u>への対処に関する重要事項 |
| <u>7　国際平和共同対処事態への対処に関する重要事項</u> | 7　<u>自衛隊法（昭和29年法律第165号）第3条第2項第2号</u>の自衛隊の活動に関する重要事項 |
| <u>8　国際連合平和維持活動等に対する協力に関する法律（平成4年法律第79号）第2条第1項に規定する国際平和協力業務の実施等に関する重要事項</u> | （新設） |
| <u>9　自衛隊法（昭和29年法律第165号）第6章に規定する自衛隊の行動に関する重要事項（第4号から前号までに掲げるものを除く。）</u> | （新設） |
| <u>10</u>　（略） | 8　国防に関する重要事項（前各号に掲げるものを除く。） |
| <u>11</u>　（略） | 9　国家安全保障に関する外交政策及び防衛政策の基本方針並びにこれらの政策に関する重要事項（前各号に掲げるものを除く。） |
| <u>12</u>　重大緊急事態（武力攻撃事態等，<u>存立危機事態，重要影響事態，国際平和共同</u> | 10　重大緊急事態（武力攻撃事態等，<u>周辺事態</u>及び次項の規定により<u>第七号又は第</u> |

対処事態及び次項の規定により第9号又は第10号に掲げる重要事項としてその対処措置につき諮るべき事態以外の緊急事態であつて，我が国の安全に重大な影響を及ぼすおそれがあるもののうち，通常の緊急事態対処体制によつては適切に対処することが困難な事態をいう。第3項において同じ。）への対処に関する重要事項

13　（略）

② 内閣総理大臣は，前項第1号から第4号まで及び次の各号に掲げる事項並びに同項第5号から第10号まで及び第12号に掲げる事項（次の各号に掲げる事項を除く。）のうち内閣総理大臣が必要と認めるものについては，会議に諮らなければならない。

1　前項第8号に掲げる事項のうち次に掲げる措置に関するもの
　イ　国際連合平和維持活動又は国際連携平和安全活動のために実施する国際平和協力業務であつて国際連合平和維持活動等に対する協力に関する法律第3条第5号トに掲げるもの若しくはこれに類するものとして同号ナの政令で定めるもの又は同号ラに掲げるものの実施に係る国際平和協力業務実施計画の決定及び変更（当該業務の終了に係る変更を含む。）
　ロ　人道的な国際救援活動のために実施する国際平和協力業務であつて国際連合平和維持活動等に対する協力に関する法律第3条第5号ラに掲げるものの実施に係る国際平和協力業務実施計画の決定及び変更（当該業務の終了に係る変更を含む。）
　ハ　国際連合平和維持活動等に対する協力に関する法律第27条第1項の規定による自衛官の国際連合への派遣
2　前項第9号に掲げる事項のうち自衛隊法第84条の3に規定する保護措置の実施に関するもの

八号に掲げる重要事項としてその対処措置につき諮るべき事態以外の緊急事態であつて，我が国の安全に重大な影響を及ぼすおそれがあるもののうち，通常の緊急事態対処体制によつては適切に対処することが困難な事態をいう。第三項において同じ。）への対処に関する重要事項

11　その他国家安全保障に関する重要事項

② 内閣総理大臣は，前項第1号から第4号までに掲げる事項並びに同項第5号から第8号まで及び第10号に掲げる事項のうち内閣総理大臣が必要と認めるものについては，会議に諮らなければならない。

資料⑫　国家安全保障会議設置法　新旧対照表

| | |
|---|---|
| ③　第1項の場合において，会議は，武力攻撃事態等，存立危機事態，重要影響事態及び重大緊急事態に関し，同項第4号から第6号まで又は第12号に掲げる事項について審議した結果，特に緊急に対処する必要があると認めるときは，迅速かつ適切な対処が必要と認められる措置について内閣総理大臣に建議することができる。<br><br>（議員）<br>第5条①　議員は，次の各号に掲げる事項の区分に応じ，当該各号に定める国務大臣をもつて充てる。<br>　1　第2条第1項第1号から第10号まで及び第13号に掲げる事項　前条第3項に規定する国務大臣，総務大臣，外務大臣，財務大臣，経済産業大臣，国土交通大臣，防衛大臣内閣官房長官及び国家公安委員会委員長<br>　2　第2条第1項第11号に掲げる事項　外務大臣，防衛大臣及び内閣官房長官<br>　3　第2条第1項第12号に掲げる事項　内閣官房長官及び事態の種類に応じてあらかじめ内閣総理大臣により指定された国務大臣<br>②～④　（略） | ③　第1項の場合において，会議は，武力攻撃事態等，周辺事態及び重大緊急事態に関し，同項第4号から第6号まで又は第10号に掲げる事項について審議した結果，特に緊急に対処する必要があると認めるときは，迅速かつ適切な対処が必要と認められる措置について内閣総理大臣に建議することができる。<br><br>（議員）<br>第5条①　議員は，次の各号に掲げる事項の区分に応じ，当該各号に定める国務大臣をもつて充てる。<br>　1　第2条第1項第1号から第8号まで及び第11号に掲げる事項　前条第3項に規定する国務大臣，総務大臣，外務大臣，財務大臣，経済産業大臣，国土交通大臣，防衛大臣，内閣官房長官及び国家公安委員会委員長<br>　2　第2条第1項第9号に掲げる事項　外務大臣，防衛大臣及び内閣官房長官<br>　3　第2条第1項第10号に掲げる事項　内閣官房長官及び事態の種類に応じてあらかじめ内閣総理大臣により指定された国務大臣<br>②～④　（略） |

## 会議録等索引

### 会 議 録

昭和29年6月2日／19回〈参・本会議〉………………………………………43
昭和29年12月22日／21回〈衆・予算委〉2号1頁／防衛庁長官（大村清一）……76
昭和35年4月20日／34回〈衆・日米安保条約等特委〉21号27頁…………78
昭和42年3月31日／55回〈参・予算委〉4号3頁／内閣総理大臣（佐藤榮作）……8
昭和45年3月30日／63回〈衆・予算委〉18号（その1）24頁／防衛庁長官
　（中曽根康弘）………………………………………………………………8
昭和58年2月22日／98回〈衆・予算委〉12号28頁／内閣法制局長官（角田禮次郎）
　……………………………………………………………………………………2
平成6年6月13日／129回〈参・予算委〉13号2頁／内閣法制局長官（大出峻郎）
　…………………………………………………………………………………10
平成7年11月27日／134回〈参・宗教特委〉3号13頁／内閣法制局長官
　（大出峻郎）…………………………………………………………………1
平成8年5月7日／136回〈参・内閣委〉6号8頁／内閣法制局第一部長（秋山收）
　…………………………………………………………………………………93
平成9年2月13日／140回〈衆・予算委〉12号18頁／内閣法制局長官（大森政輔）
　…………………………………………………………………………………11
平成9年11月20日／141回〈参・安保委〉3号3頁／内閣法制局長官（大森政輔）
　…………………………………………………………………………………82
平成11年4月20日／145回〈衆・日米防衛協力特委〉9号24頁／防衛庁長官
　（野呂田芳成）………………………………………………………………64
平成11年4月22日／145回〈衆・日米防衛協力特委〉10号34頁／防衛庁長官
　（野呂田芳成）………………………………………………………………62
平成11年5月20日／145回〈参・日米防衛協力特委〉9号13頁／内閣法制局長官
　（大森政輔）……………………………………………………………………3
平成15年5月16日／156回〈衆・安保委〉6号13頁／官房長官（福田康夫），
　防衛庁長官（石破茂）等……………………………………………………7
平成15年5月28日／156回〈参・事態対処特委〉8号21頁／内閣法制局第一部長
　（宮﨑礼壹）……………………………………………………………………7
平成16年1月26日／159回〈衆・予算委〉2号5頁／内閣法制局長官（秋山收）……78
平成23年10月27日／179回〈参・外交防衛委〉2号25頁／内閣法制局長官
　（梶田信一郎）等……………………………………………………………93
平成26年7月14日／186回〈衆・予算委〔閉会中〕〉18号3頁／内閣総理大臣
　（安倍晋三）…………………………………………………………………20
平成26年7月14日／186回〈衆・予算委〔閉会中〕〉18号19頁／内閣法制局長官
　（横畠裕介）…………………………………………………………………69

平成 26 年 7 月 14 日／186 回〈衆・予算委〔閉会中〕〉18 号 21 頁／内閣総理大臣
（安倍晋三）………………………………………………………………………37
平成 26 年 7 月 14 日／186 回〈衆・予算委〔閉会中〕〉18 号 22 頁／外務大臣
（岸田文雄）………………………………………………………………………59
平成 26 年 7 月 15 日／186 回〈参・予算委〔閉会中〕〉1 号 5 頁／内閣法制局長官
（横畠裕介）………………………………………………………………………68
平成 26 年 7 月 15 日／186 回〈参・予算委〔閉会中〕〉1 号 23 頁／内閣法制局長官
（横畠裕介）………………………………………………………………………19
平成 26 年 7 月 15 日／186 回〈参・予算委〔閉会中〕〉1 号 25 頁／防衛大臣
（小野寺五典）……………………………………………………………………99
平成 26 年 7 月 15 日／186 回〈参・予算委〔閉会中〕〉1 号 26 頁／内閣総理大臣
（安倍晋三）………………………………………………………………………29
平成 26 年 7 月 15 日／186 回〈参・予算委〔閉会中〕〉1 号 27 頁／内閣総理大臣
（安倍晋三）………………………………………………………………………71
平成 26 年 7 月 15 日／186 回〈参・予算委〔閉会中〕〉1 号 28 頁／内閣法制局長官
（横畠裕介）………………………………………………………………………28
平成 27 年 4 月 7 日／189 回〈参・外交防衛委〉6 号 15 頁／外務大臣（岸田文雄）…57
平成 27 年 4 月 23 日／189 回〈参・外交防衛委〉10 号 10 頁／内閣法制局長官
（横畠裕介）………………………………………………………………………71
平成 27 年 5 月 18 日／189 回〈参・本会議〉18 号 5〜6 頁 ………………………27
平成 27 年 5 月 20 日／189 回〈両・基本政策委合同審査会〉1 号 3 頁／内閣総理大臣
（安倍晋三）………………………………………………………………………48
平成 27 年 5 月 26 日／189 回〈衆・本会議〉28 号 10 頁／内閣総理大臣（安倍晋三）
……………………………………………………………………………………26
平成 27 年 5 月 27 日／189 回〈衆・安保法制特委〉3 号 3〜4 頁／内閣総理大臣
（安倍晋三）………………………………………………………………………32
平成 27 年 5 月 27 日／189 回〈衆・安保法制特委〉3 号 6 頁／内閣総理大臣
（安倍晋三）…………………………………………………………………93, 95
平成 27 年 5 月 27 日／189 回〈衆・安保法制特委〉3 号 23 頁／内閣総理大臣
（安倍晋三）………………………………………………………………………98
平成 27 年 5 月 27 日／189 回〈衆・安保法制特委〉3 号 25 頁／内閣総理大臣
（安倍晋三）………………………………………………………………………40
平成 27 年 5 月 27 日／189 回〈衆・安保法制特委〉3 号 32 頁／内閣総理大臣
（安倍晋三）………………………………………………………………………35
平成 27 年 5 月 28 日／189 回〈衆・安保法制特委〉4 号 16 頁／防衛大臣（中谷元）…62
平成 27 年 5 月 28 日／189 回〈衆・安保法制特委〉4 号 16〜17 頁／外務大臣
（岸田文雄）………………………………………………………………………63
平成 27 年 5 月 28 日／189 回〈衆・安保法制特委〉4 号 20 頁／防衛大臣（中谷元）…31
平成 27 年 5 月 28 日／189 回〈衆・安保法制特委〉4 号 37 頁／内閣総理大臣
（安倍晋三）………………………………………………………………………82

平成27年6月5日／189回〈衆・安保法制特委〉7号6頁／防衛大臣（中谷元）……*30*
平成27年6月10日／189回〈衆・安保法制特委〉8号2頁／内閣法制局長官
　（横畠裕介）……………………………………………………………………*19*
平成27年6月10日／189回〈衆・安保法制特委〉8号4頁／内閣法制局長官
　（横畠裕介）……………………………………………………………………*82*
平成27年6月10日／189回〈衆・安保法制特委〉8号5頁／内閣法制局長官
　（横畠裕介）……………………………………………………………………*80*
平成27年6月10日／189回〈衆・安保法制特委〉8号25頁／防衛大臣（中谷元）…*43*
平成27年6月10日／189回〈衆・安保法制特委〉8号43頁／内閣法制局長官
　（横畠裕介）……………………………………………………………………*73*
平成27年6月12日／189回〈衆・安保法制特委〉9号4頁／防衛大臣（中谷元）…*92*
平成27年6月15日／189回〈衆・安保法制特委〉10号3頁／内閣法制局長官
　（横畠裕介）……………………………………………………………………*76*
平成27年6月17日／189回〈両・基本政策委合同審査会〉2号2頁 ……………*50*
平成27年6月19日／189回〈衆・安保法制特委〉12号19～20頁／防衛省防衛
　政策局長（黒江哲郎）………………………………………………………*103*
平成27年6月26日／189回〈衆・安保法制特委〉14号3頁／内閣総理大臣
　（安倍晋三）……………………………………………………………………*74*
平成27年6月26日／189回〈衆・安保法制特委〉14号6～7頁／内閣総理大臣
　（安倍晋三）……………………………………………………………………*67*
平成27年6月26日／189回〈衆・安保法制特委〉14号17頁／内閣総理大臣
　（安倍晋三）……………………………………………………………………*36*
平成27年6月29日／189回〈衆・安保法制特委〉15号21頁／内閣法制局長官
　（横畠裕介）……………………………………………………………………*50*
平成27年7月3日／189回〈衆・安保法制特委〉17号3頁／内閣総理大臣
　（安倍晋三）……………………………………………………………………*39*
平成27年7月3日／189回〈衆・安保法制特委〉17号6～7頁／内閣総理大臣
　（安倍晋三）……………………………………………………………………*54*
平成27年7月3日／189回〈衆・安保法制特委〉17号13頁／内閣総理大臣
　（安倍晋三）……………………………………………………………………*39*
平成27年7月3日／189回〈衆・安保法制特委〉17号22頁／内閣総理大臣
　（安倍晋三）……………………………………………………………………*47*
平成27年7月8日／189回〈衆・安保法制特委〉18号（その1）15頁／
　内閣法制局長官（横畠裕介）………………………………………………*42*
平成27年7月8日／189回〈衆・安保法制特委〉18号（その1）16頁／防衛大臣
　（中谷元）………………………………………………………………………*41*
平成27年7月8日／189回〈衆・安保法制特委〉18号（その1）16頁／
　内閣法制局長官（横畠裕介）………………………………………………*41*
平成27年7月8日／189回〈衆・安保法制特委〉18号（その1）36頁／防衛大臣
　（中谷元）………………………………………………………………………*53*

会議録等索引

平成27年7月10日／189回〈衆・安保法制特委〉19号15頁／内閣総理大臣
（安倍晋三）................................................................................56
平成27年7月10日／189回〈衆・安保法制特委〉19号35〜36頁／防衛大臣
（中谷元）..................................................................................81
平成27年7月10日／189回〈衆・安保法制特委〉19号50頁／内閣総理大臣
（安倍晋三）................................................................................37
平成27年7月29日／189回〈参・安保法制特委〉4号2頁／外務大臣（岸田文雄）
........................................................................................................23
平成27年7月29日／189回〈参・安保法制特委〉4号4〜5頁／防衛大臣政務官
（石川博崇）..............................................................................101
平成27年7月30日／189回〈参・安保法制特委〉5号12頁／内閣総理大臣
（安倍晋三）................................................................................98
平成27年7月30日／189回〈参・安保法制特委〉5号31頁／内閣法制局長官
（横畠裕介）................................................................................46
平成27年7月30日／189回〈参・安保法制特委〉5号32頁／内閣総理大臣
（安倍晋三）................................................................................47
平成27年8月5日／189回〈参・安保法制特委〉8号20頁／防衛大臣（中谷元）...104
平成27年8月5日／189回〈参・安保法制特委〉8号33頁／防衛大臣（中谷元）...106
平成27年8月19日／189回〈参・安保法制特委〉10号23頁／外務大臣（岸田文雄）
........................................................................................................90
平成27年8月19日／189回〈参・安保法制特委〉10号23頁／内閣官房内閣審議官
（山本条太）................................................................................91
平成27年8月21日／189回〈参・安保法制特委〉11号2〜3頁／内閣総理大臣
（安倍晋三）................................................................................58
平成27年8月25日／189回〈参・安保法制特委〉12号17頁／内閣総理大臣
（安倍晋三）................................................................................18
平成27年8月25日／189回〈参・安保法制特委〉12号23〜24頁／内閣総理大臣
（安倍晋三）................................................................................33
平成27年8月25日／189回〈参・安保法制特委〉12号42頁／内閣総理大臣
（安倍晋三）................................................................................94
平成27年8月26日／189回〈参・安保法制特委〉13号11頁／防衛大臣（中谷元）
........................................................................................................51
平成27年9月2日／189回〈参・安保法制特委〉15号35頁／防衛大臣（中谷元）...84
平成27年9月14日／189回〈参・安保法制特委〉20号20頁／防衛大臣（中谷元）
........................................................................................................97
平成27年9月14日／189回〈参・安保法制特委〉20号44〜45頁／内閣総理大臣
（安倍晋三）................................................................................44

**質問主意書・答弁書等**

昭和55年10月28日／93回・答弁6号／対稲葉誠一議員（衆）........................43

昭和60年9月27日／102回・答弁47号／対森清議員（衆）················8, 43
平成15年4月22日／156回・答弁54号／対長妻昭議員（衆）···············55
平成16年6月18日／159回・答弁114号／対島聡議員（衆）··············10, 78
平成16年8月10日／160回・答弁18号／対仙谷由人議員（衆）··············101
平成27年6月5日内閣官房189回〈衆・安保法制特委提出〉岡田克也議員（衆）
　要求 ·······························································59
平成27年6月15日内閣官房189回〈衆・安保法制特委提出〉後藤祐一議員（衆）
　要求 ·······························································26
平成27年6月19日防衛省189回〈衆・安保法制特委提出〉玄葉光一郎議員（衆）
　要求 ·······························································64
平成27年6月22日189回〈衆・安保法制特委〉会議録13号5頁以下宮﨑礼壹参考
　人の意見陳述 ·······················································24
平成27年7月1日外務省189回〈衆・安保法制特委提出〉後藤祐一議員（衆）
　要求 ·······························································21
平成27年7月14日防衛省ほか189回〈衆・安保法制特委〉塩川鉄也議員（衆）
　要求 ·······························································83
平成27年8月18日内閣官房189回〈参・安保法制特委提出〉仁比聡平議員（参）
　要求 ·······························································87
平成27年8月21日内閣官房189回〈衆・安保法制特委提出〉後藤祐一議員（衆）
　要求 ·······························································51
平成27年9月29日／189回・答弁301号／対藤末健三議員（参）···············69
平成27年9月29日／189回・答弁305号／対藤末健三議員（参）···············89

著者紹介

阪田雅裕（さかた・まさひろ）

1966年　東京大学法学部卒業
同　年　大蔵省（現財務省）入省
1992年　内閣法制局総務主幹・第一部参事官
2004年　内閣法制局長官
2006年　同退官
現　在　弁護士
　　　　（アンダーソン・毛利・友常法律事務所顧問）

憲法9条と安保法制
──政府の新たな憲法解釈の検証

2016年7月10日　初版第1刷発行

著　者　阪田雅裕

発行者　江草貞治

発行所　株式会社 有斐閣
　　　　郵便番号 101-0051
　　　　東京都千代田区神田神保町2-17
　　　　電話 (03) 3264-1314〔編集〕
　　　　　　 (03) 3265-6811〔営業〕
　　　　http://www.yuhikaku.co.jp/

印刷・株式会社理想社／製本・牧製本印刷株式会社
Ⓒ 2016, M. Sakata. Printed in Japan
落丁・乱丁本はお取替えいたします。
★定価はカバーに表示してあります。
ISBN 978-4-641-22710-1

|JCOPY| 本書の無断複写（コピー）は、著作権法上での例外を除き、禁じられています。複写される場合は、そのつど事前に、(社)出版者著作権管理機構（電話03-3513-6969, FAX03-3513-6979, e-mail:info@jcopy.or.jp）の許諾を得てください。